壊れながら
立ち上がり
続ける

個　の　変　容　の　哲　学

稲垣諭

青土社

壊れながら立ち上がり続ける★目　次

本　編

星がひとつ壊れるたびに宇宙は何を聴くのだろう

壊れながら立ち上がり続ける——個の変容の哲学

プロローグ——個体化宣言

「ひとつの個体にあっては、その最小の細胞に到るまで、すべてが個性的であり、すべてが、その全経験と過去に参与している。ここから、産出の可能性が出てくる」

（ニーチェ『哲学者の書』ムザリオン版、一九二二、五九―六〇頁）

伝えておくことがある。世界が今より善く、豊かに、美しくなるよう行為することは何より大切なことである。しかしそのはるか手前で、自らの存在に歯ぎしりし、苦しみ、どうしても前に進めなくなる個体がどのような世界にも存在してしまう。そうした個体には世界が変わるのを待つ余裕すらない。みずから変わってみるしかない。個体の変容をロマン主義の夢に封じ込めてはいけない理由がここにある。

I　哲学を臨床解剖する

0　星は生まれない

星が生まれることはありえない、生まれることなどできない。広大な世界のどこかで光がほんの一瞬、灯ったとする。一切の生物はそれを目撃しないし、気づかない。これを何かが起こったとはいわない。宇宙の途方もなさは、そこでは何も生まれなかったし、生まれることがないことにある。音もなければ匂いもない。全ての崩壊は音のないモノクロ映画である。この静けさの中にこそ猛烈な力の励起がある。

しかし、である。それでも生まれることに、生まれて壊れていくことに執着するものの想念がある。それは何にもなれないものの踠きか、その極限にある希望が見る夢なのかもしれない。

第一章「働き」――働きの存在論

1　働きの存在論

働きは見えないという単純な事実から始めよう。働き／作動（working）、力（force）、操作（operation）、運動（movement）。これらの経験は、そこにある対象のように見ることができず、ただ対象とともに感じ取られている。現実的には「経験する」ことの限界に触れてしまう境界事例でもある。

一切の物性を欠いた運動を思い描いてみる。ゆらゆらと何らかのうごめきをイメージするかぎり、そこにはすでに物性が関与している。物性を欠いた運動はどのように明示できるのか。光は運動しているが、光の運動を経験しようとすると途端に困惑する。光速度は毎秒およそ三〇万キロメートルであることから、地球上のスケールにとどまるかぎり、気づいたときにはすでに光は到達し、充満している。

仮に光速度を毎秒三〇センチメートルほどに遅延させる空間媒質があり、そのような媒質に満たされた暗闇の中で電燈のスイッチを入れると何が起こるのか。何かが見えているかぎり、すでに光は到達しているのだから、まったく見えない段階が持続した後に、光源を中心に同心円状に突如ものが見え始めるのであろうか。とはいえ、観察者がその円の外にいる場合、光はすぐには到達しないのだから円状に広がる空間を見ることはできない。

それに対して観察者が内部にいる場合、その位置に応じて光の到達距離は変化し、さらに物体に吸収され、あるいは反射する光の散乱も毎秒三〇センチメートルの速度で関与するため、光が一律の円状に広がることもない。

またその光と同じ速度で並走した場合、光はどのように見えるのか。これはアインシュタインが立てた問いの変形である。ここでの経験は、物が運動すると同時に、視空間全体が蝋燭の炎のように揺らめく奇妙な空間体験となると予想されるが、光の条件を変化させることでどうにか触れることのできる光の働きの一端でもある。

働きも運動も、ふつうは物性とともに物性に帰着させえないものとして感じ取られている。見られたコップではなく、コップを見ている働きは見えず、消化の働きもそれ自体は見ることができない。胃は蠕動し、消化液を分泌することで内容物を消化する。消化前と消化後の内容物は対照ができ、その内容物の変化から獲得されるエネルギー量と代謝されたエネルギー量の計測、化学成分の差異から、消化の働きについて理解することもできる。それが一般に「機能性」の特定と呼ばれる。

消化、生殖、呼吸、代謝のそれぞれが生体の固有機能として特定されうる。この機能とは、日本語では訳語が区別されているが、「関数（function）」のことに他ならず、初期値と結果との対応性が保証されるものの総称である。初期値と結果の間には、多様な働きのプロセスが介在する。たとえば消化においても、マクロレヴェルの食物の運動、化学反応、神経系の電位変化、分子レヴェルの運動と揺らぎ、それに応じた熱の移動といった多様な働きが介在するが、それら働きそのものは初期値にも結果にも現れない。「消化力」という語を導入しても事態が判明になる訳ではない。

「力」の概念を、質量とのかかわりで定義づけたのはニュートンであるが、それは力と質量の相互規定という循環定義においてであり、力そのものを明示することは現代物理学においても困難を極め続けている。以下では、このような見えないものとしての働きと、そこから立ち上がるネットワークを最大限に活用する仕方のポイントを絞り、それを念頭に置きながら、哲学的議論とともに見えてくる「働きの存在論」の基礎固めを行いたいと考えている。

2　参照項としての働きを起点とする哲学(アンリの内的生)

以下の問いの焦点は、「働き」を起点にそれがどのように現実世界でネットワーク化し、その組織化のパターンを自在に変えながら展開できるのかにある。とはいえ、現実世界での働きの出現とネットワークの成立を、哲学のオーソドックスな議論とリンクさせようとすると、非常に強引な印象を与えざるをえなくなる。

確かに哲学の議論でもこれまで、モノの個体化や主体の形成、主体間の関係性の形成、それと相即する世界とのかかわりの形成といった問題群において働きの出現が議論されてはいた。しかしそこでは、働きの出現からネットワークが立ち上がり、それがシステム的な安定性を確保し、さらには変化や展開可能性を組み込むと同時に、別様な働きの出現に連結されるといったことが、明示されることはほとんどなかった。

たとえば、後期のハイデッガーを通じて現象学が「現れないもの」の探究へと向かったことはよく知られている。「現れ」は意識の現実ではあるが、意識によって現れが成立しているわけではない。この意識からは独立の「現象化する働き」そのものが、哲学的探究の焦点となったのである。そのさい、現れない経験位相の参照項となり、対照となり、往々にして批判すべき標的になったのが、「働きの結果」として理解されてきた「現れるもの」としての認知的、表象的な志向性とその対象群である。

この点は、生の現象学を主導するアンリにおいて特に顕著になる。アンリが目指した「内的生」は、それ自体現れないまま、現れの機構そのものを貫き、支えている生の充実であり、その働きである。『精神分析の系譜』においてアンリは、生の働きそれ自体が、歴史上の「現れの論理(脱立 extásis の論理)」のうちで、どのように回収され、歪曲され、見失われてしまったのかを、デカルト、カント、ショーペンハウアー、ハイデッガー、ニーチェ、フロイトのテクストを丹念に読み込みながら描き出そうとしている。(1) 生それ自体は、どんなに厳密な思考論理を用いていようと、気を抜くと一挙に脱線し、生の脱立的思惟となるか、あるいは生が脱立的思惟に従属させられてしまう。この著作でのアンリの主張は、この一点のみである。

問題となっているのは、「生それ自体」と、「生の表象、生の認識、生の外在化」との差異であり、突き詰めれば「生」と「生の脱立」との差異である。生はみずから自身を一貫して感じ取るだけであって、それは思考せず、想起せず、みずからを脱することもない。アンリの根元的現象学がこの試みを通して到達する地点は、現れないもの（非現象性）における以下の二つの区別である。つまり、「脱立的な表象に従属した地平の有限性としての非現象性」か、「生そのものの非現象性」かである。

アンリ本人の言葉では、「どの意識内容も直観や明証の『現在』を離れると、もはや潜在的な表象にすぎなくなって不可避的に沈んでいくあの闇のことであるのか、それとも反対に、原理上、脱 - 立の光を嫌う生そのものを指していたのか[2]」ということになる。

またこの差異は、デカルトにおいては「思惟（コギト）」と「思惟の情感性（内感）」の差異として、ハイデッガーにおいては「脱立（外在化）」と「存在の開性の受容」の差異として、カントにおいては「内感（脱立）」と「超越論的自我の現実存在（生）」の差異として、ショーペンハウアーにおいては「表象に従属する意志（表象的身体）」と「力としての意志」の差異として、ニーチェにおいては「生の病」と、「超力としての生」との差異というようにパラフレーズ可能であり、フロイトにおいても無意識の二つのモードの差異として解釈されている。ここまでくれば、うんざりするほどパターン化された思索の読み込みであると素直に思えるが、生の働きという現象しえないものの場所をとにかく指定しようとするアンリの努力は敬服に値する。

とはいえ、生からの脱立こそがさまざまなモードをもって現実世界を多様にしているのは事実であり、その脱立の運動と生そのものの運動にはどのような連関があり、そこにはどれほどの連結の度合いや質の変化が含まれているのかは、アンリの探究からは明示されない。

確かにアンリは脱立的思惟を放棄することによって、「新しい広大な領野の解明」が行えると述べている。(3) しかしそのアンリの生に関わる記述とは、以下のようなものばかりである。「そこではなにひとつ脱 - 存せず、すべては生の内在のうちで自己自身の内に安らっている」。「生は、自ら自身を被ることにおける、自己の本源的感得である」。「生を生たらしめている生の本源的で無条件の永遠の自己内到達こそが、本源的に無条件に価値を有し、このように価値あるものという資格で、およそ可能な価値評価ならびに諸価値いっさいの原理を構成している(4)」。

こうした生の記述からどのようにして、新しい広大な領野へと探究は前進するというのだろうか。多くの場合、こうした絶対性を指標する生の自己確信は、その確信の強さに見合う経験事例を恣意的に探し出し、それを用いて原理の正当化に力を注ぎやすい(5)。

また仮にそうだとすれば、アンリ哲学の核心は、脱立的な思惟を延々と迂回し、その外在性を次々と暴露していく最中でかすかに感じ取られる、決して顕現化することのない内的生の感触に驚愕し、陶酔し、そこに安泰することであるように思える。

とはいえそんなことだけであれば、哲学である必要はないだろう。ともかくこうした議論が、生の働きを解明する哲学的な経験記述のひとつであることは確かであり、こうした働きの解明（生の働き）では、働きから世界の多様性につながる道筋がほとんどないことも上述したとおりである。おそらく働きを起点とする現実の形成について、私たちは新たに学ぶ必要があるのだ。

3　働きを通じた現実形成のタイプ——ドゥルーズ＋ガタリの経験

実のところ、現れないものへ迫ろうとするハイデッガーやアンリの現象学的探究においては、感情系の働きが現れないものの領域にそっと措定されていることが分かる。[6]気分や情態性による世界の開示も、自己触発する情感性としての生の充足も、広義の感情系の働きだからである。こうした図式を格子として、歴史的、社会的な働きのネットワークの基層で働く感情・欲動系の運動を指摘し、それを通じて現実形成が行われるという議論を組み立てることもできれば、個的主体の人格形成の最中で働く欲動や感情を取り出し、そこから病態の解釈もできる。前者の典型はニーチェの「意志」概念に見られ、後者の典型はフロイトの「無意識」概念の展開に他ならない。

とはいえ、こうした感情系の働きは、ドゥルーズ＋ガタリに倣えば、パラノイア的な意味づけの過剰とひとつとなった経験の運動の回路に陥りやすい。そこでは見えないものというどこか深遠な場所が捏造され、それに基礎づけられるようにして経験の安定化や病理化が図られる。場合によってこの図式は、「欠如の理論」として逆説的に捉えることも可能である。たとえばアンリの場合、生それ自体の充足の真裏に、表象における生の不在、生の脱落が理論枠に不可欠に組み込まれている。内的生がほとんど内実を欠き、記述の吟味の効かないものであるとすれば、それは不在の象徴的シニフィアン（記号）にすぎない。[7]

この安定化には、論理的で意味的な整合性をまといつつも、揺るぎなさの感情が伴っている。あるいは深遠なものに触れるという陶酔的な満足感も含まれる。そして、この安定化と充足の感情が、大木を支える樹木の根のように世界現出の土台となれば、それはドゥルーズ＋ガタリが告発する「樹木モデル」の成立となる。[8]

樹木モデルは、構造的統一性、客観的基礎づけ、有意味性、統計的規則性、家族主義、それに由来する罪責感といったものの偏重一切を包括する。この地平から見れば、同一的客観性を指標とする実証自然科学も、それを主体的経験ないし存在的経験から批判的に発掘する現象学も同じ穴のムジナである。(9) このタイプの理論構築は、安定している経験に対する事後的な必要条件の炙り出しが主な仕事となり、超越論的哲学では経験の可能性の条件抽出、フロイトの場合は性的欲動の抑圧に基づく病態解釈となる。

ドゥルーズ＋ガタリが「樹木モデル」に対して「リゾームモデル」を持ち出すのは、意味や主体、物語（オイディプス）を媒介することで経験に過不足ない説明を与え、たとえ病的であれ経験を安定させるのではなく、意味化や主体化、物語化といった、それ自体は同一的ではない経験を統一化させ、固定させる働きとしてのプロセスそのものを変形し、問い詰める中から、世界の断片を拾い上げるためである。

安定した根をもつ樹木は見晴らしの良い風景を経験に与えるのに対し、地中深くに錯綜し、迷走するリゾーム（地下茎）は、経験の振動に応じて風景を瞬間的に刷新しつづける。暗がりを一歩進むごとに無数の入り口が立ち現れ、どこからそこに辿り着いたのかの道筋も分からなくなる。それがリゾーム的経験のイメージである。

確かにドゥルーズ＋ガタリも二項的な対立図式を執拗に用いてはいる。しかしその戦略の力点は、アンリのように見えない生の働きを、形骸化した生を迂回しつつ暗示することにではなく、生そのものの働きに入り込み、そこからどれほど多様な二項対立が生み出されてくるのか、そして二項対立そのものを複数化し多様化することで生そのものがどのように変化するのか、その現場を取り押さえることにある。(10)

しかも生の働きの変化が示されて初めて、戦略の有効さが問われるような仕組みも取り入れようとしている。そうしたリゾーム化する多様性としてドゥルーズ＋ガタリが採用する世界の記述モデルの典型が、ミクロ物理学における「分子運動」である。

分子運動は、統計的規則に応じた挙動を示す「モル的運動」とは異なる。真冬に暖炉で温めた部屋の窓を開ければ、大気の運動が生まれ、室温は外気温に近づいていく。空気の流れは、気温差を埋めるように行われる。これが統計熱力学によって明らかにされるエントロピーの増大であり、モル的運動である。

それに対して分子運動は、ブラウンの洞察以降、統計的処理を介さないかぎりは一切の規則が見出せないランダムネスの世界である。つまり、空気を構成する分子群は気温差を埋めるという規則に従って運動してはいない。徹底化された細分化は、細分化の果てに規則を欠いたまま永久運動する世界の出現に立ち会うことになる。

人間の体も、人間によって作られる機械も、分子から成立しており、そのつど観察者によって総体として括られる分子運動の集合に他ならない。ここは「ミクロ物理学的なものと生物学的なものが区別されない領域であり、ここでは生物の中にもろもろの機械が存在するように、機械の中にもろもろの生物が存在する(11)」。

ドゥルーズ＋ガタリは、こうした分子運動に世界の記述の出発点を見出そうとしている。この分子運動は、現象学的な明証性に照らした場合、決して到達できない疑似明証世界であり、構築された理念の衣である。それは知覚することも、感覚することもできず、自然主義的態度を取ることで科学者が初めて見出す、現象学的明証性から抜け落ちた超越対象に他ならない。とはいえ、超越論的経験が一点の曇りもない純粋経験に到達できないのは、不断の分子運動が身体の物性を貫いているからである。こうした世界の現実に迫れないのは現象学の限界であり、ひとつの哲学的態度に囚われた自覚なき自閉である。

この点でドゥルーズ＋ガタリは、現象学の無能さと手を切り、それを飛び越えていく。そしてその選択こそが、働きを起点とする新たな世界経験の記述を可能にする手がかりの発見につながると確信する。

①偶然性と間接性

分子運動を起点とすると、現実世界で見出される規則のほとんどは、統計的、確率的有意性をもつものにすぎず、その限りでその規則が原因となって結果が引き起こされることはない。事後的因果は、現実形成そのものの条件にはなりえない。世界の運動は、あらかじめ存在する規則に適合するようにして起こる訳ではないからである。

働きとしての「形成」、「生産」を見出すには、原因―結果というカテゴリーでは足りない。というのもそのカテゴリーに内的にかかわる偶然性こそが問題の焦点だからである。

キネシンというタンパク質の一種がある。ＡＴＰ（アデノシン三リン酸）を加水分解しながら細胞内の微小管に沿って運動する性質をもつことから、筋繊維を制御するミオシンと並んでモータータンパク質と呼ばれている。それは細胞分裂や軸索輸送といった細胞内の物質運搬システムの形成にとって欠かせないタンパク質である。分子量からいえば約一二万の重鎖二本と、約六万の軽鎖二本からなる。このキネシンは微小管上でＡＴＰと結合することで、足状の形態を変化させる。この変化は微小管を形成するチューブリンからの離脱とともに行われ、足状の形態が前方に折れ曲がる。その後、ＡＴＰがＡＤＰに変わり、ＡＤＰそのものが放出されることで、再び折れ曲がった足がチューブリンに吸引される。

このＡＴＰ／ＡＤＰの結合と分離の繰り返しを通じてキネシンは微小管上をまるで歩行するか、滑るかのように移動し、様々な物質を輸送する。分子モーターと言われる所以である。とはいえ、高分子にすぎないこのキネシンは、輸送すべきものや輸送先、輸送方法を知ってはおらず、自ら動くという生物に固有な運動能力が備わっているわけでもない。

ＡＴＰの結合によってチューブリンから離れた足状分子に実際起こっていることとは、化学反応で生じた熱によって激しくランダムに動き回る周囲の水分子から滅多打ちにされながら、その衝撃の総和に応じて前後左右どこかへの傾きがおのずと強められることである。

水分子の衝突の中で、キネシンが前方に進めるかどうかはあらかじめ決められてはいない。実際にはキネシンの中には後退したり、一歩も動くこともなく停滞し、振動し続けるものも多数いる。つまり「輸送」という機能は、分子や遺伝子といった物質にあらかじめ刻まれているのではなく、一〇〇〇のキネシン分子のうち統計的な有意を占める六割から七割ほどの分子が前方に駆動できたさい、それが「輸送」の実現と呼ばれているにすぎない[12]。分子モーターといっても、車のエンジンのようにモーターが内蔵されているわけではないのである。

ここが、ドゥルーズ＋ガタリが「偶然の領域[13]」と呼び、モノーが「無根拠性[14]」と呼んだミクロ物理学の現実世界であり、機能は、運動するものにとって常に遅れて、そして間接的に出現する。

分子世界ではランダム性の中にさまざまな偏りが繰り返し生み出される。つまり、ランダムであるにもかかわらず、なぜか一定の偏向が生じてしまうのである。ここにはシステム（個体）そのものの立ち上がりという問題が現れており、この「偏ったランダム性」がキネシンの輸送機能を支えているのはすでに精度の高い知見である。

実際、キネシン分子を光ピンセットを用いて引っ張り負荷を与えると、この偏りが消失し、完全にランダムな挙動しかしなくなるが、光ピンセットを外すと一方向運動が間もなく再開される。ドゥルーズ＋ガタリは、このようなランダムな運動から出現する「偏り＝動的編成」という現象をミクロ物理学から借用し、それをマクロな歴史や社会、主体性といった多様な経験の運動の起こりに重ね合わせていく。そこで出現してくるのが、統計的、統一的（有機的）、主体的、モル的な「パラノイア型の現実形成」と、不規則的、非有機的、前人称的、前個体的、分子的な「分裂病型の現実形成」の差異である。(15)

「人間の根底にはそれ〔エス〕がある。つまり、もろもろの分裂症細胞、分裂分子、それらの隠語が存在する。ここにはまさに分裂症の生物学があり、分子生物学はそれ自身、分裂症的なのである（ミクロ物理学と同じように）。ところが、逆に、分裂症、そして分裂症理論も、生物学的であり、生物文化的なのである(16)」。

先に見たように、キネシンは自ら自身や自らとは異なるものによって直接的に操作されてはいない。機能の実現には分子運動のランダム性が内的に介在し、この徹底的な間接性が因果そのものを貫いている。そして、そのようにして一切の事象世界をとらえるのである。

私が手を動かすとき、私の思考と身体運動の間には何段階もの間接的、分子的手続きが介在し、知人が私の発言をきっかけに席を立つ際にも、無数の間接的手続きが介在する。「手がぶつかってコップが倒れた」という因果的事実認定は、完全に誤っているか、簡略化されすぎているのである。というより、その簡略化そのものが、社会性を虚構し、歴史性を改竄してきたのであり、そこに固有の人間と人間の思考の病を見るのだ。そのさい重要なのは、致命的なほど簡略化された世界記述の裏側に、どれほどの間接的手続きが新たに発見されうるのかである[17]。

②欲望、集合的記憶、二重作動

ドゥルーズ＋ガタリが用いる「機械」という概念は、ガタリ由来のものであるが、「欲望」や「記憶」、「無意識」といった、これまで優れて主体化されてきた概念を動揺させるために用いられている。欲望する機械、機械の記憶、機械状無意識という学術的意味の矛盾的、無意味的使用法を駆使しながら、主体化以前の固有な経験の運動を指し示そうとしている。

「ひとたび、機械の構造的統一性が粉砕され、またひとたび生物の個体的かつ特有的統一性が拒否されてしまうと、機械と欲望との間に直接の結びつきが現れ、機械は欲望の核心に入り込み、欲望するものとなり、欲望は機械状になる。欲望が主体の中にあるのではなく機械が欲望の中にあるのだ。―残滓としての主体が別の側に、この機械の傍に、その周囲全体にある。それは諸機械の寄生物、機械化された脊椎動物の欲望の付属品なのである[18]」。

キネシンの分子マシーンは、生物の中の機械（無生物）であるが、キネシン自体はタンパク質であるかぎりすでに有機化された生命の一部である。それは分子の不断の運動とともにそれとして現れてしまう偶然性に貫かれた偏りである。したがって、その偏りはいつでも変異し、別の偏りに取って代わられてしまう。

だからといって、正当な偏りがある訳でもなく、それ自体としては故障することもありえない。「欲望機械とはどのようなものか、次のように説明できる。まずそれは形成する機械であって、その故障さえも機能的であり、その機能は形成の働きと識別されない(19)」。

分子の欲望やタンパク質の欲望についてどのように語ればよいのか。そもそも分子には個性がない。それぞれは区別されず、ただ絶え間なくランダムに運動を行うため、それぞれの位置を指定することさえできない。この局面では統計処理を介さないかぎり、規則性と呼ばれるものは一切取り出せない。

しかし分子量が万単位で化合し、ポリマーという高分子の有機化合物（炭素化合物）が出現すると、途端にそれぞれの個体性を通じて多様な機能が発揮されるようになる。DNAやRNAの核酸も、タンパク質もその例証である。水分子が、直径一ナノメートルの一〇分の一ほどの大きさしかないのに対して、DNAのらせん状のヌクレオチドは引き延ばすと一ミリを超える大きさをもつ。その意味でも高分子はすでに巨人級である。

それが通常は、細胞核に浸された水の中で直径数十ナノメートルの球状に折りたたまれている。この高分子の「折りたたみ（folding）」を一九五〇年代に最初に明らかにしたのが化学者アンフィンゼンである。残基数が一〇〇以下の小型タンパク質は、加熱されたり、未知の培養液等に入れられると、長く伸びきった鎖状に変化するが、もとの培養液に戻すと一秒以内に正確に以前と同じ形態に折りたたまれる。

電位やエネルギーの安定的な形態配置パターンは無数に存在するはずなのに、なぜか「変性状態」から「自然状態（nativestate）」に一意的に戻ってしまう。残基数が少ないものでは、「中間形態」がほとんど存在しないようである。そうした現象を発見したアンフィンゼンは、タンパク質があたかも記憶をもち、以前の形を求めているかのようであると感想をもらしている。[20] 折りたたまれたタンパク質の三次元的配置の形成は、そのまま機能性の発現となる。[21]

ドゥルーズ＋ガタリでは、こうした事態が表現と内容を媒介して現実を多様化する「二重分節」と言われ、河本英夫では行為という特質そのものから「二重作動」と呼ばれる。[22] つまり形態の獲得が、同時に機能性の発露となる現実が存在し、二つの間には因果的にも、意味的にも、論理的にも対応関係を明示することができない。

たとえば、タンパク質の一種であるフマラーゼという酵素は、フマール酸をリンゴ酸にする加水反応を触媒する。[23] この反応は酸素呼吸を行う生物にとって重要なクエン酸回路の一部をなしている。とはいえこのフマラーゼは、フマール酸の幾何異性体であるマレイン酸にはまったく反応しない。幾何異性体とは、原子の組成式は等しくても、炭素骨格の方向性が異なるため、三次元空間内では重なり合うことのないポリマー対のことである。

高分子の空間的配置の違いだけが、化学反応の選択性を生み出している。そこにはなぜその形態がその機能性をもつのかという理由も、根拠も存在しないまま、現実世界の化学的変化がおのずと調整されてしまう。

またたとえば、ＤＮＡの遺伝情報を翻訳するための六四パターンの組み合わせをもつコドンが、二〇種類のアミノ酸にしか対応しておらず、その二〇種類のアミノ酸から生体タンパク質のほとんどすべてが作られることにも、理由や意味づけがあるわけではない。ということは、こうした形態と機能の選択的パターンが維持されつづける保証も根拠も本来どこにもないことになる。

現在わかっている触媒、生体構造形成、情報伝達、運動、栄養の貯蔵、輸送、蛍光といったタンパク質の機能性には、それ固有の分子形態が対応しているが、この立体構造は、それ自体では何の意味もなさない。つまり「二重作動」には、作動に対応する環境がそのつど浸透していなければならない。キネシン（輸送）やフマラーゼ（触媒）が機能性を発揮できるのは、輸送のためのチューブリンや、触媒される別のタンパク質、およびタンパク質を浸している内部環境の諸条件が巨大パズルのような複雑な分子的配置と運動の只中にあるときだけである。

その意味でも分子的記憶はそれ自体集合的で、集合的にのみ獲得されてきたものであり、その巨大パズルの微視的変化に応じて、繰り返し再編されうるような記憶である。こうした場面での「記憶」の働きは、「宣言的記憶」のような意味由来のものでも、外的に挿入される物語的過去でもない。運動の反復に応じて細かな差異が生まれ、それが起動しやすさ、速度の調整、リズム的な同期を多様化する「手続き記憶」的なものに近い。

ホメオパシーという疑似医療の一種がある。現在でも砂糖水に様々な成分を混ぜ、それを極度に希釈することで治療薬が処方されている。レメディと呼ばれるこの処方薬は、成分の入った水を一〇〇倍に希釈するような作業を何十回と試みることで作られるが、そこまで希釈をくりかえせばすでにただの水である。

しかしそうであってもその水には、物質がそこを潜り抜けたという記憶が残っていると主張されてきた。[24] ここでの水の記憶は、現代科学では信じるに値しないものである。だからといってここでの分子的記憶がありえないことにはならない。タンパク質の個体化やその化学反応の選択性、機能性の持続、変異等による機能性の再編には、記憶と呼んでもよいほどの集合的働きとその組織化が関与している。選択性の出現には、観察者にとって明確な選択が取り押さえられる前段階で、分子的運動の変異とパターン化が起きているという仮説も含まれる。

まだ未解明の部分が多い狂牛病として知られるBSEは、病原菌やウイルスによってではなく、タンパク質であるプリオンの立体構造が変異し、正常なプリオンが異常プリオンに置き換えられていくことによって起こると言われている。一面真っ白だったオセロ盤が徐々に黒に反転していくように、それまでの形態と機能群が別の形態と機能群へと変化するのであり、そこでは分子的記憶の新たな編成が生じている。

通常、異常形態をもつすべてのタンパク質が何らかの機能性を獲得するわけではない。その大半は、機能性を失うか、他のタンパク質との結合ができないまま分解されるか、特殊機能性を発揮しても、それが持続的に再生産されることなく消失してしまう。選択性から機能性へと進む前段階で、おそらく膨大な変異形が、既存のタンパク質の集合的働きのネットワークに間接的に影響を及ぼしており、それら多くの変異形が除去されていても、除去というプロセスそのものの履歴でさえもが次の選択性の出現に関与すると予想される。

ここで問題になっている記憶は、手触りや感触、予感、余韻、引っ掛かり、緊張、緩和、リズムといったものとともに出現する、どこまでも離散的な強度として現実化する記憶である。それは、「偏り」と呼べるほどの強い方向性をもつ働きが出現する以前の経験である。

形態の微細で連続的な変化は、新たな機能の出現に非連続に結合し、その機能性の発現が形態の配置それ自体に再度影響を与える。二重作動のモードの切り替えには、記憶の再編とそのタイミングが同時に関係している。それと同じように精神病理としての分裂性経験では、周囲のだれもが理解できず、当人すらも理解できない記憶の再編が行われている可能性が高い。ひとつの出来事をきっかけとして、当人がかかわる世界と、世界についての記憶のすべてが新たな配置に置き換えられ、当人の行為連関一切が別の現実へと接続されていく。こうしたきっかけの典型が「声」であることはこれまでも様々に語られてきた。分裂性妄想では、自分の内省的声が別人の声でもあり、それはいつでも自分への指令語として行為の誘発を内在させる。

主体が語るのではなく、集団が主体において語りを支配する。そのとき言表は、私が直接語るものではなく、私において集団が語るという間接的なものとなる。「間接話法は主語を区別することによっては説明されない。この言説の中に自由に現れるものとしてのアレンジメント（編成）こそ、一つの声の中に出現するあらゆる声、シャルリュスの独白の中の若い娘たちの歓声、一つの言葉の中の無数の指令語を説明するものだ。『サムの息子』というアメリカの殺人鬼は、祖先の声に煽動されて殺人を犯したが、この声は一匹の犬の声を通じてやってきた(25)」。

分子的経験と分裂性経験を、記憶の編成および再編として直結させること、それはすなわち、行為や運動、記憶の働きの微細な変化が、機能性ネットワークの質的な転換につながってしまう場所を指定することでもある。そのさいの作業仮説が「無意識の中には、もろもろの個体群、集団、そして機械しか存在しない」というものである(26)。

③働きと境界形成

ドゥルーズ＋ガタリが企てた重要な論点のひとつとして、出来事の出現に、現実の境界形成を組み込んだことが挙げられる。物の形態や、統一的、客観的意味を通じた境界（認識論的境界）の設定ではなく、働きのさなかに出現する境界区分（領土化）および、維持された境界の解除（脱領土化）、別の境界形成への進展（再領土化）を、観察記述とは独立の現実の記述に取り入れたのである。

分子的記憶の再編は、働きのネットワークの立ち上がりを貫く現実の境界の変更とともに遂行されるが、それは観察記述からのズレを多分に含みこむものである。

ドゥルーズ＋ガタリが境界設定の事例として頻用するのは、蘭と雀蜂とのかかわりである。種子植物の「生殖」の働きは、受精にかかわる器官としての構造部位、花粉、大気組成、風力や湿度、温度、そして花粉を運ぶ昆虫とともに成立する。

ひとつの働きが多くのものを巻き込む形で実現される。この「巻き込み」という表現は、それぞれがその働きを実現することを目指しているわけではないのに、働きそのものを付随的、間接的に駆動させてしまうことを意味する。蘭の生殖のネットワークと雀蜂の食糧確保のネットワークはそれと気づかずに交差している。雀蜂は蘭の生殖のネットワークに組み込まれ、逆に蘭は雀蜂の群れの生存を維持することに貢献している。しかしここでの関係を、「相互恩恵」といった安易な言葉で理解してはいけない。蘭が雀蜂に感謝することも、雀蜂が蘭にお礼回りすることもありえないことであり、彼らがそもそも働きを意識的に実行しているとは思えない。むしろこの事例も分子的運動の派生形のひとつである。

蘭は自前の生殖器官をもちながら、自力で生殖することができない。「植物のテーマ、すなわち花々の無垢は、私たちにさらに別のメッセージと別のコードをもたらすからである。それぞれが両性であり、二つの性をもちながら、二つの性は仕切られており、たがいにコミュニケーションを行わない(27)」。

この意味では、雀蜂が花弁の中を動きまわることこそが蘭の生殖成就のための一条件となる。だからといって雀蜂は、生殖の働きにとって必須ではなく、場合によっては風や他の昆虫、動物を通じても受粉は可能である。

ではこの条件とは、何を意味しているのか。それは必要条件でも、十分条件でもなく、生殖を実現するための複合的働きが連鎖的に継続されるための「きっかけ」の一つという意味合いにすぎない。にもかかわらず、適切な時期と場所で、雀蜂が動き回ることでそうした働きのネットワークを駆動させてしまう。

さらには雀蜂が寄り付きやすいように、蘭自体の形態の獲得には進化の過程が隠されている。花の形や色、器官が、現在の形をとどめていることの背後には膨大な進化史があり（共進化）、決して思い起こすことのできない集合的記憶の再編がここでも明確な機能性の出現の背後に潜んでいる。

蘭の形態、色彩、フェロモンは雀蜂の飛翔運動をそこへと収斂させる焦点を作り出すかぎりで、雀蜂の食糧確保にかかわる働きのネットワークの一部に取り込まれており、そのネットワークから見れば蘭は雀蜂の食糧確保という現実性を形作る要素である。

しかしその真裏で、雀蜂は蘭の生殖の働きの一部となっている。雀蜂と蘭の現実性は、共有されることがないまま、相互の輪郭を変動させ、交差させる。

「蘭は雀蜂のイマージュやコピーを形作ることによって自己を脱領土化する。けれども雀蜂はこのイマージュの上に自己を再領土化する。とはいえ雀蜂はそれ自身蘭の生殖機構の一部分となっているのだから、自己を脱領土化してもいるのだ。しかしまた雀蜂は花粉を運ぶことによって蘭を再領土化する。雀蜂と蘭は、非等質であるかぎりにおいてリゾームをなしているのである(28)」。

子供がふと蘭の花に手で触れたり、鳥の糞が花弁に落ちたりすることも、それとともに生殖のネットワークを駆動させてしまう。その意味では、蘭の生殖のネットワークの延長上からは、決して雀蜂の食糧確保のネットワークは出現しないし、何らかの別のネットワークを指定したりもしない。むしろ「蘭—生殖」という現実の成立には、いつでも「雀蜂—食糧確保」、「子供—遊戯」、「鳥—排泄」といった別の機能性のネットワークが、ひとつの現実の裏側で立ち上がり、作動しうる。

ここで問われているのは、働きを徹底的に貫く現実の観察である。巣に帰り、休息している雀蜂の集合は、物理的距離として蘭とは遠く隔たっており、認識される雀蜂の集合にとって蘭は境界の外部である。

にもかかわらず、蘭の生殖の働きを駆動させる潜在的要因として雀蜂の集合はいつでもその働きと現実の境界線上にある。物理的境界とは異なる境界の設定が問題になっているのは確かである。

この時点で先に論じた分子的運動の「動的編成／偏り」は、働きの境界の形成へとパラフレーズされていることが分かる。ドゥルーズ＋ガタリが取り上げる「雀蜂と蘭」、「馬と人間と鐙」、「アマゾネスと弓と草原」といった事例は、固有な境界設定（領土化）の事例であり、それぞれが固有の働きのネットワークを駆動させることで現実の境界を浮き彫りにする。乗馬という行為そのものにとって馬と人間と鐙は、その行為の継続に参与するかぎりで、その現実に組み込まれている。そしてその場面で、乗馬という行為そのものの働きから、馬と人間と道具のかかわりが記述されねばならない。

たとえば鐙の装着具合の悪さが、馬の運動速度を変化させ、走行パターンをゆがませる。そのこと自体に気づかない人間が鞭の強さを強めることで、走行パターンがさらに歪なものに進んでいく。

あるいは走行パターンの違いを咄嗟に察知することで鐙の歪みを修正する。こうした行為のさなかで、現実の度合いの変化、そこからの現実の分岐が起こる。つまり乗馬という行為そのものが維持できずに落馬したり、あるいは乗馬という現実が透明になることで射的という別の行為が接続可能になる。

こうした場面で問題になるのは、意味的つながりや論理的つながりではないし、ましてやオイディプスのような物語的・情動的つながりでもない。本来、行為のさなかで起きていることは、乗馬している人を外から眺める観察者にとってほとんどよくわからない出来事である。

こうした現実記述に焦点を当てようとすると、どのような働きのネットワークに視点を入れて記述を行っているのかという問いが前景化する。現実はその記述とは異なる。そのため記述をどんなに詳細にしようと現実そのものは無限に遠退いてしまう。こうした言い掛かりに近い懐疑の設定は、哲学的認識論の習い性となっており、アンリにも典型的に見られた。生とその記述、行為とその記述、現実とその記述には、そうした困難は不可避でもある。

にもかかわらず、記述のスタイルを変更させ、概念を更新することで、現実そのものとの距離感が変化することはある。それは現実を説明するというよりは、記述を介して現実を出現させてしまうことに近い。観察を排したそれ自体と、その記述、さらには外的な位置から認識される観察、それら相互の区別自体を観察すること。こうしたことで観察は高次化され、セカンドオーダーからメタ記述へと至る。これはルーマンがとったシステム記述の戦略のひとつであり、現象学的にはブレンターノが心的対象の発見にも用いていた。

これだけでも確かに現実の異なる位相を取り出すことはできる。しかしドゥルーズ＋ガタリが企てようとしていることは、こうした観察の高次化や序列化という知的操作に含まれる理性的作為を端的に取っ払ってしまうことで、現実とその記述に何が起きてしまうのかという可能性の問いでもある。

ここには、高度化や序列化という現実の発見の方法それ自体が、偏った現実の一局面にすぎないのであるから、それにより多大な経験が見過ごされてしまうという警鐘が含まれている。

ドゥルーズ＋ガタリが概念的戦略とともに、ここで取り上げた試みを実行したことは確かである。しかし今や問題はこの先にある。単純に考えてみても、彼らの議論には現実の境界の出現、境界の変動、境界の消滅にかかわるシステムの機構が見出せない。動的編成の条件や作動が継続するための経験の内側からのシステム記述の手がかりが見出せないのである。

そのため、現実に起きた特異的事例を取り上げることはできても、現実そのものの新たな立ち上げというプロセスの記述にはまだ程遠い印象を受けるのである。ドゥルーズは、あるインタビューにおいて「ガタリと私がリゾームと名付けたものは開かれたシステムの一例に他ならない」(29)と述べている。そのさいドゥルーズが想定しているのは、線型的な因果性を放棄することから始まるシステム記述である。その意味でもこの「開かれたシステム」が、どのように機構化されるのかが、働きのネットワークを考えるうえでの最重要課題となり、一九七〇年以降、新たなシステムの形として導入されたオートポイエーシスとの接点が生まれることにもなる。

たとえばその開発者の一人であるマトゥラーナは、「生命システム一般、とりわけ神経システムは、環境を制御するという進化を経て現在の形態へと到達したが、これらのシステムはそもそも環境を制御するようには作られていない。そのため私たちはこれらのシステムについて語りうることだけを語ることができる」(30)と述べている。環境を制御するために進化が進んだと見るのはあくまでも進化に意味を見出そうとする外的観察者である。

しかしそのシステムを子細に調べてみると、そこには環境制御という機構そのものが神経系の仕組みからは見出せないことが判明したのである。生命というシステムは、それ自体環境に適応するという機構を備えていないにもかかわらず、環境に適応しているようにしか見えない。この両者の隙間に、システムと環境そのものの特質があるとして課題設定したのがオートポイエーシス構想である。働きとともに出現する現実はシステムの成立と同時に、しかも不可分に起こる。

しかし問題は、このシステムそのものの機構の解明なのである。

★

1　星こわしの仕事

ヨスイは星こわしである。気づいたときには星こわしだった。母も父も、どんな存在だったのかは分からない。自分がいつ生まれ、どのように育ったのかも分からない。それが星こわしを生業とするものの宿命だということだけを、ヨスイは知っている。だから悲しくはない。ただいつもと同じように、星をじっと見定めてはこわす。それだけである。

無数にひしめく星の輝きが、異なる強さと色彩を放ちながらヨスイの目に飛び込んでくる。「目」に、というのは正確ではない。息を吸い込むたびに肺の無数の細胞が大気を感受するように、ヨスイは宇宙を呼吸している。その場合、ヨスイの体が宇宙を感じ取っているのか、ヨスイの体を貫いて拍動するものが宇宙なのかの区別は重要ではなくなる。それほど双方が双方に食い込み、境界は曖昧になる。

明滅する星の運動は、強さも温度も一様ではなく勾配がある。その波のような高低差に応じて宇宙体にウネリが生まれる。そのウネリは鼓動を打つように、ヨスイの肺の奥まったところに訴えかけてくる。星こわしが訪れるのを待つ、こわれゆく星がそのとき告げられている。星群にはいくつもの惑星を伴う系があり、銀河があり、銀河団がある。とはいえ、ヨスイが目指すのはいつでも一個の星である。今もそのウネリの頂点にある一個の星がヨスイの体に示されている。どんな場合も星こわしの仕事は、個としての星相手である。

第二章「個体」——個体の哲学

「主体を単なる自然として片づけることはできない」（Husserl, *Ideen II*, 297）

1　個はいかにして立ち上がるのか？

個体（individual）とは、本来それ以上分割できないものである。分割すると、その本性が維持できなくなるものであり、モナドのような基本実体に典型的である。近代に発明された基本的人権は、主体としての個体を前提にしている。人間は個体である限り、たとえどんな障害を抱えていようとも、それとして権利が保護されねばならないということである。

しかし他方、モダン以降の思想は、個体のような実体がそのままで維持できる代物ではないことを暴き続けてもきた。それはアトムという原子／元素が、それ以上「分割できないもの」の意であったのに、素粒子物理学の展開とともに、原子の非実体性、複合性が明らかにされてきたことと軌を一にもしている。

さらに最近ではインターネットで広く緩やかに様々なものをつなげるＩＴ技術がそのことに拍車をかけてもいる。前章で扱った働きの連鎖である「ネットワーク」と「個」は実は折り合いが悪い。個とはネットワークとは独立にみずからを維持できるものだからだ。そのような自律的、自足的な個が危ぶまれている。

近世的な主体の根底に無意識を仮定し、自我を諸々の力線の歪みによる虚構として暴いたフロイトに始まり、社会心理学的な実験データの多くからも、個としての人格の一貫性は驚くほどないことが明らかにされている[31]。人の行動パターンから見ると、社会ネットワークに応じていくつもの人格があるように思える方がむしろ正常である。その意味でも現代は「個体」について、さらに踏み込んで「個の力」というものについて語り難い状況にあるのは確かである。

とはいえ、臨床実践で、たとえばリハビリテーションや精神医療を必要とする患者の一人一人にとって、自らの生を生きる「個体」として再度立ち上がることができるかどうかは深刻で、不可避の問題である。個は、たとえ関係性の網目の中にあっても、それらとは独立に自らを維持し、前進できねばならない。

ネットワークへの過度の依存は個から自律性を失わせ、その微細な変化によって甚大な影響を受けてしまう。この依存性と自律性の配分の中に個体があるのは確かである。そしてそのような場面で生成する個体を明らかにするには、個体をどのように規定するのかを超えて、個体が成立すること、すなわち「個体化」の場面にまでまなざしを届かせる必要が出てくる。これが本当に難題である。

以下、個体と個体化にまつわる問いの位相を列挙しておく。

(1)個体は、認識されると同時に、それ自体で成立する仕組みとして記述できなければならない。

細胞という生物個体は、認識によって初めて成立するのではないが、PTSDといった疾病単位のように認識を通じて個体化する現象もある。
(2)個体は、物理現象、生命現象、意識現象、社会現象といった領域横断的に見出されるものであり、その不変項をうまく特定できるものでなければならない。結晶や気象、細胞、技術(制作物)、身体、意識、集団行動等々も個体として成立する。
(3)個体は、個体化という働きとそのプロセスから創発するが、働きのさなかから個体を眺めることによって個体化のモード、個体の生成・変態の条件のあぶり出しができなければならない。これは、新たな個の立ち上がりにかかわる「発達科学」、「教育」、リハビリテーション等の「臨床」に不可欠の視点となる。

2　意識の個体化——手がかりとしてのフッサール

事物や人格、芸術作品のように現実世界に存在し、かつ、自らと比較しうるものが他にはない仕方で個体は成立する。この犬はあの犬と、類・種として同じでも個体として異なっている。伝統的には、アリストテレスが「質料と形相の合致体」としての個体を、ライプニッツが窓のない「モナド」という個的実体を、ヘーゲルが普遍と特殊とを弁証法的に統一させる「個別」としての概念をそれぞれ構想してきた。とはいえ、そのうちのどれが上記の課題に首尾よく答えられるのか、ほとんどよく分からない。さらに二〇世紀に入ると現象学者のフッサールが、観念論的、認識論的色調を強く帯びながらも「個体としての意識」、さらには「意識の個体化」について語り始めるようになる。個体の記述をどこから始めるべきかを決定できないのが現状ではあるが、以下では、このフッサールが用いる個体概念を個体化論の最初の足掛かりにし、何が個体化論を難しくしているのかを特定してみたい。

まず、フッサールが個体について語る場面を少し詳細に見ていく。

「唯一の根源的に個体的なものは、その自我を具体的に伴う意識である。それ以外の個体的なものはすべて現出しているものであり、その個体化の原理を現実的および可能な現出することのなかにもっている。そしてこの現出することは、個体的な意識を遡示している(32)」。

これは、自然科学や人文科学といった学問の領域確定と基礎づけを試みた『イデーンⅡ』において、フッサールが自然に対する精神の存在論的優位を明らかにする箇所である。この引用から見て取れるのは、自我を伴う意識だけが根源的な個体であり、他の個体はその意識に現れるものとして個体化の原理を意識から受け取るということである。

ここですでにフッサールは、「原的な個体(化)」と「二次的な個体(化)」とを区分し、世界内の事物の相対的な規定を認識批判的に吟味することで、意識/精神を「絶対的個体」として、自然における個体から際立たせようとしている。「精神という意味での個体性は、自然の個体性とは全く異なっている(33)」。

ここには「変化する自然(事物)」と「変化しない精神」の対置というフッサールの暗黙の思惟の誘因がある。一方は相対的で、偶然的で、開放的であるのに対し、他方は、絶対的で、必然的で、閉鎖的であるという哲学上、認識論上の要請でもある。

　確かに自然科学が明らかにする各種成果は、汲み尽しえない自然の開放性を示してきた。現在、ある自然現象について正しいと思われていることが一〇〇年後も正しいとは限らないことの証明が、自然科学の歴史である。

　その意味でもフッサールは、事物の個体性が「所与（与えられたもの）が構成される状況に応じて何度でも新たな諸特性を受容しうる開かれた本質」[34]であると述べ、そのかぎりで、この「所与が構成される状況」につねに居合わせる揺るぎない個体としての精神が必然的に指し示されると考えている。事物が「超越的」であるのに対して、意識が「超越論的」であると現象学的にいわれる所以である。

　こうした超越論的観念論と呼ばれる想定が、最近の思弁的実在論が論難するところでもあり[35]、それには確かに一理ある。というのも、この自然における事物の開放性が、その物自体における開放性なのか、主体とのかかわりによって初めて成立する開放性なのかは、科学哲学においても未決の吟味されるべき重要な問いであるが[36]、フッサール自身迷いながらも、そこまで踏み込むことはせず、主体とのかかわりによる開放性として半ば強引に理解しているからである。むしろ彼はここで、精神に依存する自然と、自然から独立した精神という対立を明示する方向に進んでいく。

　精神の個体性は、揺れ動く自然の個体性と真っ向から対立する。そしてその違いの根拠が、現象学者にはおなじみの「世界無化」の想定である。

「もしもわれわれがすべての精神を世界から抹消すれば、もはや自然は存在しない。しかしもしわれわれが自然を、すなわち〈真の〉客観的‐間主観的な現存在を抹消するとしても、依然としてあるものが、すなわち個体的精神としての精神が、残り続ける(37)」。

非常に強い認識論的主張である。私が私であること、その代替不能性を規定する「意識（精神）」という個体（超越論的個体）は、他の存在とは独立に成立するのに対して「どの事物もみずから自身にその個体性をもつのではない(38)」とフッサールは言い切る。世界無化によっても残り続ける個体には、「社会性の可能性」も、「身体のなんらかの間主観性を前提する把握の可能性」も失われており、社会的、日常的意味での人格もない。にもかかわらず、フッサールはたとえ貧弱であっても精神という個体の生は維持されると考えている(39)。

ではここでの意識ないし精神の個体性とはどのようなものか。

「精神は、体験し、態度を決め、動機づけられる。どの精神にも各自の動機づけられ方があり、事物とは異なり精神にはそれ自身のうちに自分自身の動機づけがある。［…］そのつどの思惟の作用（cogitatio）の純粋自我がすでに絶対的な個体化を具備しており、思惟作用それ自身が一つの絶対に個体的な要素を内包している(40)」。

敷衍しよう。精神には、物質の「因果性」とは異なる「動機づけ」の連関がある。この動機づけの連関の固有さは他と置き換えができず、かつ、精神の外部のものに依存しているわけでもない。思惟や知覚、想起といった多くの認知の働きが、なぜか、この固有な私という精神の働きとしてくくられてしまう。なぜこの思考は私の思考なのかを考えてみても、それは私の思考だからだと独断的に打ち止めせざるをえない否応のなさがある。

また私がなぜそのような思考をもつに至ったのかを想起すると、動機づけられた過去の記憶が流れるように湧き出てくる。思い出される場面がすべて異なっていても、それらを私の体験だという感触が貫いている。フッサールのここでの想定を裏づけているのが、これら経験の感触であり、それが「このこれ（dies da!）」としてしか明示しようのない「このもの性（Diesheit）」[41]と呼ばれる。

動機づけられた体験の流れ全体という個体性と、流れを構成する今の体験、過去の体験といった個々の体験の個体性とが「このもの性」として区別され、両者は主体という経験のまとまりとして統合されている。そのことが過去の経験の一回性と、精神自体の一回性として語られる。

「意識の流れにおける体験にはその絶対に固有の本質があり、それは自らのうちに個体化を内包している[42]」。

「同じ精神は二度存在することはできず同じ全体的な状態へ回帰することも、そしてまた、精神が同じ内容を伴って、さまざまな連関のうちに存立しているということだけで、精神自身の個体化を示すこともできない[43]」。

精神とは、無数の体験の個体性が継起する流れとしてまとまった個体性である。まとまっているとはいえ、同じものの反復がありえない流動する個体でもある。ここまですでに「意識（精神）の個体化」、「体験の個体化」、「事物の個体化」が区別され、個体化の深度からいえば、「事物」は、その事物の「体験」を遡示し、体験の継起的集合が「精神」という個体を遡示する。そしてそれぞれの個体化のレヴェルを「このもの性」が貫いている。

ではこの「このもの性」とは何か。フッサールは次のような問いを立てている。「各体験がそれ自身のうちにそれぞれの『このもの性（haecceitas）』をもっている以上、この『このもの性』は普遍的なものではないのか[44]」と。「普遍」や「一般」に見かけ上対置される「このこれ」という個体のそれとしての在り方を規定するものが、普遍的ではないかという哲学者の食指を動かしそうな入り組んだ問いである。

にもかかわらず、フッサールは、「あの」これと、「その」これとを何が区別しているのかを明示することも、さらに両者の「これ」に共通のものを取り出すこともできないと述べる。というのも「このもの性」は、「性質」ではないからである[45]。赤さや、甘さという性質は一般的規定であるが、このもの性はそれに並ぶような物事の性質ではない。

「しかし何が一つの〈これ〉と別のこれとを純粋にこれとして区別するのかとか、さらに、双方のこれが〈共通に〉もっているものは何か、とは決して問いえない。この問いはすでに性質と〈これ〉とを混同している[46]」。

むしろ逆に、物事の様々な性質について語るさいにすでに成立し、性質に先立って「このこれ」として指定できるのが個体であり、それを特定するのが「このもの性」である。だからフッサールは、「この区別をするものが性質でも具象的な成素でもない以上、区別するものは無（Nichts）である。〈これ〉という形式は何性（Washeit）ではなく、したがってこの意味での本質でもない」と述べる。そして微妙な言い方であるが、意識の個体性を以下のように特徴づけている。

「意識は独自の本質を、すなわち精密に規定されえない流動する本質を有している。しかし意識はその本質に理念としての『精密な』本質を帰属させ、措定によって特定の〈これ〉を受け取るのである(47)」。

意識は自己反省／自己措定によって流れる本質として「これ」として特定される。しかしそれに先立っても意識は、非精密で曖昧な流動する本質でもある。前述したように意識は一回的なものとして確定的に存在してはいない。たえざる流動だからである。それゆえ、意識という個体のまとまりがどのようにして成立するのかは、「このもの性」という規定だけでは明らかにならない。しかも意識はそれ自体で繰り返し変化するものなのだから、先述した「開かれた本質」をもつ事物と何が違うのかという問いの逆照射も起きてしまう(48)。

これをかりに意識という「形式」は変わらず、その「内容」だけが変わるという構図に落とし込んでしまうと、その形式の不変性が何によって保証されているのかがさらに問われるだけではなく、形式が変化しない意識に加えて、形式さえも変化する可能性をもつ「開かれた本質」としての事物の方がよりラディカルで、多彩な存在様式をもつのではないかという疑問も生まれる。フッサールが行ったそれぞれの個体化の配置とその構図は分かりやすいものの、それぞれの内実を詰めると、多くの問題が噴出する。これだけでも個体について論じることの難しさは明らかである。

しかし他方で、事物や意識の個体としての本質が、開かれた、流動するものであることを見抜いたフッサールの功績も当然見過ごすことはできない。このことは、個体化論を全く別様に展開するドゥルーズ＋ガタリにも大きなインパクトを与えていたのである。彼らは述べる。

「フッサールが、計量的かつ形相的な固定した本質とは区別して、物質的な、しかも漠然とした、つまり流動的で、非正確だが厳密な本質の領域を発見したとき、われわれの考えでは、思考は決定的な一歩を踏み出した[49]」と。

3　個体論という難題

前節で、フッサールが個体というものをどう考えていたのかを少々細かくテクストを追って見てきた。すでにそこに個体にまつわる様々な問いと課題が伏在している。問題として指摘されたのは、「事物の個体化」、「体験の個体化」、「体験複合としての精神の個体化」であり、フッサールはこれらの個体化をレヴェル分けし、後者から前者を基礎づけていく構想をもっていた。だからこそ、最終的にそれ自体は何者によっても基礎づけられない絶対的個体が出現することになる。

そして、この絶対的個体の成立場面をさらに追跡しようとすると「このもの性」と「流動する本質」という、それ以上詳細に詰めることが難しい規定に突き当たる。フッサール自身が『イデーンⅡ』を執筆していた時期から、「発生的現象学」という絶対的個体の発生や生成を問い詰めるアプローチをとるようになったのも、また、晩年に至るまで時間意識の自己構成の問題を追及したのも、その課題の大きさに気づいていたからである(50)。

ここからはテクスト解釈を離れて、意識という個体の経験の内実により踏み込んでみる。手始めにフッサールの世界無化の想定を具体的にするために、真っ暗闇の宇宙空間のようなところにぽっかりと漂う自分をイメージしてみる。視野は閉ざされ、足場もなく、手がかりになる物体も、大気の感触もない。突如そのような場所に身を置いた場合、私たちの多くは困惑するだろうが、それでも精神は維持できるし、私は私のままにとどまるはずだ。

視覚で身体の特定ができなくても身体感覚はあり、手足が動いていることや皮膚の接触感もあるかもしれない。それに対して純粋な思念体のようなものを想定すると、途端に自己と世界の境界が分からなくなってしまう。その場合、閉じ込め症候群や、全身麻酔中に意識だけが戻るような事例では何が起きているのかを参照する必要も出てくる(51)。世界が失われても意識が残るという想定、あるいは「孤独な心的生」を浮き彫りにする「現象学的還元」でも、こうした思考実験を暗に活用している可能性が高い(52)。

ではこのままの状態で、数時間から数日経過していく場面をさらに考えてみる。実験心理学には、外部から環境刺激を極力入れない状態に人間を放置するとどうなるのかという実験を繰り返してきた歴史がある。感覚遮断実験である[53]。感覚情報が遮断されたまま運動しない状態に置かれていると、意識は徐々に乱れ始めてくる。想起や言動がおかしくなり、色が見えたり、幻覚が現れたりして最終的に錯乱状態に近づき、誰もが音を上げる。入眠させない場合も同様で、拷問やマインドコントロールの際に精神を追い込む手段として感覚遮断が用いられるのもその極端な不安定化を目論んでいるからである。

だとすれば、世界無化の想定は、一時的な短いスパンだけでしか成立しない極限化された意識の理念的な疑似‐安定状態であり、絶対的に自律しているとみなされた精神という個体にはすでに多くの経験的条件が介在している。たとえば世界がなくても、声は出るのか、呼吸はできるのか、熱の放散はあるのか、代謝は行われるのかといった問いは明示されないし、フッサールも問うてはいない。かりに呼吸も、熱の放散も、代謝もなく、思考のさなかの緊張の変化の感触さえもなければ、そうした状態で精神がどの程度維持されるのかはまったくもって不明である。

こうした詳細を詰めて見えてくるのは、意識が徹底的に身体化された個体であるということだ。世界無化の状態においても心音や呼吸により肺が膨らむ感覚、発話における声帯の震えといった身体感覚は残存している。こうした意識の背景となる微細な感覚経験なしに意識がどう成立するのかは誰にも分からない。だからこそ後のフッサールの分析にも、意識という個体の成立に「身体性（身体意識）」が加味され、さらにはその身体と絡み合う「世界質料（ヒュレー）」の問題が現れる[54]。自然として排除したはずのものが、意識の根底で再び超越論的に出会われるのである。

また、世界無化によっても思考や言語能力が維持されているとすれば、他者とのかかわりがそれ以前に経験されており、その履歴が決定的であったはずである。かりに他者とのかかわりのない乳児の段階で世界無化の状況に置かれた場合、精神が個体化するかどうかはあやしいし、何がそこで起きているのかも語りようのないものとなる。

活動する意識という個体にはすでに、身体性やヒュレー、他者性といった素因がそれなしでは済ますことができないように浸潤している。精神という個体には、一時的な切り離しが可能でも、世界無化の想定くらいでは拭い切れないほど世界が浸透しているといってもよい。これまでのところでフッサールの個体概念から汲み取ることのできる規定を取り出してみる。

(1)個体はそれ自体で個体となる（精神は自らで自己になる）。
(2)個体は動的なまとまりである（精神とは流動する本質である）。
(3)このもの性（Diesheit）として特定できる（何によって特定されるかは別の問い）。
(4)他の要因（身体性、質料性、他者性）への依存関係は残るが、依存要因の一時的断ち切りもできる。
(5)この他との依存関係の変化に応じて、個体には生成の可能性も変容、崩壊の可能性もある。

すでに実体的な安定性をもつものとして個体は理解されていない。事物でも、意識でも、たとえモードが異なるにしても変化可能性を内蔵するものとしてしか個体は考えられない。変化する質料に対置される形式の安定性は、個体には妥当しない。問題になるのは、「生成する個体」であり、一時的にでも安定する「このこれ」としての形式の発生である。そのことをフッサールは、現象学的なモナド概念を用いて以下のように述べる。

「構成を追跡することは、発生を追跡することではない。発生とは、構成の発生であり、あるモナドにおける発生としてみずから運動するものである[55]」。

4　変容の兆し――ベルクソンからシモンドン

絶対的な個体（超越論的主観性）から世界という現象の構成へと向かうのが、フッサールの超越論的観念論の定石であるが、その安定的個体がどう成立するのかを問い詰めると、そこに身体、ヒュレー、他者という排除したはずの世界の実質が個体の根底に再び現れ、安定そのものが崩れていく。個体そのものが生成プロセスに溶解しそうになる。

そのような不安定かつ止むことのない世界の運動の方から虚焦点としての主体や形式が次々と生み出される姿を暴こうとするのがドゥルーズないし、ドゥルーズ＋ガタリの思考である。ここには「変化はあるが、変化する物はない」として運動と変化を生命原理にまで昇華したベルクソンからの強い影響もある[56]。

「変化というものはいくつもあるが、変化の下には変化する物はない。変化は支えを必要としない。運動というものは幾つもあるがそれ自身はたらかず変化しないものが動くわけではない。運動はその意味のうちに運動体を含んではいない[57]」。

さらにそのドゥルーズに影響を与えていたのが、「エネルギー」、「情報」、「操作」、「位相」、「準安定状態」といった熱力学や情報理論の用語を存分に取り入れながらシステム論的に個体化論を組み立てたジルベール・シモンドンである[58]。

シモンドンも安定的な実体は認めず、個体は動的なシステムとしてのみ存在する。たとえば彼はアリストテレスの質料と形相の合致体としての個体という説明に対して、質料と形相がすでにそれぞれ個体化しているではないかという批判を向ける[59]。ある個体の成立後に、その内容と形式を抽出することはそう難しいことではない。しかしその個体がそれとして立ち上がってくる局面を記述しようとすると、事はそう単純ではなくなる。

たとえば粘土を捏ねくり回しているうちに、ある動物の形が見えてきて、その造形へと進む制作プロセスがあるとする。こうした場面のどこで質料（土）に形相（動物）が宿る、あるいは合致するのか。形相は質料の物性や可塑性、運動、もしくは行為的な働きかけからおのずと出現し、一度形が見えるとそこへと行為が調整され、収斂する。粘土と行為（操作）、行為者と目指すべき形、環境とが不可分に絡まりながら制作プロセスは進む。

シモンドンが技術的対象の個体化として捉えようとしていたのは、こうした経験である。ただしその際彼は、個体化が起こる手前に「前個体的で準安定的な地平における『存在の初源的な飽和状態[60]』」を想定する。それは不均衡さに満ちた均衡であり、いつでも運動可能であるが未運動状態にとどまる前個体的世界である。ここまでは先に引用したベルクソンのように、初源的な運動や変化を想定することと大差はない。

「絶対的な体験の流れ（フッサール）」や「一切の物性に先立つ変化や運動（ベルクソン）」、「前個体的で準安定的な地平（シモンドン）」等々を、認識を離れた世界の存在論的規定として設定することは任意に可能である。むしろ問われるべきは、そのような原理の設定から、世界の豊饒さをどれだけ取り出せるのか、新しい経験の位相を、とりわけ個体化における個体の成立プロセスをどれほど細かく描けるかである。競っているのは、実在論か非実在論かといった立場や主義の問題ではなく、還元を経た個体生成の位相に入り込む現象学的記述となる。

廣瀬浩司は、シモンドンの思索に「個体化の『現象学』と前個体的なものの『存在論』との間の緊張関係[61]」を嗅ぎ取り、そこにおける「生成の過程をひとつひとつ段階的にたどっていく[62]」ことの肝要さを指摘する。それはとりわけ個体化から個体の出現を描こうとするさいに直面する問題、つまりその記述者の場所がどこにあるのかという問いに直結している。

前個体的な世界や初源的な世界の運動は、一切の個体に先立つ限り、認識できるものではない。だとすれば認知を伴う個体が受胎する個体化のプロセスの中でしか、そうした世界の運動に立ち会うことはできず、そのプロセスの最中からしか個体については語れない。

にもかかわらず、シモンドンには、その前個体的場面を、自分は無傷のまま外から観望するように配置している節がある[63]。それは、近藤和敬が「個体化の過程を記述するシモンドンの位置が記述それ自体の外部にしかない[64]」と述べていることとも正確に対応している。

5　生成する記述、個体、事例

とはいえ、どうすればそうした前個体的なものの運動に記述するものが巻き込まれ、そこから個体化の記述を立ち上げることができるのか。この微妙な稜線を浮かび上がらせる名人の一人がゲーテであった。彼は、ハインロートという精神科医から指摘された自らの思索を「対象的思惟」と呼んでいる。それは「自然を探究すると同時に自分自身を探究し、自然に対しても自分の精神に対しても暴力を加えることなく、穏やかな相互作用によって両者を均衡状態に置くこと」[65]であり、その中で記述するものと対象との「共 - 生成」が起こるのを待ち望むような思惟である。[66]また、「個々の実験を一つ一つ多様化していく」[67]ことで、多彩な事例と実験から一つの経験、すなわち個体化の原理としての「根本現象」を浮かび上がらせる思惟でもある。[68]これは実験条件を一律に整え、客観性へと向かう帰納が目指す方向とはまるで異なっている。

文学作品から詩作、自然現象の記述、旅行記、アフォリズムというようにゲーテの創作活動はまさに多彩であり、固有である。つまりゲーテの作品の産出それ自体が、他と比較できない個体化のプロセスの中にある。個体を捉えるための思惟と行為が、それ自体一個の個体として生成する。それは、個体に迫るものが、みずからを新たな個体として形成し続けなければならないことを体現しているともいえる。

「理性は生成するものを、悟性は生成したものを相手にする。理性は『何のため』などということを気にしないし、悟性は『どこから』などということを問うことがない。――理性は発展を喜び、悟性はすべてを利用するために、あらゆるものを固定しようとする」[69]。

ここでのゲーテの理性は、悟性によるカント的監視を潜り抜けて生成するものの中に踏み込んでいく。その意味では失敗可能性を内在する賭けとしての思弁でさえある。これと同様にドゥルーズ＋ガタリも、日常的そして哲学的思考の習い性となった「相似」や「類似」、「系列」や「構造」といった諸関係を現象の中に見て取る思考の枠一切を解除することで、生成変化する世界の渦中に立つように促す。

「絶対の不動性すなわち絶対の運動をもつ平面と呼びうるような同一の固定平面を、相対的な速度をもつ無形の要素が駆けめぐり、それが速さと遅さの度合いに応じてなんらかの個体化のアレンジメントに入っていく、そんな世界を思考してみなければならない[70]」。

ここでの個体化が問題にするのは、伝統的な個体としての「実体」とも、「主体」とも異なる「第三の個体性」である。それは、「ある日、ある季節、ある〈事件〉の個体性とは何か？[71]」という問いが象徴するように、「知覚しえぬもの（非有機的なもの）」、「識別不可能なもの（非意味的なもの）」、「非人称的なもの（非主体的なもの）」という三つの美徳が「このもの性」によって結びあわされる場所である[72]。

意味や機能性、有機性という思惟の規定とは独立に季節はめぐり、事件は起こる。起きた後にそれらに意味や機能性、有機性を見出すことはいつでも可能である。しかし現実の個体化は、無数の生成の働きの連鎖として偶発的にネットワークを形成するのであり、どのようなネットワークが切り結ばれるかに応じて個体の境界はさまざまに変動してしまう。それは徹底的に「働き」という見えないプロセスから世界を経験する、前章での「働きの存在論」となる。

とりわけドゥルーズ＋ガタリが取り上げる多数の事例には、彼らの固有な経験のもとで実行された働きのネットワークの切り取り方がある。つまり、そこにはすでに記述者の経験が不可分に入り込んでいる。たとえば「雀蜂と蘭」、「馬と人間と鐙」、「アマゾネスと弓と草原」といった、何度も引用される彼らが記述する事例そのものの集合に、誰にも模倣できない個体性が成立している。

実は、個体化を記述する最重要のポイントは、フッサールやシモンドン、ドゥルーズ＋ガタリが提示する理論的枠組みや概念装置の方にではなく、どのような個体としての実例が切り取り出されているかにこそある。その選択的な切り取り方こそが、記述者がどのような経験のプロセスに入り込んでいるかを証しているからである。たとえば、ドゥルーズ＋ガタリは、日本の国技である相撲の大一番の個体化を以下のように記述する。

「力士が進み出るときの動きは目にとまるには遅すぎるし、技を放つ瞬間は目にとまるには速すぎ、あまりにも唐突だ。だから、相撲の取り組みで一つに絡み合うのは、二人の力士というよりも、むしろ待ち時間（期待）がもつ無限の遅さ（これから何が起こるのだろう？）と結末がもつ無限の速さ（いま、何がおこったのだろう？）なのである」[73]。

大一番という出来事の個体化は、二人の力士がただ肉体をぶつけ合うことではない。試合がいつ始まり、いつ終わるかは、力士も、固唾をのんで見守る観客も行事も、誰にも分からない。その中にある無数で無名の知覚、視線、注意、筋の緊張、手に握る汗、肉体、踏みつけられる砂等々が大一番を個体化していく。無限の速さと無限の遅さが固有のテンションを張り出す両極となってすべての経験が出来事の個体化に巻き込まれていく。

こうした事例記述を目の当たりにすると、それに対しての説明一切が手遅れであるほど冗長に思えてくる。説明を補足するための事例ではなく、説明を不可能にするような事例の際立ちこそが問題となっている。サイバネティクスを展開したベイトソンも、精神という個体を解体／拡張し、ネットワーク化する場面に入り込む記述を行っている。

「きこりが、斧で木を切っている場面を考えよう。斧のそれぞれの一打ちは、前回斧が木につけた切り目によって制御されている。このプロセスの自己修正性（精神性）は、木—目—脳—筋—斧—打—木のシステム全体によってもたらされる。このトータルなシステムこそが内在的な精神の特性を持つのである。正確には、次のように表記しなくてはならない。［木にある差異群］—［網膜に生じる差異群］—［脳内の差異群］—［筋肉の差異群］—［斧の動きの差異群］—［木に生じる差異群］……。サーキットを巡り伝わっていくのは、差異の変換体の群れである。［…］ところが西洋の人間は一般に、木が倒されるシークエンスを、このようなものとは見ず、『自分が木を切った』と考える。そればかりか〝自己〟という独立した行為者があって、それが独立した〝対象〟に、独立した〝目的〟を持った行為をなすのだと信じさえする(74)」。

個体化は、働きの連鎖、パターンに応じて個体を成立させる。それはいつでもプロセスに遅れてやってくる。主体が客体に働きかけるという、外側から観望された伝統的な視点は完全に放棄され、木を切るという行為の継続に巻き込まれていく多様な差異の連鎖が問題になっている。注意、知覚、想起、予期、キネステーゼ、情動や感情といった見えない働きから、他者も含んだ身体動作の一つ一つ、環境内の大気に包まれた物性を伴う運動、意識の下部で作動する社会的制度、そうした無数の働きが同時的にあるいは継時的に連鎖することを通じてでしか、個体は成立しない。働きが個体を成立させるのではない。そうではなく、その連鎖の結果、副次的にしか生成しないものが個体であり、その個体の切り出しにすでに記述者は巻き込まれている。

ここでは優れてシステム的な発想が要請されている。つまり、個体の形成に寄与する働きとその要素を特定する幅を決めるのは、事例を切り取る観察者の感度であり、同時に限度である。そこでは個々のシステムの動きに寄り添いながら思惟を展開する記述者自体の個体化が必要になる。たとえばフッサール現象学では、思考作用（ノエシス）と思考内容（ノエマ）が複合化する認知的な「意識（心的）システム」と、キネステーゼと多様な感覚、筋感覚からなる「身体（動作）システム」、それらが連動することで成立する間主観的な「コミュニケーション（社会）システム」が考えられる。ただしフッサールには、産出の働きとその産物としてのタンパク質からなる細胞という個体形成が行われる「生命システム」についての記述はない。

それに対してドゥルーズ＋ガタリの「分子運動」、「欲望機械」、「器官なき身体」、「脱領土化」という数々のタームは、システム論的な意味でも多彩な経験領域をカバーする記述の可能性を開いて見せたことになる。

このように事例の方から個体の問題に迫ってみると、「働き」と「内容」のペアが、次のペアへと連動していくことで個体というシステムが動的に生成し、維持されているのが分かる。その意味では、個体はいつでもオートポイエーシス（自己制作）的な経験としてしか成立しない。というのも、オートポイエーシス・システムこそが働きのネットワークの境界をシステム自身が決定することとして設定されたシステムだからである。[75]

その場合、どのシステムのどの働きに入り込んで世界を捉えるかに応じて、個体は幾重にも別様に生成する。しかも、作動するシステムをその作動のただなかから記述していくことは、記述者自身の経験の動きを拡張し、新しい記述者に生成することを派生させるのである。

以下、暫定的であるが、個体を論じるための統制的条件を列挙して、本章を終える。

(1)個体は、見えない働きが相互にネットワーク的に連鎖すること（個体化の働き）から成立する。

(2)この働きは、機能性や有機性、有意味性といった思考の習慣からは独立であり、独立であるものとして扱われるべきである。

(3)それについての説明が常に手遅れになるような、ネットワーク化した働きの連鎖の切り取り方、その事例のつかみ方が個体の解明にとって鍵になる。

(4)心的システム、身体システム、社会システム、生命システムといった各システムの設定は、働きとその内容とのペアを何にするかに応じて多彩化し、複合化する。

(5)個体の切り取り方に個体の記述者の経験が巻き込まれ、巻き込まれるモードに応じて記述者自身の経験も新しい個体化のプロセスに入る。

2　星こわしのひと飛び

サキは星こわしである。気づいたときには星こわしだった。母も父も、どんな存在だったのかは分からない。自分がいつ生まれ、どのように育ったのかも分からない。それが星こわしを生業とするものの宿命だということだけを、サキは知っている。だから悲しくはない。ただいつもと同じように、星をじっと見定めてはこわす。それだけである。

星のなかには、激しい爆発と熱からなるエネルギー状の流塊のこともあれば、サキと同じように思考するものが安定した地表で暮らしていることもある。そのことをサキはいつも不思議に思う。星こわしの仕事は、星の表面に何があるかとは関係がない。星の中心部には核があり、真っ赤な熱と真っ黒な力がまざった塊の渦が、星こわしの時期をサキに知らせてくれる。そのサインをみつけたら、サキはその地上に降り立って「とん」と地面をけってひと飛びする。

星こわしのひと飛びは、幾重にも絡まった重力体のバランスを揺るがすことができる。それが星こわしの宿命的な能力である。それを行うと、それほど経たないうちに星は自分の重さでつぶれていく。自らの重力に飲み込まれていく。だから地表になにがあるかは関係がない。それが星こわしの仕事だからである。それ以上でも以下でもない。深く考えることはなにもない。

あまたある星のなかには、モヤのような大気に包まれることで星こわしのサインが見つけにくい星もある。サキは、そんな星は後回しにして、サインが出ている星からこわしていくことにしている。ただ、いつまでも先延ばしにはできない。サインが出ているのを放っておくと星は壊れるのをやめてしまうからだ。そうなると、さすがの星こわしにも手出しができない。そうした取りこぼしは宇宙全体のバランスに小規模な歪みをもたらす。その歪みはサキの記憶に刻まれ、それが痛みとなる。自分がこの宇宙全体につながっていて、宇宙がかたちを変えることが、そのままサキの体の軋みとなって現れることをサキは知っている。

第三章「体験」——体験の活用

1 流行する「体験」概念

働きから生成する個体は体験する。その典型が生命であり、生命（Lebwesen）はみずからを体験する。より正確には、みずから体験できるものだけが生命に値する。とはいえ体験は認識や認知の働きではない。生きている限り、認識できなくても生は体験されており、生命は生きることが何であるのかを知ることなく、すでに生きている。逆に、生命や生とは何かを認識し、概念的に定義しようとすると、無限遠点のように生そのものは退いてしまう。生は認識にとってどこまでも疎遠であるが、認識はその生のひとつの働きである。生の働きは、その働きが実現する場（現実性）をそのつど特定するが、それは認識することによってではなく、体験を通じてである。

「体験（Erleben）」という語が、哲学的な思惟の運動において爆発的流行となったのは一九世紀半ばから二〇世紀初頭にかけてである。これは、歴史哲学や現象学、心理学においても見られる共通の出来事であった。当時、誰もがその語をほぼ何の説明もなく「直接的で主観的な経験の契機」という意味で用いており、唯一現象学がこの語において何が経験されているのかを探究し、明示しようとした。にもかかわらず、二〇世紀の経過とともに体験概念は、一部の哲学運動で用いられ続けてはいたものの、実証的方法を推し進めた心理学を含む自然科学的探究からはほとんど顧みられなくなってしまう。

そうした事情に変化が生じたのは、二〇世紀末から二一世紀にかけて、チャーマーズを筆頭とする脳科学者と哲学者との論争において「クオリア」問題が勃発したことによる。(76) クオリアとは、「心的経験一切に伴う質的な感じであり、その経験をもつものだけにアクセス可能な固有な質」のことである。この論争を通して、「意識された感じ」としてのクオリアが改めて「体験」概念と重ねられることになる。「意識体験」という語が問題なく流通し、理解されるのもそのためである。ここでは、体験が主観的で、一人称的な意識経験であることが半ば自明視されている。とはいえこうした意味理解は、それほど自明なことでも、先を見通せるほどの探究の設定でもなかったようである。以下では、体験の内実および、方法としての体験という側面から詳細を詰めてみる。

2 体験は意識の機能性ではない

プロイセンの科学アカデミーの後身であるベルリン・ブランデンブルク科学・人文科学アカデミーは二〇〇九年に、ヒューマンプロジェクトという学際的人間学の構築の試みのひとつとして『体験の機能』という論文集を編纂している。(77) そこでは、どのようにして「意識的な体験」が、自然的世界に統合される機能的部分として理解できるかが問題の焦点になっている。つまり、自然科学的探究からはこぼれ落ちてしまう主観的経験を、意識の計測問題、質的体験の機能性、社会的認知と体験の関係といった側面から取り上げることで、体験を、有機体とその環境における統一的な相互作用の機能として解明しようと試みている。たとえば体験の流動的な変化が、環境に適応するためにそのつどの行為を統制し、調整する機能的視点から捉える生態進化的アプローチから検討されてもいる。(78)

とはいえ、そこでは体験が意識経験と安易に同一視されている。つまり、意識の機能性のひとつとして体験が設定されている。あるいは、体験の特質がすなわち意識性を備えることとして理解されている。体験の現象的特性として、「知覚的（perceptive）」もしくは「情動的（emotional）」側面だけが強調されているのも、意識を介した高次認知に直接接続されると当初より考えられているからである。(79)とはいえ、意識と体験の関係には微妙で複雑な問題が絡み合っている。以下、歴史的状況も考慮しながら少し解きほぐしてみる。

「精神」と「物質」という二大存在カテゴリーに「生命（Leben）」という別種のカテゴリーが付け加えられたのは一八世紀末になってからである。哲学史的には、カントが生命としての有機体を『判断力批判』（一七九〇）で扱い、ゲーテがそれに賛美を贈ったことは余りにも有名である。さらにその後の初期ロマン主義や観念論の系譜において、「生命」概念は固有カテゴリーとして多様な仕方で活用されていく。

たとえばヘーゲルは、機械としての国家に対して生命としての共和国を対置し、反省的に措定された自然と、有機的で生き生きとした個体的多様性との対立とを、反省の自己否定とアナロジーを通じて生命概念のもとに包摂しようとしていた(80)。有機化された生命が、理性的な反省主体としての精神にも、因果性に縛られた機械にも還元しえない経験の固有次元を指し示していることが発見されたのである。

ただし「体験」という語が、カントやその後のドイツ観念論においてターム化されて用いられたわけではない。ドイツ観念論の展開では、カント哲学への反省を踏まえ、「自ら進展する」ことが原義である「経験（Erfahren, Erfahrung）」概念の再発見と拡張という事情があったため、体験への着目それ自体はまだ生じなかったのだと思われる。

体験（Erleben, Erlebnis）という語は、その語幹からも分かるように生命（Leben）に直結している。生命は、有機化された物性を伴うかぎり、純粋精神のようなものではありえない。精神は「経験し、認識する」ことがその主要な働きであり、物体は「場所を占め、運動する」。では、精神とも物体とも異なる生命は何をその働きとするのか。二〇世紀初頭に生命の働きとは、「みずから体験する（生を獲得する）」ことであると明示したのは、生の哲学者であったクラーゲスである。それは、意識し、自らを認識する精神とは異なる経験次元にある。

「生命と精神との混同が繰り返されていることは手に取るように明らかである。［…］生命過程は体験過程であり、それ以外の何ものでもない。それがなぜ誤解されたのかと問うならば答えはこうである。なぜなら体験と意識とが区別されなかったからである。体験と体験されたものを知ることとは別のことである［…］。われわれの身体の生きている細胞はどれも生きているのと同じほど確かに体験している。しかし細胞は体験していることを意識することは少しもない」[81]。

クラーゲスによれば、体験そのものに意識は関与せず、それは意識の機能性でもない。蝶や蟻は、固有な生を生き、それが彼らの体験世界を形作ってはいても、意識を活用しているとは思えない。意識と体験の間には見過ごしえない間隙がある。クラーゲスが挙げる例でいえば、痛みを感じていない怪我や、当人が意識してはいない動作の癖とその反復もすでに体験されている。前者は、当人が気づく以前にすでに傷口をかばうような動作の組織化と連関し、後者は、意識されることなく意識的現実そのものの安定化に一役買っている。つまり、第一義的に体験は、意識性を考慮することなく、行動の変化とその組織化に密接に関連する。そのかぎりで「意識体験」とは、体験のごく一部に妥当するが、意識経験そのものの組織化にも体験が関与することから、場合によっては形容矛盾となる。

補論①：哲学的探究と体験（ビランのマルブランシュへの反論）

それにもかかわらず体験が「意識に直接的に与えられているもの」、「主観的経験」として定式化されてきた背景には、「それ自体の認識」という知への直接的なアクセシビリティを確保する哲学的ストラテジーが隠されている。体験は、それを認識するものにとっての体験であり、この体験の直示性は、認識するものの紛れもなさに直結している。体験には、感覚的所与や理念的所与といった所与性の存在性格に制限されることなく出現する「気づき」が伴う。これは伝統的には「覚知／統覚（apperception）」と呼ばれてきたものであり、感覚にも、知覚にも、思惟にも、その紛れもなさとして伴っている。

フランスの哲学者メーヌ・ド・ビランは一九世紀初頭に、外的世界に対応する「直観（受動性）」に対して、その直観の働きや身体運動を生じさせる「努力の働き」そのものを感じ取る「内的覚知（能動性）」について語っていた(82)。ここには、「生きているが自らの生そのものを知らない」動物的で本能的な生と、「自ら感じることを知る」魂としての人間的で能動的な生の区別が設定され、覚知の能力は後者の生に割り振られている(83)。つまり、ここでの「気づき」や「覚知」、「内的感知」と呼ばれるものは、いまだ精神の反省とは異なるにしても、後の高次認識に接続可能な基礎認識能力の一種とみなされている。それゆえ体験にかかわる気づきは、哲学的議論の当初から知の基底に明証を付与するという仕方で活用されてきたことが分かる。少し長いが引用する。


「私を原因とする諸結果として私が我がものとするある種の様態や変化を生み出すものとしての、私の意欲の、私の現実的努力の内的感知より以上に確かな、より以上に明白なものが私にとって存在するであろうか。反対に、私が意のままにし、全く私の権限内にあると私が感じる運動や自由な働きの必然的な有機的条件であると私が想像する精気の然々の働きや神経の然々の振動的運動より以上に不明瞭な、より以上に不確かなものが存在するであろうか。

　私はそれ故、内感のこれらの事実に自然に対応する有機的諸条件或いは諸手段が更にどのようなものであれ、（その類においては完全である）内的感知に固有な一切の明晰性と明証性とをもって、私が私の内部で覚知することが真であることを確信するために、私が感知することと、私が想像し或いは想定し得ることとの間の関係はどのようなものであるかを探究することも、これらの関係をはっきり心に思い浮かべることも全く必要としない」[84]。

ここでは、内的気づきを通じて直接感じ取られるものの事実（意識の事実）と、この気づきが伴わず、想像の産物にすぎない自然科学的仮説との対比、および前者が明証的なものであることが語られている。ビランのここでの議論は、デカルト哲学の影響を受けたマルブランシュによる「内感はもっとも不完全で不明瞭なものである」という立場を反駁することにあるのだが、そのマルブランシュの主張とは、運動の内的感知は、運動の実在的原因ではありえないということであった[85]。つまり、身体運動を欲する努力の内感と、それに相応する身体運動との間にはそれらを繋ぐ何の共通項もないことから、努力の体験は運動に対する直接的効力をもたないとマルブランシュは推論したのである。したがって内感と運動の結合を保証するためにマルブランシュは、運動を欲する神の意志をここで持ち出すことになる[86]。

この神の意志云々に関しては、ビランもいささか辟易している感があるが、マルブランシュの論点の一つに重要な問いが含まれているのは確かである。つまりマルブランシュは、努力の内感が運動との必然的結合をもたないことの補強材料として、「いかにして人は、自らの身体運動を司る神経系のメカニズムや筋活動の詳細について知らないのに、その知らないものからなる運動を努力し、欲することができるのか」という問いを立てている。確かに私たちは、神経細胞や筋細胞がどのようにして発火し、どれほど微細な構造を備えているのか知る由もない。こうした問いの背後に、何かを意図し、欲し、それに働きかけるには、その意図され、働きかけられるもの

についての「知」が確保されていなければならないという哲学的思考の前提がある。(87)

それに対してビランは、身体運動にまつわる有機的手段および有機的働きに関して、「自我は、努力を生み出しその効力を感じるために、それらを認識する必要も、それらについて考える必要もない」(88)と答えている。ビランは何よりも人間の自由と創造性の基礎を、神とは独立に、身体動作における内的体験に見出そうとし、その際に努力の内的覚知という特殊な知は同時に、努力の効力も経験していることを強調する。(89)

ここまでで理解できることは、ビランは体験的気づきを、一方では、盲目的で動物的な生から、自らを知る生という人間的な自己認識へと展開させる本質契機として理解し、他方で動物においてであっても活用されている身体運動に付随する調整機能として捉えているということである。実際この調整的な気づきは、腕に力を込めたり、五本の手指を相互に動かす速度を変化させたり、排泄や排尿等において筋力の強弱を変化させたりできる。体験的にはそうとしか感じ取れないし、実際には気づかなくてもそう調整されている。また改めて、どのように調整しているのかを問うてみると、途端に言語表現として語れないものにぶつかる。ぎゅっと力を入れるとか、すーと力を抜くというようにオノマトペを用いて語るのが関の山である。こうした動作とともにある知（体験知）に、ビランが直面していたことは確かであるが、問題はその知と身体運動とのかかわりである。

現代の神経科学的成果に鑑みると、体験や努力への気づきと、現実の身体運動の間にはマルブランシュが強調したような、直接的なつながりはなさそうである。(90)むしろスムースに動いているように感じ取られていても、実際の身体運動にはぎこちなさが出ていたり、逆に動くという内感が感じ取れないまま、四肢が多動してしまうことも病理的には起こりうることである。そのため体験の解明は、現代的課題としては、身体および身体運動とそれとの「間接的なつながりのモード」の発見を通じて焦点化されることになる。

3　体験カテゴリー

①起こること（起動、創発）

体験と、それを知ることとは異なる現実に属しているのに、それらがひとつであるように混同され続けてきた。クラーゲスはこれら混同の由来を、インドゲルマン語族の行為動詞の誤った使用法のうちに見出そうとしている。つまり、「走る、飛ぶ、投げる、眠る、呼ぶ」という動詞の使用法と、「見る、聞く、味わう、凍える、夢見る、体験する」という動詞の使用法との間の根本的な違いを取り出そうとしている。

前者は、主体が何かを行うという正しい動詞の使用法であるが、後者はそれと同じ構造で理解されてはいけない。「忘れる」という動詞も後者に属する。「私はそれを忘れた」と言語的には表記できるが、正確には「何かが私から／私において抜け落ちた」ということである。つまり後者の動詞群で起きていることとは、「主体的にふるまう以前に私に何かが起きている」ということに他ならない。

一九三三年の著書でクラーゲスはこのことを、「体験は遭遇」であり、「非行為的である」と述べている。(91) 何かが現象することや内臓の運動、神経系の活動は、生きているかぎり継続される生の働きである。それらは、認識し、知ることに先立ってすでに「起きている」生の事実である。この「起きること」は、外的要因によって引き起こされることでも、内的要因によって意志され、起動されたりすることとも異なる。「原因―結果」という因果カテゴリーは、認識可能性を条件づける「精神のカテゴリー」であって、「生命のカテゴリー」ではない。

また、すでにデカルトにおいて能動的性格をもつ主体の「意志」の働きに対して、「知覚」や「感覚」の受動的性格が語られていた[92]。つまり、知覚や感覚は、外界に起因するものを精神が受け取り、受容するという性格づけが行われていたのである。とはいえ、今問題にされている事象は、能動であれ、受動であれ「精神における経験」ではなく、「生の次元における体験」である。それゆえ「能動―受動」というカテゴリーも、精神のカテゴリーであるかぎり、それを用いることはできない。むしろ体験の第一カテゴリーは、「起こること―起こらないこと（起動―非起動）」であり、それと同時にひとつの現実が立ち上がることを意味している。現実の出現は、新たな質の出現やパターン（境界）形成を含んだ創発を意味する。それに対して「原因―結果」や「能動―受動」というカテゴリーは、立ち上がった現実内部で精神が認識する段になって初めて適用可能な、生にとっての派生カテゴリーとなる。

以下のような場面を考えてみる。街中を歩いていて、不意に横道から現れた自転車に追突されるという経験である。こうした日常的な事故では何が起こっているのか。横道から徐々に迫ってくる自転車が認識できていれば、それを躱せばよいのだから事故が起きることもない。つまり、事故が起きるということには、それに対する認識が常に遅れて成立するということが原理的に含まれている。

確かに、横道からくる自転車と歩行者を上から見下ろし、それら二つの衝突を観望し、イメージすることはできる。ただしこのように観望された事故は、もはや事故ではなく対岸の火事のような単なる見世物である。それに対して現に自転車に衝突された者が、そうした観望主体になりえないのは明らかである。とにかく何かが起こり、何かが進行していることだけに気づいている。身体バランスの崩れ、奇妙に間延びした時間感覚、真っ白な視界、砂利のようなざらついた手触りと関節の軋み、鉄製の物体の音。そうしたものが断続的に現れ、体験は進行する。その後徐々に痛みとともに周りの風景に注意が向き始める。そして自分が倒れていることと、その横に倒れた自転車とを知覚することで、おおよその事情が認識され始める。どのような受け身を取っていたのかもこの段階で分かり出す。この事例が示しているのは、認識される以前から進行している体験プロセスの諸相である。いまだ外的要因も内的要因も決定できず、当惑したまま体験と身体の変化だけが進行し、そこから気づき、注意、それに隣接する知覚が成立する。これが起こることとしての体験の典型である。

こうした経験の局面は、実は、身体動作の起動要因を努力の内感に見出すか、神の意志に見出すかというビランとマルブランシュの論争にもすでに関係していた。それは、身体運動の現実的起動においてである。運動や動作の開始と起動は、それが起こってしまったときには、認識であれ、知覚であれ、注意であれ、一切がそれに対して事後的で、派生的になってしまうような「身体の自動性」に関係している。そのため神の意志と言いたくなる気持ちが分からないわけではない。この身体の自動起動は、意識の現実となだらかにつながっているため、体験されていても殊更気づかれにくい。

にもかかわらず、「なぜ手が動くのか」という問いに、「手を動かそうと努力しているからである」と答えることが完全に筋違いとなる現実が存在することだけは確からしい。というのも、片麻痺患者ではどんなに努力したとしても身体は起動してくれないからである。麻痺側の四肢では、筋の収縮と出力が半ば自動的に起き、そのまま起動状態が解除されることなく安定する。その場合、努力することは何の効も奏さないばかりか、むしろ緊張を高めることの方が多い。ビランも麻痺患者の例を挙げてはいるが、努力の内感で麻痺が治癒し、身体が変化する可能性があるのかという問いに正面から向き合うことはなかった。[93]

②できること（調整）

大脳基底核は、前頭前野、頭頂連合野、運動野といった多くの皮質からの投射入力を受けると同時に、視床を介して皮質に出力するループ状の神経機構を形成することで、運動の起動や発現の重要な役割を担っている。この基底核の情報伝達の仕組みは、脱抑制によって行われていることが明らかになっている。[94] つまり、多様な運動パターンやその変形パターンの起動も含めて、通常それら一切は神経系を通じて抑制されており、何らかの情報伝達に応じて、選択的に一部のパターンの抑制が解除されるらしい。そのため基底核の障害とともに、不随意運動が突発的に現れたり、振戦や、無動といった症状が出たりする。すでに胎児であっても胎内で一五パターンほどの運動を行っているが、それらパターンは出産後すぐに活用されるわけではなく、そのほとんどが一時的に抑制されてしまう。[95] そしてそうした戦略をとることが、可能性としての身体を整えるという人間の神経系にとって最も理にかなった迂回路なのだと思われる。こうした抑制と脱抑制の仕組みには、意識の制御ではほとんど間に合わない身体動作の現実が含まれている。

爆発音のようなものが突然響き渡れば、身体は一挙に硬直し、心拍数と血圧、発汗作用が高まる。そのさい緊張を解こうと意図しても、そう簡単に身体は変化したりはしない。こうした場面で人は、自らの物理的、生理的、解剖的、神経的身体の一端に触れている。おそらくここでは、意識的に冷静を装い、対処しようとするよりも、呼吸のリズムやパターンを変え、肩や首、腰といった連結部の緊張を抜く運動を試みた方がよい。硬直や麻痺という事態に含まれる難題とは、運動自由度の圧倒的な減退である。自由度が減退した自動運動パターンはたとえ反復されたとしても、その先の他のパターンへの移行や切り替え、そして中断には容易につながらない。モーターで駆動するロボットの多くに生命の実感が伴わないのは、この運動自由度を感じ取ることができないからである。つまり、起きてしまった身体の起動に対して、運動のさなかで運動のパターンや速度や強さの調整を行う場が確保されていないのである。

ここで、体験のもう一つのカテゴリーである「できること」が問題になる。この体験モメントを取り出したのは現象学者のフッサールであり、それが身体の「能力可能性」としての「私はできる（Ich kann）」と呼ばれている。「現象学的性格に即して経験を分析するさい、『私ができる』ことと『できない』こととが区別される。抵抗のない行為、つまり抵抗を欠いた『できる』という能力意識があり、抵抗を克服するさいの行為がある。［…］〔現象学的には常に〕抵抗とそれを克服する力の度合いが存在する（96）」。

「起こること」と「できること」の間には、体験的にも、神経的にも途方もない隔たりがあると予想される。人間の経験でいえば、この隔たりは「機能」と「能力」の間の隙間を可能にする。

涙腺や唾液腺の制御は機能として正常であっても、それを調整できる能力の経験がない場合がほとんどである。すでに起きてしまった事柄に対して、選択性や強度の度合いの違いを感じ取る場が経験として出現することで初めて「できる」という能力の芽生えが生まれる。そして逆に、この「できるという能力性」の確保が、「起こること」から「起こすこと」への間接的手がかりとなる。成人にとっての歩行は、「起こること」と「できること」とが経験位相上、区別できないほど密に重なり合い、「起こすこと」という固有な経験モードになっている。だからこそ歩くという動作は明確な意識や知識を介在することなく起動し、しかもたとえば階段や傾斜に対しておのずと調整されるし、意図的に制御することもできる。ここでは随意と不随意の境界がシームレスに接合され、かつそのスイッチングがいつでも可能な状況が確保されていることが分かる。これが「起こること」に対する「できること」の内実である。

この裏返しとして、片麻痺等に典型的な四肢の自動的挙動が出現すると、どうすればそれに対処することになるかの手がかり一切が失われてしまう。フッサールが「抵抗の度合い」と述べていたように、「できる」という調整能力には、そのつどの筋出力の強さや緊張の度合いの変化とその感じ取りが間接的に対応している。とはいえ緊張そのものは、生命の特質のひとつであり、起こることのカテゴリーに属している。というのも、涙や唾液にとどまらず、動作であっても抑制系の神経システムが何重にもネットワーク化されているため、意識を介してそのすべての緊張を解除し、完全脱力することとは、生きているかぎりできないからである。緊張することは生きることの別名であり、体験とはその中で緊張の度合いを繰り返し感じ取ることである。その意味でも「できること」は、意識の実感に裏打ちされた行動変化が起こる場面として設定でき、かつ

「起こること」の特殊な下位カテゴリーとなる。

補論②：ヒューリングス・ジャクソンの神経モデル

精神科医であり、神経科学者でもあったヒューリングス・ジャクソンは、進化論を手がかりに、運動神経系を最低運動中枢、中等運動中枢、最高運動中枢というように階層化し、高次化するモデルを提示していた。[97]その眼目は、上位の中枢へと移行するにしたがって、下位の直接的運動が、何重にもロックをかけられ、遅延されることにある。ここでのモデル化の原則は、神経系を含む進化とは、⑴最も多い組織化から最も少ない組織化への移行、⑵最も単純なものから最も複雑なものへの移行、⑶最も自動的なものから最も随意的なものへの移行が生じるというものである。

歩行という動作には体幹、四肢、関節、筋といった多くの関連した制御変数が組み込まれているが、そのさい個々を別々に起動させるような組織化のあり方ではスムースな動作は実行されない。そのため「歩行」という行為の創発的な組織化が可能になる段階への移行が必要となる。この移行が、最多の組織化から最小の組織化への道程であり、その意味で、最小の組織化は、同時に最も複雑な組織化となる。

⑴と⑵の理解は相互に内的に関連しているのに対して⑶の原則は、そう簡単に前二者に統合できるものではない。というのも、最小の組織化こそが最も複雑で自動的な動作であるとも理解できるからであり、人間の経験における新たな行為の獲得では、最も随意的（意識制御的）なものから、複雑な自動性へと進むからである。

自動性を、対応可能性のない単なる機械的反射と同一視することがないかぎり、随意と自動の区別はそう単純に確定することができない。おそらく、(1)と(2)の原則から動作の自由度という問題が出現し、この自由度にさらに随意性の問題が関連するのだと予想される。

これら原則から派生する運動発現のための神経系のモデルの詳細を見てみる。まず、身体の局所的動作に直接的に関連する最低次の神経ネットワークの機能が「代表（representative）」と呼ばれる。というのもその神経系は、動作や運動の直接的な表現だからであり、筋出力とそれに応じた局所反応を代表するからである。

それに対して、その上位の運動中枢は、代表神経ネットワークそれ自体を代表するものとして出現する。その機能が「再-代表（re-representative）」と呼ばれるのは、低次の神経ネットワークを網羅的に代表するだけで、動作や運動それ自体とはすでに直接的関連がないからである。この中等運動中枢は、代表的神経ネットワークの作動に対して干渉することで、直接的な運動の発現を遅延させる。たとえば何らかの外的入力に対して反応するはずの代表ネットワークが、入力後もその反応が抑制されるのは、再代表ネットワークが働いているからである。脚気のような末梢反射系回路も、抑制することは比較的容易にできる。

そしてさらに、この再代表の神経ネットワークを「再-再代表」するネットワークが最高運動中枢と呼ばれる。それは身体全体の高次化された運動と知覚の組織化を行い、それにより人間のように高度で複雑な身体動作が可能になる。

ドラムの演奏のように、左右両側の四肢を異なるリズムで運動させるような技能は、連動的動作反応の抑制と調整によって獲得されるが、ここには人間固有の右脳と左脳の独立機能系の存在が密接に関与する。そしてもしこの最高層の神経系の過興奮による疲弊や物理的解体が生じると、低次層の抑制が外れ、過活性が生じることになる。つまり、最高層の機能性が欠損する(陰性症状)ことによって、他の層の過剰作動が生じる(陽性症状)のである。突き詰めれば、最高運動中枢というのは、最高度の抑制の機構を完備しており、「できること」という随意性の裏側に、起動可能なものを潜在的に常駐させておく抑制という積極的働きを含んでいることを意味する。

これが、自動性から随意性への移行を裏づける彼のシステム・モデルであり、病理モデルとなる。ジャクソンはおそらく、こうした神経機構の階層を、明晰な意識を頂点とする経験の諸相に対応させながら、つまり随意的意識、意識の欠損、喪失、昏睡に対応させることで考えていた。

とはいえ、このモデルで問題になっているのは、随意的な意識が下位の神経系システムを制御するというのではなく、神経ネットワーク自体が下位のネットワークを何重にも取り巻き、線型的反応を媒介し、間接化することである。そのさい、意識的体験は副次的な産物のようなものとなり、それが「最大の自動性から最小の自動性(随意性)[98]」への移行ということの内実となる。

この最小の自動性は、原則の(1)である最小の組織化に対応する。「最も多く組織化されたものから最も少なく組織化されたものへ」の移行は、「最も少なく修正できるものから最も多く修正できるものへ進行すること」であるとも述べられている。つまり、組織化の量の多少が、行動の一義的反応(自動反射)と、随意的な対応多様性との間の度合いを決定していることになる。

4　組織化と抑制

上記のように体験カテゴリーを把握すると、体験とは、意識やその認知に直結するというよりも、生きることそのものの「組織化」に関与することが分かる。組織化とは形態や動作を含んだ経験の再編を意味し、それは意識やその認知から独立しても生じる現実形成のプロセスである。

体験は、生命がどのような身体を感じ取り、どのような動作で対応しつつ現実を生きるのか、「生命という経験」自体を組織化するための最重要の手がかりである。もともと「組織化／有機化（organization）」概念は、哲学においても自然科学においても還元論的、機械論的発想の不十分さへの対応から生じたものである。古典物理学や力学、電気力学にこの語は登場しない。(99)「組織体／有機体（organism）」概念が一八世紀末に生物学とともに出現したのは、前述のように生という固有カテゴリーの発見が密接に絡んでいるからである。

甲殻類の一種であるダンゴムシは、通常行動パターンとしてジグザグ歩行を継続する（交替性転向）。まれに変則転向として同じ方向に曲がりつづけることもある。小石や草といった障害物の回避にはほとんどの場合、これら二パターンの動作で対応可能である。にもかかわらず、ダンゴムシを未知的状況に直面させると、多様な別パターンの行動が創出される。たとえば常に行き止まりに面するように迷路内を移動させると、一定頻度の個体に壁登りという行動が見られ、水面に囲まれた場所にとどまらせると、危険を顧みず浸水する個体が現れる。(100)その他にも、小さな障害物に乗り上がったり、交尾行動とは異なる仕方で他個体の上に乗ることで移動を委託したりもする。それぞれの新たな行為パターンは、未知の状況に直面し、何らかの対応に迫られた場面でのみ出現する。

そもそもダンゴムシの複眼は、トンボが二万前後、フナムシが二〇〇〇前後あるのに対して、二〇余りしかない。よって目はほとんど何も見ておらず、周囲の状況の大半は二対の触覚を用いて感じ取られているようである。ただし神経系や骨格の仕組みからいって、ダンゴムシが未知的状況において初めて新たな行動パターンを学習し、創出したとは考えがたい。むしろ多様な行動パターンの発現は、普段は精確に抑制されており、それらが何らかの閉塞的状況に直面して解除されるのだと考えられる。ここには個体差も関係している。動物心理学者の森山徹は、ダンゴムシがジグザグ歩行をくりかえしている最中であっても、そこに幾種もの行動パターンの潜在性を感じ取れること、余計な行動の発現が抑制されていることを彼らの「心の表現」として理解しようとしている。この抑制の感じ取りの有無が、認知プログラムで組み立てられたジグザグ走行するモーター機械と生命との大きな差異となる。つまり、生命のもつ経験の組織化の余力にはいつでも、外部からは予測不可能な行動変化、行為形成の可能性が含まれている必要がある。

自己組織化の事例として周知のＢＺ反応（Belousov-Zhabotinsky reaction）と呼ばれる生化学的な振動現象は、赤と青の色の質変化や同心円状のパターン生成がランダムかつ周期的に起こる。条件次第ではあるが、この反応はほぼ際限なく続く。反応が止まったように見えても、放置して何時間か経つとまた反応が開始されている場合すらある。一度反応が開始されてしまうと、何が初期条件であったのかを決定することは困難になり、反応が終わった後でも何が次の初期条件になるのかを特定できない。こうした反応の開始、変化および終了の「予見不可能性」も、生命の特質のひとつである。というのも生命は、生体内を含めた無数の物性の運動連鎖から成っており、そこには本来開始は存在せず、卵細胞や精子といった生きた細胞運動の複合的な連鎖から次世代個体へと増殖展開するだけだからである。

とはいえ、ＢＺ反応を見続けていると、当初の驚きは急速に減退し、見飽きたものになってしまう。おそらくBZ反応では、予測できない多様な波形が生み出されるということ自体が観察者の予測可能性に組み込まれてしまう。生命として観測可能な予測不可能性の中にはいくつかのモードが存在している。とくに、(1)特定システム内部での変化多様性としての予測不可能性と、(2)システムそのものの再編を巻き込む予測不可能性は、全く異なる次元を示唆している。BZ反応は(1)に属している。それというのもBZ反応が起こるビーカー内の溶液が突如全面的に固体化したり、ビーカーが破裂したり、猛烈な熱変化がおこるといった可能性が予見されない、つまりBZ反応が継続されるためのシステムの機構および環境が過度に安定しているからである。

さらにBZ反応においては、ダンゴムシのような抑制された経験を感じ取ることも困難である。カオス理論の初期値への鋭敏性やライフゲームの挙動など、コンピュータプログラム上で処理されているものの多くは(1)に属している。それは生命に似てはいるが、いまだ生命とは隔絶されているという観察者側の実感に回収される経験に他ならず、そこでは「体験」を感じ取る可能性が閉め出されている。

ということは、体験は(2)の予測不可能性と関係するものとして理解することが妥当である。つまり、体験は(1)の場面では、あっても、なくてもどちらでも問題がなく、(2)の場面、すなわちシステム自体の再編において初めて組織化の手がかりとして浮上すると予想される。それゆえクオリアという意識体験の指摘は、それがシステムの組織化の手がかりとならないかぎり、哲学的ゾンビの議論とも両立でき、場合によってはなくてもよいものとなる。

大脳の中枢神経系は、ニューロンおよびシナプスを通じたノードとネットワークの量の増減変化だけから成立している。シナプスには興奮性と抑制性の伝達シナプスがあり、胎内で最大量が産出されてしまうニューロンはその後、幾何数的に大量のシナプス結合を起こす。ひとつのニューロンの標準的な接続数は一万とも言われている。[101] それら大量のシナプスは成長に伴って、細胞死（アポトーシス）を通じて刈り込まれ、数を減らしていくが、どうやら刈り込まれるシナプスのほとんどは興奮性のシナプスであるらしい。[102] つまり、成長とともに抑制性のシナプスネットワークが強化され、その隙間を埋めるように興奮性のネットワークが残されるようである。

こうした神経系を担う生体の最も外的な行動変化が、衝動性に染まった子どもの行動から、抑制のきいた成人の行動への変化の説明となる。とはいえ、この見かけ上、質的に異なる経験のつなぎ目には、経験の大／小規模な再編や、既存の組織化の解体、陰性的停滞といった固有な経験の局面がそのつど出現しているはずである。このミクロニューロン系とマクロ行動系との隙間に体験のモードが潜んでいる。

脳内のマクロ機能マップは神経系に分散されているが、分散された特定機能であっても単一ニューロンに局在することはありえない。それはすでに精度の高い知見である。たとえばラットのヒゲの一本をたわませると、その触覚振動は電気信号に変換され、視床後内側腹側核（VPM）に伝達される。ただし、このVPM内のニューロンのほとんどが多数のヒゲへの刺激に反応を示す多反応性のニューロンであり、同じヒゲに同刺激を与えたとしても、同じニューロン群が一律に反応することがない。つまり、一本のヒゲへの反復刺激に対する脳内受容野における発火場所、発火の持続、発火強度のすべては、確率的な推定値としてしか明示されない。[103]

特定機能性に対応するニューロン群は、空間配置的には確定されず、時系列的変化においてさえも緩やかな統計的範囲への収束としてしか示されないのである。求心性の伝達だけではなく、上行性、下行性の再帰的伝達も行われるのだから、最終的には活性化パターンの非同期的な時空収斂が起こるのを待たざるをえないのが実情である。むしろ、神経系のこうしたダイナミズムこそが、たとえばラットの顔の一部に麻酔をかけると、その二秒後にはVPM内のヒゲ地図全体が新たな平衡点へと自己組織化することを可能にしているらしい。ヒゲの触覚という特定機能に対して不必要なほどの多様なニューロン群を確率的に配備し、活性化させ、相互にロックをかけておくことが、分散型のリスクヘッジになっている。その限りで金融資産のポートフォリオは、神経群の分散ネットワークのモデル理解にもなる。動的な耐性が強まる反面、特定機能の単離化を即時に行うことが難しくなることが容易に予想される。

さらに事態を複雑にしているのは、静止状態のラットのヒゲに刺激を与えることと、ラットが自発的に多数のヒゲを運動させている状態でヒゲに刺激を与えることでは、触覚性および体性感覚性の感覚受容の発火の分布とその後の挙動が極端に変わってしまうことである。ラットは毎秒一〇サイクルほどの周波数でヒゲを小幅に振動させている。通常、ヒゲを静止させた状態で刺激を与えると、約五ミリ秒後ほどでVPMのニューロンが激しい興奮性の発火を行うが、その応答はGABA作動性網様核ニューロンによって急速に抑制される。そのため、連続的な刺激を与えると二度目の刺激は抑制性の神経によってマスクされてしまい神経系に影響が起こらない。それに対して自動運動しているヒゲに連続刺激を与えると、この抑制反応が起こらず、わずか二五ミリ秒間隔の二つの刺激に対しても個別に反応できるようになる。(104)

運動の可動状態を自発的に形成することが神経系の抑制の働きを解除するらしい。ヒゲの小幅な振動状態は、ラットの次の行動の予期能力の精度と動作遂行の準備を高めている。身体に無駄とも思われるような揺れや、振動状態を作り出すことは、神経系から見ると別種の脳波状態への移行を意味することも分かってきた[105]。そして、それぞれの脳波状態においては神経系の活性化の分布や強度に抑制がかかったり、それらが解除されたりする。

実際、人間でも脳性麻痺や片麻痺の患者では、アルコールの影響を受けて四肢の動作の可動域や滑らかさに変化が出やすい。その場合、神経ネットワーク全体の脳波統計が別様の水準になっている可能性がある。脳波状態を変えたうえでのリハビリの試行は可能性として考えられないことではない。そこでは抑制状態にある神経ロックを解除した場所で、組織化の新たな可能性を模索することが優先される。どのような感覚運動系の作動方法が、神経系の抑制を強めたり弱めたりするのかは、今後の実験データを待つよりない。

マクロな動作系から見た場合、身体能力の獲得においては「前運動身体」とでもいうべきものを作り出すことが必要なのかもしれない。体験的にいえば、前運動身体とは、変化に応じて出現する知覚対象や運動感覚の予測枠のようなものを、あらかじめ身体として拡張することに対応する。

意識・認知的な予測枠、運動的な予測枠、行為的な予測枠があり、およそこれらの体験枠の作動を、意識とは異なる仕方で誘導することが焦点となる。自己運動感覚の出現に過剰な注意が向いてしまえば動作はスムースさを失ってしまう。その場合には、意識・認知系の予測枠を抑制させ、運動的な予測枠を活性化させるようなアプローチが必要となる。行為的な予測枠は、そのつどの未行為的な運動状態にある身体からしか演繹できないのが普通である。アスリートであっても一週間前の身体とその運動イメージを、今現在の身体運動や動作に直接つなげることができないことは多々ある。体験の固有モードの探究はこうした中でしか組み立てることができない。

3 失敗

一度だけ大きな失敗をしたことがある。その頃ヨスイは、星こわしのひと飛びに夢中になっていた。飛ぶさいの踏ん張り方や、飛ぶ高さ、速度、タイミング、片足で着地したり、つま先を揃えて着地したりと、どのひと飛びが理想のひと飛びなのかを確かめることに没頭していた。そのため、星こわしの時期を完全に見過ごしたのだ。気づいたときには遅かった。出ていたはずのサインはもう聞き取れなかった。それでもヨスイは何度もその星のうえで「とん」とひと飛びした。とん、とん、とん、とんと、何度も飛んだ。しかし星には何も起きなかった。だから今でもその星はあるし、その近くを通ると、ヨスイの胸がざわつくようになった。

この失敗は誰かに責められるわけでも、何か罰があるわけでもない。星こわしはこの宇宙にただ一人だからだ。それなのにその失敗は、ヨスイを動揺させた。星こわしになって

★

★

初めてのことだった。星こわしはただ一人だけれど、星こわしの歴史と記憶は、ヨスイのなかにもしっかりと刻まれている。その歴史と記憶がヨスイを苦しめる。過去の宇宙の歪みは、何世代もの星こわしの歴史となって受け継がれていくからだ。

「気を引き締めなきゃダメ」、ヨスイは初めてそう思った。それからは失敗することがなくなった。見えにくいサインがある星もしっかりと頭に入れながら星々を眺めてはこわしていく。

ガスや岩石、氷のかけらで覆われた星は、宇宙を周回しながら眺めるだけではなく、場合によっては地表にまで下りてサインを確認する。「あと二〇〇年というところ」。そういって頭に刻み込んでおくのだ。

第四章　「意識」――意識の行方

1　意識、この躓きの石

「意識とは何か？」という問いかけは、意識と言語を用いて行われざるをえない。問いが解明すべきものを用いながら、かつ言語で表現する。ここに意識の解明を阻む二つの素因がある。意識を知るには、みずからの意識を通じてしか行えず、しかもその解明は、現代の言語規範と表現にふさわしい形で記述せざるをえないからだ。

そもそも言語は、科学的に測定できないものを容易に比喩的に空間化させ、実在化させることができる。「心の内を語る」といった表現は、身体という外部に対比された内側にあるもの（心）の、さらに奥部を指示しようとしている。とはいえ、心が何らかの空間配置をもつといった共通了解さえ明確な合意に基づいているわけではない。「松の梢にたゆたう心」や「壁一枚向こうかららささやく意識」が成立しない理由はないのだ。

伝統的な哲学が扱うタームの中には、その内実を特定する手がかりが主観報告以外ないまま推論が行われ、正当化されてきた歴史がある。「魂」、「精神」、「心」、「意志」といった活動は見ることも、測ることもできない。だから、それら言葉が指し示す当のものは最終的に不明なのに、論証による説得力だけで成否が競われてきたのである。

意識の哲学と呼ばれる「現象学」を作ったフッサールは、意識という概念に含まれる以下の三つの主要な働きを取り出していた。

(1)意識は自らとは異なるものへと関わり、対象をそれとして際立たせる(志向性)。
(2)意識は自らの働きを内的に感じ取る(内的知覚)。
(3)意識は推移するプロセスとして自らをひとつに取りまとめる(意識の流れ)。

これら働きは、現在から見れば、(1)は知覚や想起、想像といった認知能力であり、(2)は働きそのものへのアウェアネスであり、(3)は対象の運動の継起や記憶の連続性として確保される主体的経験の「まとまり」と「同一性」を作り出す働きである。

これら意識の働きが、その本質を捉えているのかどうかは定かではなく、それらの機能性が欠けた意識があるのかも不明である。図らずも神経科学や脳科学が、それぞれの機能性の責任部位を脳内に特定しようと躍起になっているのが現状である。

フッサール以後の現象学者であるハイデッガーやメルロ＝ポンティは、フッサールの現象学を乗り越えるために、この「意識」という概念を消去しようと腐心した。この概念には、思考の制約となる「内」と「外」、「主体」と「客体」、「精神」と「物体」というお馴染みの対立図式、さらに身体の中のカプセルのような空間イメージがたえず付いて回るからである。

一方でハイデッガーは、内面を備えた主体に変えて存在の運動に翻弄される「現存在」から、他方でメルロ＝ポンティは主体でも客体でもない世界の厚みである「肉としての身体」から思考を始めるよう新たな記述スタイルを模索したのである。

そうした試みが行われた二〇世紀半ばから二一世紀へと突入した現在、「意識」や「心」という概念が使われなくなったという話は聞いたことがない。むしろ二〇世紀後半には神経科学、認知科学の勃興とともに「意識」や「心」の在り方について自然科学的に着手する火ぶたが切られ、意識バブルが起きたのである。

そのため現状では、哲学として意識を探求するさい最低でも(1)神経系の仕組み、(2)意識の病理、(3)生物進化といった三つの観点は考慮せざるをえず、とりわけ(1)と(2)には「意識の発達」および「意識の治癒」の問題が含まれてしまう。こう記すると本章は、自然主義的なものに映るかもしれないが、そうした立場や主義をガラスケースに並べるように配置したいわけではない。むしろフッサールやメルロ＝ポンティが、当時の科学的、医学的知見を存分に活用しながら現象学を展開したように、本章が目指すのは、「意識」という経験をどのように押さえておくことが、人間の可能性をより豊かに展開させることにつながるのかを問い続けることである。以下ではまず、ここ一〇年ほどの神経科学、認知科学、心理学等の成果も含め、意識にまつわる誤解の指摘と特性について列挙する。

2　意識の特性

①意識の不信頼性と私秘性

抜けるような青空と緑あふれる樹々の風景が見える。この眼前の景色を現象学は、意識が貫く「現れの世界」、「現象野」と呼んできた。たとえ目を閉じても、触覚、聴覚、嗅覚などに由来する多数の感覚が現れ、数々の記憶も脳裏に浮かんでくる。これがクオリアに彩られた意識の世界だという。こうした説明によって意識は、様々なものを映し出すスクリーンのような媒体として理解されているのが分かる。D・デネットが「デカルト劇場」と呼ぶように、これはほとんど嘘である(106)。

視野には盲点があるが、それは意識されず、かつ周辺視野は動きの感知が微かにできる程度で色も形も見えていない。電磁波や神経系の活動等、意識には見えないもの、気づけないものが無数にあり、画素数もデジカメには遥かに及ばない。にもかかわらず、意識は物事を正確に見ているかのように錯覚する。むしろこれこそ意識の積極的な仕事の一つであり、認知科学が明らかにした一〇〇以上にも上る「認知バイアス」(最低でも一七五はある) はそれを証してもいる。

意識とは、一見、進化が生み出した節穴であることの無自覚さであり、極端にモザイク状で、ファジーで信用のおけないものである。この不信の範囲は、意識を用いた論理思考や理性による合理性にまで及ぶ。J・ヒースが指摘するように仮に合理的思考が、一〇以上の進化段階をもつ視覚のように進化上の優れた有効性をもっていたのだとすれば、他の生物種がそれを獲得してもいいはずだが、そうなってはいない。(107)「道具的理性(ホルクハイマー)」や「対話的理性(ハーバーマス)」、「ミメーシス的理性(アドルノ)」というように、いまだ理性に「クルージ(バグ修正)」を施しながら、だましだまし進んでいかざるをえないのが現状である。理性への過度の信頼こそ、カントが厳しく諌めたことでもあった。

さらにここから帰結するのが、意識の実感やクオリアを、理論的な説明の根拠に安易に用いてはならないということである。クオリアという測定も記述も拒む私秘的モメントを強調することは、それをもたない哲学ゾンビやロボットに対して人間を含む生命の独自性を際立たせるトリッキーな記述スタイルにすぎない。それはある意味で生気論 vs. 機械論の焼き直しでさえある。その記述だけでは、クオリアや意識に対する解明が進むことはない。

ただしそうはいっても痛みや苦しみ、実存的苦悩は、意識経験抜きに語れないのも確かである。精神や身体の疾患に苦しむ患者の臨床では、彼らの意識内容についての報告を無下にはできず、むしろ積極的な手がかりとしなければ見えない現実が多々ある。「その痛みは、脳神経系の島という部位の化学反応に過ぎない」とどんなに相手に伝えても痛いことは痛いままである。その痛みの内実は、科学的事実として一意的に特定されえないとしても、それは臨床における患者の経験や行為をプラグマティックに変化させる大きな手がかりとなる。ここが、外的指標だけで全てを説明できるとする行動主義が行き詰まってしまった理由でもある。

②行為遂行は意識とは独立に起こる

手を上げようとすれば手が上がる。意識が身体を制御しているよう実感される。この日常的直感に反するようだが、意識は身体行為を直接的に引き起こすことはできない。

脳梗塞等による片麻痺では半身四肢が動かなくなる。どんなに意識的に動かそうとしても体は動いてくれない。これは意識による身体の直接制御を否定する傍証である。

これに対して、それは運動を司る脳神経系が損傷しているからだという反論は当然予想される。では、損傷のない健常状態で運動を司る神経系を動かしているものは何なのか？ それが意識なのか？ 仮にそうだとして、意識は数百億ある神経細胞の一体どれを、どのような手順で動かしているのか？ しかも物性をもたず、計量もできないものが、どうやって神経に物理的力を及ぼすのか？

前章のビランとマルブランシュの論争とも関わるが、こう問い詰めてみると、意識すれば手が動くという日常の実感が、心身二元論というデカルト以降の哲学的思考の枠組み内で作られた虚構であることがはっきりする。

神経学的な成果から分かるのは、身体動作のほとんどが固有の神経ユニットが複合的に作動することで自動的／非意識的に作られていることである。クリックとコッホは、そうした神経の固有ユニットの集合体を「ゾンビ・システム」と呼んでいる。(108)

パソコンで文章を打つさい、自分の手をどのように動かそうかなどとは意識しない。思考する流れに応じて指先はとても早く動く。逆に、一挙手一投足を意識的に動かそうとすると、動作のゲシュタルト崩壊が起こり、停滞する。その意味でもほとんどの日常的行為は無数のゾンビ・システムによって円滑化されている。風呂に入っているとき、物思いにふけっていて髪や身体をもう洗ったのかが分からなくなることがある。床を見ると泡の残りが付着していて、すでに洗ったと推測できるが、行為のほとんどはこうして自動化されて遂行されている。

さらに、二つの対象のどちらが重いかという判断にも意識は関与していない。持った瞬間にどちらが重いかは分かっている。意識はそのことに遅れて気づくだけであり、意識がそれを判定したのではない。これは伝統的には直観能力にかかわっており、直観に意識は必要がない。それに対して両方の対象の重さが微妙な時、つまり判断が確定しない時に意識が現れる。

このように意識は、行為の自動性が途切れた時、思考に停滞が生まれたとき、あるいは、新しい身体動作を学習する必要があるとき、不意に姿を現すものだと考えることができる。「デカルト劇場」を批判したデネットは、こうした意識の特徴を「脳内の名声」モデルとして仮説化する。(109)ゾンビ・システムは、多数のゾンビ・エージェントの集合体で、その中には名声を求めて競い合う特殊タイプがあり、それらの競合状態が固有パターンを作り上げたとき、その他無数のゾンビ・エージェントを司る影響力をもった名声のようなものが現れる。この持続しつつ統括的な影響力(名声)のある活動が、意識であるとする仮説だ。他の名声が力を持てば、意識は順次入れ替わっていく。それは水面下から不意に浮上しては、沈み込み、あるときは短く、あるときは持続的に飛翔する数多の飛魚のようなものである。

意識は、行為を引き起こす安定した座などではなく、自動的に動くゾンビ・システムが作り出す行為の遅延や切り替えを可能にするための時間を準備する調整因子である可能性が高い。その際、科学的課題は、どのような神経系の発火部位、またはゾンビ・エージェントの協働の総体が、意識と呼ばれる状態となるのかを解明するものとなる。いくつもの神経系の仮説（局在論、神経伝達物質論、再帰的ネットワーク論、発火同期論等）が立てられてはいるが、いまだ決着を見てはいない。

③意識から引き算する

意識を仮に②のように理解したとき、意識にとって何が不必要なのかを引き算することができる。たとえばコッホは、意識から以下のものを取り除けると想定している。

言語習得以前の幼児にも意識はあるし、失語症によって言語能力が失われた患者にも意識はあることから、「言語」は意識にとって不可欠ではない。ただし、ここでは「意識についての意識」というメタ認知を含んだ自己意識について問題にしてはいない。人間に特有の自己意識には言語との相当強い関連があると予想される。

また睡眠中に夢を見ているときも意識はある（犬も夢を見る）が、実際の「身体運動」が伴なってはいない。閉じ込め症候群という身体制御のほとんどができない疾患でも意識は残り続けることから、意識には「身体運動」が不可欠であるようにも思えない。

さらに前頭葉の損傷やロボトミーによる無感動、感情の起伏が起こらない重度のうつ病、痛みの感覚がない無痛症の患者にも意識はあるため、一見すると情動や感情からも意識は独立しているように思われる。(110)

最後に意識は、「注意」とも異なる。注意には様々なモードがあり一概に論ずることはできないが、意識が伴わないまま情報選択が行われている実験（マスキング課題）は可能であり、「意識無しの注意」の特定は容易である。その逆の「注意なしの意識」は、たとえば瞑想において、どこか一点に注意が向かうことなく意識全体から力みを抜き、かつ清明度だけを高めた変性意識状態がある。これらの傍証は、意識と注意の相互独立性を証しているかもしれない。

このように意識を「言語」、「身体運動」、「感情」、「注意」とは独立の働きだと仮定すると、それは一方で人間以外の各種動物にも成立していてもおかしくないこととなり、他方でそもそも何のために進化してきたのかがより謎めいてくる。

④意識の機能性

①から③までで明らかになったのは、意識は全面的に信頼できるものではなく、行為を直接的に引き起こすこともなく、ゾンビ・システムの作動の合間を縫って一時的に現れては消えることを繰り返すものだ。こうした特徴づけは、フロイトの「意識／無意識」のように、非常に単純な二つのシステムの区別からなる説明図式であり、これ自体が分かりやすく理解して安心したい意識の謀略、言語を介したバイアスに巻き込まれて設定されている気もしてくる。というのもこうした図式は、ノーベル経済学賞を取った心理学者でもあるカーネマンが提示する「システム1」と「システム2」という思考モード（二重プロセスモデル）の区別とも容易に符合するからである。(111)

・「システム1」は自動的に高速で働き、努力は全く不要か、必要であってもわずかである。また、自分の方からコントロールしている感覚は一切ない。速いシステム。

・「システム2」は、複雑な計算など頭を使わなければできない困難な知的活動にしかるべき注意を割り当てる。システム2の働きは、代理、選択、集中などの主観的経験と関連付けられることが多い。遅いシステム。

「システム1」がゾンビ・システム、「システム2」が意識システムだと重ねて理解できるが、おそらくカーネマンはこの区別を人間の成人の心的活動としてだけ把握しており、「システム2」が言語や身体運動がなくても成立するかどうか、意識の進化や発達とどう関連するのかは明確に説明してはいない。

「システム1」がより生存に直結した古層としてあり、その後「システム2」という知的活動を組み合わせるように人類は進化してきたというのが標準的解釈であろう。神経系で大雑把に見れば、「システム1」は辺縁系、基底核、視床、小脳、脳幹といった旧皮質周辺に対応し、「システム2」は霊長類で肥大化した新皮質、とりわけ前頭葉に対応する。

ダンバーによる「社会脳仮説」は、脳（とりわけ前頭葉）の容量と社会集団の規模とを定量的に関係づけようとするものである。他の類人猿の脳容量との集団比較によれば、現生人類の脳容量は一五〇人の集団規模と相関するという[112]。チンパンジーの規模は五五頭である。この数値の前後が、人間が集落や軍隊、企業といった共同体を維持するさいに無理のない範囲となる。

ここから理解されるのは、人間における意識、カーネマンの「システム2」は、一五〇人レヴェルという小規模の社会と集団を管理するために当初出現したのではないかということである。ここ二〇万年、脳の容量はそれほど変化していない。にもかかわらず人口は爆発的に増え続けており、かつ国家や都市、地域、大企業、SNS等の社会生活では一五〇人以上とのかかわりを維持するのが自明となっている。よって当然、ここに無理がかかる。

社会脳仮説と併せると、意識による合理性や理性は当初、個体の生存に直結した「システム1」による利己的行動を抑制し、管理するために発現し、それにより個を犠牲にしてでも全体の利益を確保するような「システム2」による行動選択が出現する。しかし集団規模が増大するにつれ、「システム2」でさえも対応できない事態が多発する文化発展へと突入してしまったことが、現在にまで至る意識の不信につながっているとも考えられる。たとえば報復行為は、個を犠牲にして全体の安定を計る制度であり、少人数の共同体においては抑止効果をもつ合理的制度だという報告もある。とはいえ集団が巨大になるとそれは行動の抑止とはならず、報復の連鎖となって共同体そのものを瓦解させる。

クリックとコッホは、意識とは「プランニングを行う」ために重要で、「いくつかの選択肢があったとき、将来の展開を考えてある行動を選択するのに必要になる」という仮説を立てている(113)。そもそもゾンビ・システムは、オンラインで与えられている状況にふさわしい行動、つまり個の生存に直結した行為をそのつど場当たり的に実行するだけである。その意味でゾンビに未来はない。

それに対して意識が飛魚のように現れるとき、ひとは多くの場合、何か問題が起き、思考していたり、躊躇していたり、戸惑ったりしており、明確な行動は抑制されている。さらにこの抑制の中で自動化されたゾンビ・システムであれば実行していたはずの行為とは別の選択が生まれることがある。

電車内で足を踏まれて即座に怒鳴るのではなく、睨むことも、痛いのですがと丁寧に諭すことも、無視することもできる。この行為選択の場所を確保し、選択を先延ばしすることが意識の機能性のひとつなのであろう。

とはいえ、意識のこのプランニングは、ゾンビ・システムよりは長いタイムスパンを切り開くとはいえ、その範囲は一五〇人規模の共同体における行為の影響関係の予測までしか及ばない。それ以上の数の膨大な人間に与えるだろう影響関係や、一〇年やそれ以上の時間の長さの予測には対応できない。理性的判断にも耐用年数や賞味期限があると認めておいたほうがよい。昨今の国際政治の動向での罵り合いが、どのような帰結を生むのかはどんな理性的思考によっても分からない。

こうした人間理性の欠陥を補ってきたのはいつでも、そのつど修正されながら設計され、残存してきた各種の法律や制度、科学的成果に基づいた「社会環境」である。私たちが数世紀前の人間より人を殺したり、盗んだり、差別したりといった悪行を起こさないのは、より優れた理性的存在になったからではなく、そうした犯罪が起こせないような社会環境が構築されてきたからである。すでに理性は環境に委譲されている（環境的理性）。だからこそ、そうした社会環境が震災等で壊滅的状況になり、機能不全になると、個々の人間はすぐにタガの外れた行動を取るようになる。

⑤最小意識

多くの科学者を悩ませている症例に水頭症による脳萎縮がある。四四歳のあるフランス人は、水頭症で脳の九〇パーセントが失われているのに、二人の子供をもつ公務員として高いＩＱを維持しながら日常生活を送っていたという。[114] 脳梗塞等により血管が詰まったり、破れたりする場合、即座に意識に様々な問題が現れるのに、頭蓋内に水が徐々に増え、脳がゆっくりと萎縮していく場合、本人にその自覚が現れることはほとんどない。

マッスィミーニとトノーニの「統合情報理論」は、脳部位でも、神経の総数でもなく、神経系のネットワークの複雑さ、つまり情報を統合する度合いによって意識の有無を判定できるとしている。その判定のための単位をΦ（ファイ）というが、それは神経システム全体として生み出す情報量とシステムの構成部分がそれぞれ生み出す情報量の均質ではない多様な相互作用を通じて計測される。[115] この数値がある値を超えたものが意識状態だというのが彼らの仮説である。たとえば小脳は、左右合わせて大脳皮質の二倍にあたる八〇〇億個ものニューロンがあるが、相互に独立したモジュールからできているためΦの値は小さい。よって小脳では意識は成立しない。

このΦは、脳に外部から経頭蓋磁気刺激を与えることで、その刺激が神経系にどのように波及し、反応を起こすかによっても測定できる。それによって深い睡眠状態か、夢を見ているのか、永続的な昏睡である植物状態か、最小意識をもつ閉じ込め症候群かを区別できる可能性が生まれた。もしこのΦが正しい理論単位であるとすれば、上記の水頭症で脳委縮した人であっても高いΦの値を計測できるかもしれない。つまり、ゆっくりと萎縮した脳であっても、神経系が高い統合状態と複雑な相互作用を可塑的に組み替えてきた可能性がある。クレアマンはそうした神経系の自己組織化を「意識のラディカル可塑性仮説」[116] と呼んでいる。

さらにこのΦは、昆虫であれ、植物であれ、ＡＩであっても意識の有無の有効な測定法になる可能性もある。その場合、意識があるようには見えない生命や、擬似生命体であっても意識をもっていてもおかしくないことになる。

3　意識の仮説

これまで脳科学や心理学、進化論の知見を踏まえながら意識の特質とでもいうべきものを列挙してきた。とはいえ、いまだ意識の定義は明確に決まらず、とりわけ意識の起源にまつわる仮説も多種多様なのが実情である。

一例として、精神科医のT・E・ファインバーグと解剖学者のJ・M・マラットは、意識の進化的起源を五億二千万年前のカンブリア紀に定め、他方で心理学者のJ・ジェインズはたった三〇〇〇年前であるという仮説を提示している。前者は、脊索動物門のヤツメウナギ以降にすでに意識の萌芽があるといい、後者は、意識は言語に基づいて創造された虚構の一種であり、言語表現とともに、言語の後に生まれたという。

ここまで時間の開きが出るのは両者が用いる「意識」の規定に大きな差があるからである。ファインバーグとマラットは、世界内の対象の同型性を維持し、自己身体のモニターを行いながら情動的な価値付与を行う（ように観察できる）一定の複雑さを備えた神経メカニズムがあることを「感覚意識」と呼んでいる。そのさい彼らは、人間の意識経験から類推して各生物種の神経系の仕組みを詳細に比較している。当初より彼らは「神経生物学的自然主義」という立場を取っており、ある一定の複雑な神経の仕組みが整えさえすれば、そこに低次のものであれ意識が創発

するという考えである。(117)

それに対してジェインズは、人類の初期の文化現象を調べることで三〇〇〇年前後まで、人間は内面を吐露できない、神々の声（右脳の幻聴）に従うだけの心的空間をもたない存在だったと論じている。「『イーリアス』の英雄は、私たちのような主観を持っていなかった。彼らは、自分が世界をどう認識しているのかを認識しておらず、内観するような内面の〈心の空間〉も持っていなかった(118)」という具合である。その後、一世紀ほど後の（これも諸説あるが）『オデュッセイア』では突然、人間は神を騙すほど狡智になり、隠し事も出てくるし、「躊躇する」や「始まる」、「持ちこたえる」といった心的空間と時間の空間化の萌芽が言語表現として現れてくるという。つまり、言語使用の変化や、考古学的な文化遺跡を介して、意識という経験が文化の中に出現したという仮説を提示するのである。

こうした流れを見てみると、意識には感覚を用いて対象と自己身体の関係を同定する「低次の意識」から、言語を駆使しながら心を内的に空間化して外部との調整を行う「高次の意識」、すなわち自己意識にまで多様な発展段階がありそうである。脳科学者のダマシオもそうした見解を取っている(119)。ジェインズが考える意識とは、コッホの意識とも異なる相当高度な意識経験、「自己意識」として理解する方がすっきりする。彼の意識の規定を突き詰めてしまえば、意識には言語が必要で、動物や子どもには意識がないという結論になり、これではあまりにも意識という現象を狭く見積もり過ぎているとも思える。

とはいえ、意識が段階的に進化してきたことを認めるにしても、人間と他の動物種の意識には明らかな違いがあるのも確かであり、その一つが言語と思考の合理的使用である。以下では、これまでの論述をもとに、言語を駆使する（人間）意識の能力形成仮説というものを提示する。

【意識の能力形成仮説】

(1)意識は、躊躇い、戸惑い、気づきといった行為の流れが途切れ、停滞する場所に起こる。

(2)その場合すでに神経系は、そのネットワークに何重ものフィードバックがかかる複雑さないしループ構造を備えており、それによりある行為の実行が抑制され、他の行為選択のための遅延効果が生み出される。

(3)さらに行為の抑制だけではなく、一つの行為の実現にかかわる微調整も可能になる。それと同時に行為が発動されるまでの間に、多彩な行為可能性が潜在化した持続意識が出現する。

(4)ここに新しい行為の習得、つまりいまだ行為になっていない動作のネットワークやパターンを学習する余地が生まれる。

(5)人間以外の動物は生得的な行為パターン以外の質的に新たな行為を生み出すことが難しいが、人間は生得的な行為パターンの方がむしろ少なく、意識を媒介することで行為パターンを無数に習得できる。

(6)またそのためには言語の習得が決定的である。言語は、発達の当初、ヴィゴツキーが述べるように、「外言」として用いられることでみずからの行為の調整や制御を行う手がかりとなる。[120] この段階では言語の「意味（シニフィエ）」や「整合性」はまだ問題にならない。とにかく発声しながら、音の強弱やリズムの変化、ときに名詞の連呼をバックにして行為を獲得していく時期がある。言語と行為の外的接合になじませる段階である。

(7)発話ができるようになると、子どもは自分の行為を行う前に、何を行うのかをいったん声に出すことで、外に出た言葉の方から自分の行為を制御することを学ぶ。

(8)発話している間、行為は抑制され、遅延され、さらに言葉を反芻することで記憶のモード、記憶が及ぶ時間範囲が変化する。買い物のリストを何度も口に出して覚えることを思い浮かべればよい。

(9)この遅延と反復によって行為の調整はより精緻化し、行為のプラン化が行われる。外言は徐々に内言となり心的空間形成が起きる。思考は外言に遅れ、内言化とともに始まる。内言化したといっても、思考するとき唇や舌は微妙に動いており、その動きを止めるようにして思考させると、思考の精度が鈍る。思考は当初から身体化されている。

(10)この場面で人間の意識は、単なる行為調整機能を超えて、新たな能力の発見や行為の獲得と相関するように展開する。新しい行為を習得するさい、力を抜いたり、既存の角度や速度、方向とは異なる動作遂行を行うには、この段階の意識が不可欠となる。身体をモニターしながら、新しい行為を反復する中で新たなゾンビ・システムが形成される。新たな行為が習得されることと反比例的に意識は出現しなくなり、自動化（非意識化）が起こる。

(11)さらに意識は、言語とともに理由づけによる社会的自己防衛という効用ももつ。つまり、自己の行動の正当化原理として機能し始める。そもそも行為は意識とは独立に起きる。それが起きたのちに、そこに合理的動機があったかのような原因追及の物語／説明を意識は仮構する。ただしその正当化が実行力をもつには、共同体の構成員がそのことに（つまり、意識と言語を用いて人は自らの行動を正当化する記述を行うべきだということに）同意している必要がある。子どもが理由の捏造ができるのは四歳からと言われているが、自己の身体運動や動作を制御する言葉が、自らが行った行為の正当化の手段になる。(121)「どのような説明もないよりはましだ」というニーチェが揶揄する第一本能は、意識そのものの事後的な正当化特性に由来する。(122)

⑿また意識は当初、感覚、感情、身体運動、言語という質的に異なる多様な神経の活性化パターンとともに発達するが、ある一定レヴェルを超えると恒常的安定性のようなものを獲得し、それ以降は「感覚」、「言語」、「身体運動」とは独立に機能するようになる。この流れは、フッサールが幾何学の起源を記述したように、当初、道具制作等の身体行為の延長で出現する「まっすぐ」や「平ら」という行為の調整因としての理念的存在が、ある段階から身体行為とは独立の存在体系、公理系となっていくこととも無関係ではないと考えられる。

⒀意識が独立機能系になると、あたかも感覚も言語も身体運動も、意識がそれらの統御者であるかのように実感される。しかし内的な思考が外的行動を制御しているという日常的実感と順序が、発達的には逆である可能性が高いというヴィゴツキーの内言理論のように、意識は事後的に独立機能系になるが、その起源を消去してしまう。そしてこの段階の意識は、閉じ込め症候群や水頭症による脳萎縮が起きても自らの組織化状態を組み替えて維持されるような可塑性を手に入れる。

これら仮説から、水頭症における脳萎縮が生じた患者に、どれほどの新しい行為の展開能力があったのかは調査すべき重要な課題となる。既存の思考習慣、行為は可能であったとしても新しい経験の獲得が、同世代の平均に比べて困難になっていた可能性がある。独立作動系の意識と、能力形成のための意識は異なる働きかもしれない。

また閉じ込め症候群やALS、さらには認知症といった疾患では意識はすでに発達を経たのちの独立作動系となっており、そのため身体性や宣言的記憶が意識から切り離されても固有に作動することができる。記憶障害があっても意識には特段問題は生じない。

アンドロイド研究者の石黒浩は、「人間の発達においてはどの段階から脳と身体を分離してもいいのか」という問いを立てているが[123]、意識が独立作動系になる時期の特定は今後のデータを待つより他ない。精巧なアンドロイドを遠隔操作する場合、その身体と操作者の脳は分離する。いずれ運動機能に重篤な問題があっても、アンドロイドの身体を操作すればよい時代が来るはずである。その場合、脳と意識は、自らの身体性から切り離されることになるが、たとえば重度脳性麻痺のように、そもそも安定した意識経験を積み重ねることができないような疾患の場合、アンドロイドの操作すら困難である。

こうした意識の特質と仮説から、哲学も現象学も別様にスタートすることが求められる。自然科学における技術による事物の詳細な分析化は、徹底的に進んでいく。こうした時代の中で、哲学は何を課題とすればよいのか。ここにはいくつもの展開の選択肢があり、さらには展開に応じて「意識の働き」そのものがくり返し開発され増えていく可能性が含まれるのである。

4 髪が口に入る

見えづらい星がある。ちょっと前から気になっていたその星にサキは向かうことにした。そこでは、多くの生物が繁殖するだけではなく、文明も起こっていた。しかしサキはそうした生物や文明とかかわることはない。攻撃をされても、言葉をかけられても、触られても、動じることはない。長い黒髪が、風に吹かれて口に入ったのを払いのけるのと同じだ。何事もなかったように、その場所を離れ、静かな場所に移動して星こわしの作業を進めていく。

あるときサキはその生命の星でじっと地表を見ていた。頃合いのサインを調べるためだ。目で見るだけではいけない。目で見えるものをずっと超えて、星の声を探さなければならない。体力も使う。稀にではあるが、サイン探しだけでその日の仕事が終わってしまうこともある。周囲の森がざわついていた。宇宙には存在しない大気は無数の音を発生させる。

★

★

大気は風となり、気流となり音を生む。木々の枝が揺れ、葉がこすれる音がする。一瞬を切り裂くような鳥の声、一歩一歩踏みしめるときに出る落ち葉の乾燥した音、こうした音が、サキの仕事の邪魔になる。

「まだなのか」

「早く訪れすぎたかもしれない」

そうした想いがサキの頭をかすめた。星の声が聞こえない。

「でも、もう失敗は許されない」

サキはそう思い直して、「ふううう」としずかに息を吐き、頭を二三度振る。そしてあらためて集中する。そのときである。ドキッとした。隣にはさっきまでサキが眺めていた場所を、同じようにじっと眺めているその星の生物がいた。サキと同じような背の高さの生物である。

迂闊といえばいいのか、疲労の証しといえばいいのか、サキには分からなかったが、こんなことは初めてだった。払ったはずの前髪がいつのまにか口の中に入っていた。

「何を見ているの?」サキに話しかけてくる。

「何かがいるの?」サキと同じくらいの背丈のそれは、サキが見ていた場所をじっと眺め

★

★

ている。

「んんんー」と難しい顔をしたのちに、サキを見返して微笑んだ。

「わからないや」

サキは動揺を隠したまま、背を向け、歩き出した。少し早足で、その場を立ち去ろうとした。そのとき、肺の奥からどんっとサキの胸をつく星の叫びが聞こえた。

「やっぱり」サキは確信する。

「大丈夫、ちゃんと声は聞こえている、心配はいらない」

そう声にならない思いを星に伝えると、サキは爪先に力を入れ「とん」とひと飛びする。飛び上がりの頂点から見えた視線の先にあの生物がいた。じっとサキを見ている。その目が、感じたこともないような心の動きとなってサキを動揺させたが、飛んでしまったからには後戻りできない。

「あと三日」

星にやさしく語りかけるように頭の中で反芻してサキは星を出る。星こわしの仕事はこうして続いていく。

第五章「身体」——二一世紀身体論

1 身体の一〇〇年

今から一世紀先、私たちの身体に何が起こっているのか。その可能性を縮減したり、矮小化したりすることなく論じ、その構想を展開することはできるのか。興奮冷めやらぬ、再生医療やBMI（Brain Machine Interface）、人工知能（AI）を見飽きた先にある身体経験にまで届かせる身体の哲学は可能なのだろうか。こうした問いを半ば真剣に引き受けてみたい。身体論の夢はどこまで拡張できるのか、それが本章の課題である。

手始めに一〇〇年前の人間の身体を考えてみる。時は二〇世紀初頭、第一次世界大戦が勃発（一九一四）した時代である。その頃の人間の身体と、それを取り巻く環境はどのようなものだったのだろうか。夢見るための土台として、その参照項をいくつか列挙しよう。

ホモ・サピエンスという人類の寿命は、後期旧石器時代にいたるまで、ほぼすべての個体が一〇年から二〇年の生を全うしていたという。三万年前になってようやく三〇歳まで生き伸びる個体が出現し始めた。その後、文明化とともに人類の寿命は緩慢ではあるが伸びていく。とりわけ哲学者や思索家の中には長命の者が多い。紀元前のプラトンは八〇歳、アリストテレスは六二歳、紀元をまたぐセネカは六六歳、紀元後のアウグスティヌスは七六歳、クザーヌスは六三歳まで生きたと史実は語っている。

そもそも長く生きられなければ、哲学や思索が成熟することもなかっただろう。よって、多くのことを書き記す者とは長生きしたものであり、優先的に歴史に名が残るよう選択圧がかけられていると予想される。その意味でも、彼らを当時の寿命の基準と考えることはできない。実際には階級や生活水準から見ても彼らは例外的であったのであろう。というのも、平均寿命となると話がだいぶ異なってくるからだ。

一七五〇年にスウェーデンで行われた調査では平均寿命は三八歳であったという[124]。日本人の平均寿命を見た場合、江戸時代にいたるまで三〇歳から四〇歳の間を推移しており、今から一〇〇年前はどうかというと、世界人口が二〇億人、日本人口が四〇〇〇万人の時代、日本人の平均寿命は四〇代半ばであった。

平均寿命がここまで低いのは、五歳までに死亡する乳幼児死亡率が恒常的に高かったからである。ほんの一〇〇年前まで、幼少時代を生き延びるのは至難の業であった。乳幼児死亡率を高める要因である極悪な衛生状態の改善、感染症の予防の取り組みが、先進国を筆頭に急速に整備されたのは一九五〇年代である。その結果、現在では、世界人口七〇億人、日本人口一億二千万人、日本人の平均寿命は八〇歳を超えている。この一〇〇年で、人口はおよそ三倍、平均寿命は二倍になった。

また一〇〇年前の日本といえば、ガス灯により街が明るくなりはじめ、鉄道がどうにか開業し、電話も実用化の端緒にあったが、日本車もラジオ、テレビ放送もない時代である。

子どもの喫煙が禁止されたのが一九〇〇年（未成年者喫煙禁止法）であり、同年に汚物掃除法も制定され、屋外にゴミや糞尿をむやみに投棄することの対策が取られ始める。[125] 当時は戸外で全裸になり、行水する習慣がようやく改められ始めたころでもある。

また一九〇四年には、肺結核を予防するという今ではおよそ考えられない理由のために、痰壺が街のいたる所に置かれるようになった。そこかしこで痰を吐き出す習慣は、多くの西洋人に奇異に映ったようである。これがおよそ一〇〇年前の日本の現実の一部である。

一〇〇年前の人間のなかで、科学技術とIT化が進んだ現代の私たちの生活を予測できたものはいたのだろうか。たった一〇〇年とはいうが、歴史はほとんど予測がつかないほどに展開してしまう。だとすれば、今から一〇〇年後の身体を考えるには、どの程度の可能性を見積もっておけばよいのか。

平均寿命が二倍になったこの過去一〇〇年の歴史が、例外的な異常事態であったと考えられるのか、あるいはこの先一〇〇年においても予測できないほどの何かが起きてしまう好例と考えられるのかは、思考の大きな分岐点となる。

2　主題としての身体

人間の身体という問題が、哲学上のテーマとして明確に取り上げられ始めたのも一〇〇年ほど前からである。それ以前にも身体は論じられる対象として存在してはいた。しかしそこで扱われた身体とは、主に魂や精神という存在から切り離された物体としての存在であり、そうした存在領域に一緒くたに区分されてしまうような身体であった[126]。

それに対して、たとえばフーコーは、一八世紀末に現れた兵士の訓育における身体の管理技術について記述することで、社会によって監視され、規律化される人間の身体経験を取り上げている。その著書『監獄の誕生』が出版されたのは一九七五年であり、こうした人間の身体を主題にする研究が可能になるには、相応の時間と手順とが必要だったと考えられる。

現在、哲学の世界で身体論といえば、ひとつの固有テーマとして広く認知されている。とはいえ、この「身体論」という、いわゆる「○○論」がそれとして成立したのはいつなのか、またその原語が、英語やドイツ語で何になるのかは、正確に確定され、定義づけられているわけではない。訳語としてSomatologyやbody theoryといった語が複数考えられるが、そうした語がどのように人口に膾炙したのかも謎である。この方向の研究を言説レヴェルで分析をかけていくと、フーコー的、ハッキング的な問題設定となる[127]。

本章ではその詳細を詰めることはできないが、一九〇〇年以前には、いわゆる「哲学的身体論」は存在していなかったのだろう。それ以前の身体の学問といえば、解剖学や生理学といった生物学的、生化学的な身体研究であり、ことさらそれらを身体論とくくる必要もなかった。

身体論という「論」が成立するには、身体がひとつの固有テーマとして新たに発見され、それを中心に派生する問題を振り分け、組織しながら、体系的に論述することが必要になる。おそらく二〇世紀以前には、そうした試みがどういうことなのかの共通了解さえ確立されていなかった。

したがって、延長存在としての身体を扱うデカルトの『省察』も、カントの身体を通じた空間構成の論述も、それじたいは身体論ではない。[128] むしろデカルトの身体記述や、カントの身体記述というように、それぞれの哲学者の思索を「身体」を中心テーマにして解読するという発想と試み（身体論）が現れたのが、ここ一〇〇年の出来事なのである。

身体論と聞いて、まず思い浮かべられるのがフランス現象学者のメルロ＝ポンティである。彼が生まれたのは一世紀前の一九〇八年であり、彼の身体論に強い影響を与えたのが、ドイツ現象学の創始者フッサール（一八五九―一九三八）である。

メルロ＝ポンティはフッサールの『イデーン』第二巻に精通しており、[129] そのなかで正面を切って論じられたのが、純粋な精神とも死せる物体とも異なる「身体」である。

この『イデーン』第二巻の下書きがフッサールによって書かれたのは一九一二年以前と推定されている。さらに同じく一九一二年までに書かれていた『イデーン』第三巻の学問論的な考察において、フッサールは「身体論」という語を積極的に採用しようとしている。

彼はまず、第三巻一章において実在の領域を「物質的事物（materielles Ding）」、身体（Leib）、心（Seele）」[130] の三つに区分し、この基礎区別に応じた学問の理論化が必要であると主張する。それにつづく一章二節b項は「身体に関する学問、すなわち身体論」という表題からなり、フッサールはこう宣言する。

「今や理論探究は、次の存在領域へと向けられる。それは身体の知覚と身体の経験として存在する領域であり、私たちはそれを身体論（Somatologie）と呼びたいと思う［…］。［…］私たちが身体性（Leiblichkeit）についての学問を身体論と名づけるとすれば、それは、身体の物質的特性を追究するかぎりで、物質的な自然科学である。しかしそれが特別な身体論であるかぎり、この身体論は新しいものとなり、経験の新たな根本形式によって際立たされるものとなる」[131]。

この文章から、フッサールには自分の身体論がこれまでの学問では扱われなかった領域へと経験を拡張するものだという自負があったことが分かる。Somatologie 以外にも彼は「身体科学（Wissenschaft vom Leibe）」という語も用いている。

美学研究者のビアブロットによれば、フッサールも使用している「身体論（Somatologie）」という語は、ギリシア語由来のものであり、自然学（Naturlehre）の一部として、すでに一七六二年にドイツ人医師のエルンスト・G・バルディンガーによって用いられている。「それが問題にするのは、物質の構造、その分割可能性、分配、恒常性、テクスチャ、力等々」[132]であったという。そのおよそ一〇〇年後に医師で化学者でもあったJ・M・マクレーンによって著された『身体論（somatology）の諸要素』[133]（一八五九）は、その副題が「物質の一般特性に関する論」となっているように、現在の身体論的な文脈ではなく、物質としての身体特性について論じられている。マクレーンはその中で「一四の身体の一般特性」を列挙しているが、その中身は、

一・延長　二・不可侵性　三・形態　四・分割可能性　五・頑健性　六・多孔性　七・圧縮性
八・膨張性　九・移動性　一〇・慣性　一一・引力　一二・斥力　一三・極性　一四・可塑性

となっている。

これらは、身体に当てはまるというより物体一般の特性である。ビアブロットも述べていたが、この時代はいまだ「身体（body/Körper）」を、物理学と化学どちらの対象として扱うのが良いのかが見極められておらず、医学と化学が、物理学とは異なる対象領域をどうにか発見しようとする途上にあった。

さらにここには、第三章でも指摘したように一九世紀になって、カントやヘーゲルの有機体論の展開とともに「生命」のカテゴリーが刷新され、生物学が勃興したという事情も絡んでいる。「生命」が、物質でも精神でもない、ひとつの固有カテゴリーとして認識され、そのカテゴリーに統制されて自然科学の探究が進み始めたのだ。

フーコーが見出したように、そこでの生命とは「知覚されない純粋に機能的なものとしての生命」(134)であり、機能集合体として個々それぞれに不連続な生を生きるものの総称である。この生命というカテゴリーとともに、環境の中を身体として生きる生命の経験が主題になり始める。フーコーを引こう。

「キュヴィエ（一七六九―一八三二）以後、生物は、［…］新しいひとつの空間を成立させる。その空間は正確にいえば、二重の空間である。つまりそれは、内部的空間として、解剖学的整合性と生理学的両立性の空間であると同時に、外部的空間として、生物が自身の身体を創るためそこに宿っている、諸要素の空間に他ならない」(135)〔傍点引用者〕。

人間の「身体」がそれとして論じられるためには、「物体」から「生命」というカテゴリーを経由する必要があった。つまり、身体とその空間／環境という相互に働きかけあう力場こそが、生命の固有性のひとつとして浮上してくるのだ。

さらに補足すれば、先に引用したフーコーの『言葉と物』（一九六六）は、一八世紀末から一九世紀にかけて「労働」、「生命」、「言語」という言説的な指標が複雑に組織されることで「人間」という新しいカテゴリーが出現したさまを浮き彫りにしたものであるが、だとすれば、「身体」という経験は、「物体」から「生命」、そして「人間」というカテゴリーを迂回して遅れてやってこざるをえなかったともいえる。

フッサールがなぜ二〇世紀初頭に強い思い入れをもって身体論について語ったのかが、思想的な背景を迂回することで鮮明になってくる。「身体」は、この一〇〇年において発見されたのである。それはまた、なぜ現象学における身体論が、単なる物体としての「身体（Körper）」ではなく、ことさら別の概念である「生ける身体（Leib）」という語を彫琢する必要があったのかの理由にもなっている。(136)

3　体験する身体では足りない

フッサールが哲学の課題として身体に注目するに至ったきっかけは、『イデーン』第一巻出版（一九一三）に先立つ一九〇七年、ゲッティンゲン大学で行われた講義『物と空間』においてである。(137)

そこでは、対象の認知が成立するさいに働いている運動感覚（キネステーゼ）をともなった身体が主題となっている。それは「おのずから動く身体」である。

さまざまな対象の認知は、身体の潜在的作動に支えられて成立している。もっといえば対象の存在する空間とその知覚でさえ、運動する身体とともに発達的に形成される。それは、科学的知であれ、哲学的な知であれ、一切の人間の認識を貫いて支えてしまっている身体の経験である。

主体と客体という認識区分が生じる手前で、世界の素地となり、主体の体験の基礎となる場所で働く身体がある。メルロ＝ポンティはそうした身体を「世界の肉」と呼んだ。[138]

たとえば利き手や利き目という普段から優位に用いられる身体器官がある。それらに応じて左右の身体の筋肉量や視力に差が出てくる。身の回りの物や家具その他も、利き手や利き目が用いやすいように配置される。利き歯のようによく使う歯もあり、それが噛みあわせの不具合にとどまらず、姿勢の不均衡さや、情動バランスにまで影響を与えてしまうことがある。

こうしたことは、主体が物事を意識し、認識する手前で、身体が勝手に事物と応答し、主体と世界の関係性を決定づけているともいえる。ここには身体とその習慣という問題が潜んでおり、意識ではうまく制御できない身体の歴史が隠されている。フッサールが二〇世紀初めに見出した身体の記述は、こうした現実を捉えることに成功した。[139] 人類学においてモースやブルデューが身体を発見し直すのも、これ以降のことである。[140]

その後、二一世紀をまたぎながら、認知科学、認知心理学、社会心理学といった新しい科学分野が、非言語的、非意識的レヴェルでの身体活動の定量評価を行い始める。哲学的身体論の経験領域に、図らずも自然科学的手法が持ち込まれ始めたのである。

最近では計算社会科学（computational social science）によって、身体が主体の意識とは独立に他者の身体と相互作用し、運動する様子が次々と明るみに出されている。それは、主体を通した報告データを収集することなく、人々が交流するさいの非意識的な身体反応をデータ化し、プロットするアプローチである。

たとえば、被験者にソシオメーターという計測器を身につけさせることで、ある人が職場内でどのような移動を行い、誰と対面で会話をし、そのさいに発話の頻度や速度、トーンがどう変化し、どのような身振りを用いているのかを計測することができる。移動は加速度計、発話はマイクロフォン、対面状況は赤外線トランシーバ、接触や近接性の感知はラジオ周波数トランシーバというように計測器を掛け合わせて用いれば技術的にはそれほど難しくないという[141]。

行動の外的な指標をマルチに収集することで、その人の身体がどのような行動パターンをもっているのか、さらには集団の傾向やパターンさえもプロットできる。

たとえば図1の左図は[142]、友人関係ネットワークを、右図がそれぞれの人が近づいてコミュニケートする度合いを重ねて描いている。知人関係の信頼の強さと身体距離には相関がある。

ここには、人々がどのような会話を行っているのか、実際に彼らがなにを考えているのかといった定性的な意味は存在しない。にもかかわらず、発話のタイミング、リズム、声量、身振りの大きさ、接近の度合いといった定量的指標だけから、相互の身体が社会内でどのような役割をもって活動しているのか、誰がリーダー的で、誰がハブ的な役割をもっているのかといった予測が高い精度で可能になる。

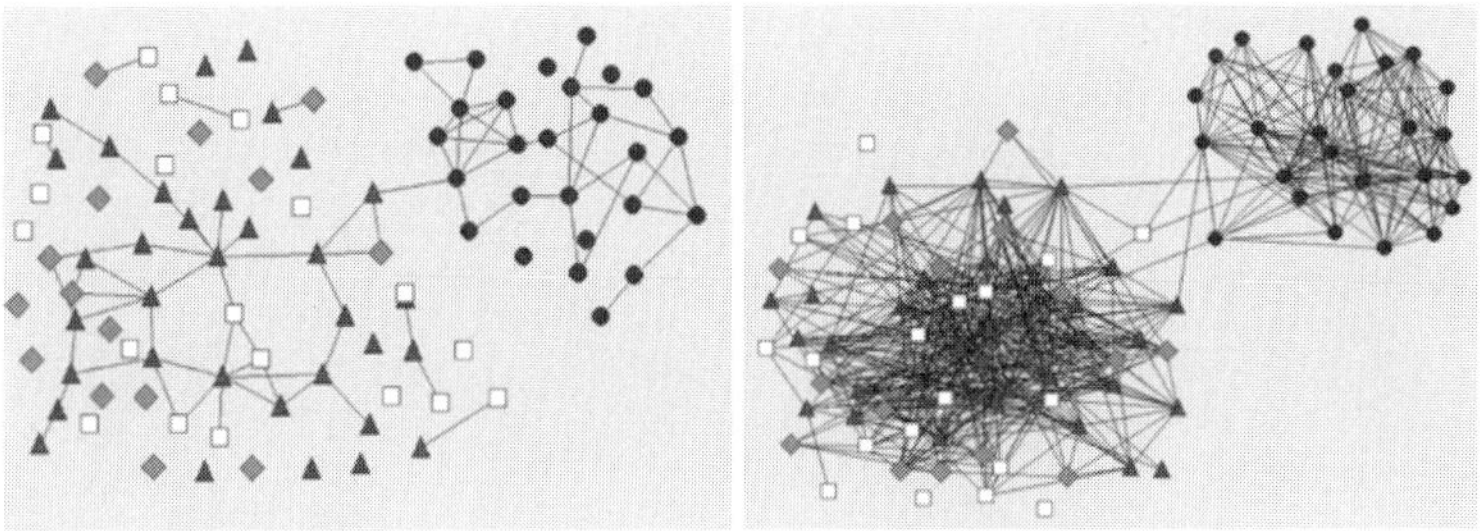

図1　身体の行動パターン

こうしたデータは、本人からの聞き込みとは異なる、無意識の身体的な交流ネットワークを暴き出すことができる。

私たちが身体存在であるという事実は、意識を通じて思考し、その後、身体を調整しながら行為を実現するという古典的な「行為の合理性モデル」が眉唾物であることを告発する。むしろ相手の話を聞くさいに、首を縦に振っていると、その話に賛意を示したくなり、その逆に首を左右に振りながらだと反意を抱くように、身体とその動作こそが思考を練り上げ、感情の動きを方向づけてしまう[143]。

こうした研究の成果は、フッサールの理論の想定範囲内にあったことである。とはいえ、そのアプローチは彼が意図していた方向性とは異なる。彼はどこまでも意識を用いた反省的、記述的アプローチを推奨していたからだ。

にもかかわらず、主体の意識を介して身体を発掘する現象学のアプローチだけでは、身体経験を網羅するにはとても足りないというのが実情である。たとえば生態心理学における動作のマイクロスリップ現象も意識経験では届かない振動する身体であり、こうした体験特性が身体には夥しくあるからだ[144]。

身体の背景的作動が、人間の思考や認識、行為に決定的な影響を与えていることの指摘を行ったのが二〇世紀の哲学的身体論であり、現象学であった。それが二一世紀には定量的手法を介して自然科学化され、共有されようとしている。では続く一〇〇年の身体論はどこに向かおうとしているのか。

4 ラディカル環境デザイン

身体活動が定量的手法とともに可視化され、データ化される。この方向性は、加速することはあっても、修正されることはないだろう。ビッグデータの解析が拍車をかけることにもなる。可視化されたデータを用いて、これまでの身体の行為パターンや、社会における人間関係のネットワークを、各種目的に応じて調整する実学的方向性が強められるはずだ。とはいえ、この調整はどのように行われるのか。

ここで、「環境デザイン」という発想の必要性が浮上する。こういうことだ。身体はその環境と習性に応じて固有の運動、動作、行為のパターンを形成している。たとえば、衣服には種類に応じた動きの速度、対応可能な動作、社会行為がある。スーツでスポーツは難しいし、ラフな部屋着で葬儀に出ることもできない。衣服は身体を取り囲む環境となり、そのつどの身体の行為を誘導し、制約し、拡張する。アスリート仕様のユニフォームは、ミリ秒単位の運動可能性の隙間を開く。

なぜ人間に体毛がないのかという進化上の問いに対して、細菌や寄生虫の感染頻度を下げるために人類は体毛を捨て、脱着できる他の動物の毛皮に切り替えたからだという仮説が出ている。(145)

体毛という取り外しできない身体を変化させることが同時に、衣服という身体の新しい環境を形成することになったということだ。

この仮説が正しいかどうかは不問にするにしても、人類はこれまでも衣服や家屋、都市、国家というように身体を守り、経験を拡張するための環境を築き上げてきた。人間は自由度を高めるために環境を変化させるにとどまらず、新たな環境さえも創造する。他方で、みずからが作り上げた環境からさまざまな制約を身体レヴェルで持続的に受けながら、その制約じたいが意識レヴェルから消去されてしまう。

そうだとすれば、この通底している身体と環境の密約でもあるつながりを解除したり、変更することが、新しい身体の可能性を拓くと考えることができる。(146) 環境のデザインが変わってしまえば、人間の行為は身体レヴェルから変化してしまうのである。

先ほどのソシオメーターを用いた職場内における身体相互の交流は、職場の環境デザインを工夫することで、変化させることが期待できる。言語による指令的な働きかけではなく、直に身体に訴えかけるよう環境を変化させてしまうのである。

たとえば某企業では、固定した席を決めず、一日二回くじ引きでランダムに席が決まる取り組みを入れたりしている。座る椅子から見える風景が変わり、立ち寄る場所や会話する相手が定期的に変わるような環境にすることで、身体行為のパターン化や人間関係のネットワークの固着化を防ぐことができる。この延長上からは、アイデアの創出、形骸化した会議の活性化、プランの売り込みの成否といった社会スキル向上を意図した研究が期待されるはずだ。

とはいえこうした研究は、おそらく一〇年から二〇年スパンの研究プロジェクトである。その意味では二一世紀を見越すにはどこか足りない印象を受ける。ラディカルさがない。というのも、既存の人間と身体、社会の在り方を前提としながら、その効率性や功利性を追求しているにすぎないからだ。

見慣れた社会や環境に工夫を入れるのではなく、もっと圧倒的に環境が変わってしまう場合、人間と身体はどうなってしまうのかにまで考察を拡張しなければならない。こうした問いを、死ぬほど真面目に引き受けたのが芸術家であり、建築家でもあった荒川修作（一九三六―二〇一〇）である[147]。

5 「建築する身体」という賭け金

荒川が二一世紀をまたいで発見した身体がある。それが「建築する身体（architectural body）」と呼ばれる。それをタイトルに冠したマドリン・ギンズとの共著が英語で出版されたのが二一世紀初頭、二〇〇二年である[148]。

一九九五年には岐阜に養老天命反転地というテーマパークが完成し、二〇〇五年には三鷹に天命反転住宅が建造された。その間に現れた著書である。この荒川の身体こそが二一世紀の夢を見る身体であると私は考える。どういうことか。

荒川は一九七〇年代の『意味のメカニズム』に代表される幾何学や記号を多用した作品群を発表した後、八〇年代から作品を観賞するものの身体に訴えかけるインスタレーションを取り入れるようになる。

その代表が一九九一年に東京国立近代美術館で開催された「見るものがつくられる場」における作品群である。私たちは、数学や幾何学についての思考をめぐらすさいには、いつもどこかに座り、安定できる環境を確保しておく必要がある。

では、かりに私たちがいつでも歩いたり、小走りをしたり、坂を上り下りしながらでしか生活できない環境にいた場合、数学や幾何学の経験はどうなるのだろうか。歩きながら会議をしたり、壁によじ登りながら食事をすることを考えてみる。身体がどのような環境で行為するのかに応じて、数学や幾何学の経験でさえ変わってしまう。そうした確信が荒川にはあった。

「建築する身体」は、この確信の延長上から現れてくる。建築を含む環境と、身体の接合部において、生身の身体でも環境でもない境界線上で身体は、みずから建築となる。荒川はいう。

「建築する身体は、二つの、場所を占めつつ向かう不確かな構成からなっている。つまり、固有の身体と建築的環境からなっている(149)」。

「見るものがつくられる場」の作品群に図2がある。この作品は一九八〇年代に制作されたものだが、これを理解するには、彼のとっておきの身体行為のコンセプトである「ランディング・サイト」という経験を共有する必要がある。「降り立つ場」と訳されるこのランディング・サイトには知覚のランディング、イメージのランディングがあり、それらの次元化と集合体がある(150)。

物が見え始める、さわり心地の良さに気づく、気配を感じる、怒りを感じる、空腹を感じる、思考が浮かぶ。こうした経験は誰にでも起こることだ。そしてこれらが「起こる」ときにはすでに何らかの「場所」とともに生じている。このランディングは、「体験」の章（第三章）で扱った「起こること」と同等の経験上にある。知覚物と感触にはその位置が、気配には広がりが、怒りや空腹には内感が、思考には場所なき場所が対応しており、これら場所の出現が、ランディング・サイトといわれる。

荒川にいわせれば、私たちの日常は、膨大なランディングの継起と分散のネットワークの力動である。そのようにして図2を見てみる。[151]

aを見てほしい。ある人物の周囲を細かな記号が覆っている。bは、その人物が姿勢を変えたときのもので、人物を取り囲む記号のパターンと破線の距離が変化している。荒川はこの図が実現される場所を、実際の作品として作り出す。それが図3「どこにでもある場X」である。[152]

この作品では、凹凸のある床面の頭上から厚めのゴム状の幕が垂れ下がっており、体験者は実際にこの幕を手で押し上げながら作品へと入っていく。作品は体感されねばならない。そのようにして図2のaを改めて見てみよう。

体験者は、ゴム幕を一方の手で押している。膝を曲げ、重心を保ちながらである。その手の周囲にある記号が、視覚的ランディング・サイト（v）と、触覚的ランディング・サイト（t）の集合体であり、体験者が現に知覚し、感じている場所である。

それと同時に、手でゴム幕を前方に押し出すことで、その先の空間の広がりが予期される。破線で示されているのが、行為者の予期の範囲を示すイメージのランディング・サイト（i）の集合である。背後にもイメージのランディングは広がっている。

aとbの図の違いは、身体動作と体勢の違いである。それぞれのランディング・サイトの分散

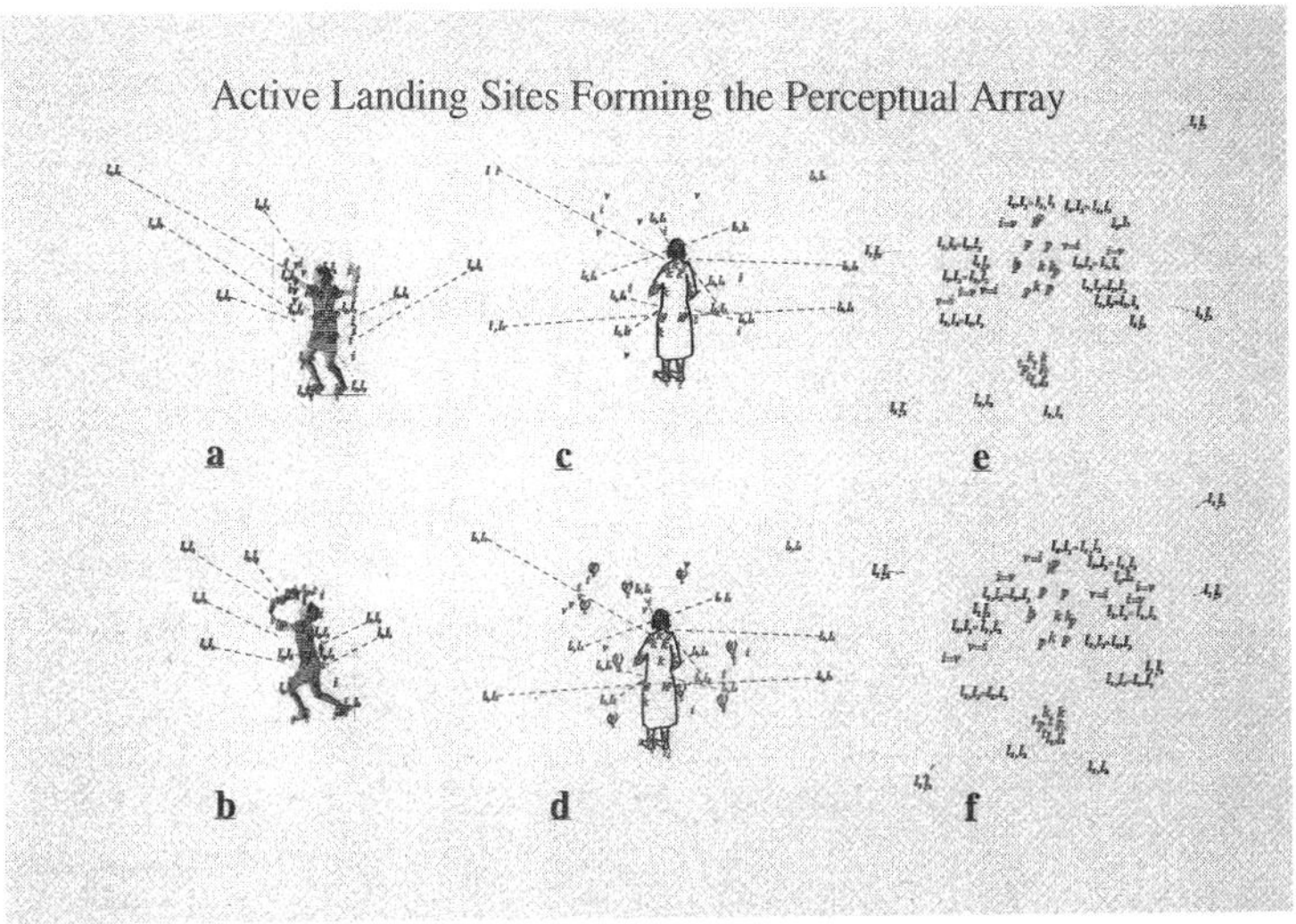

図２　知覚の配列（Perceptual Array）

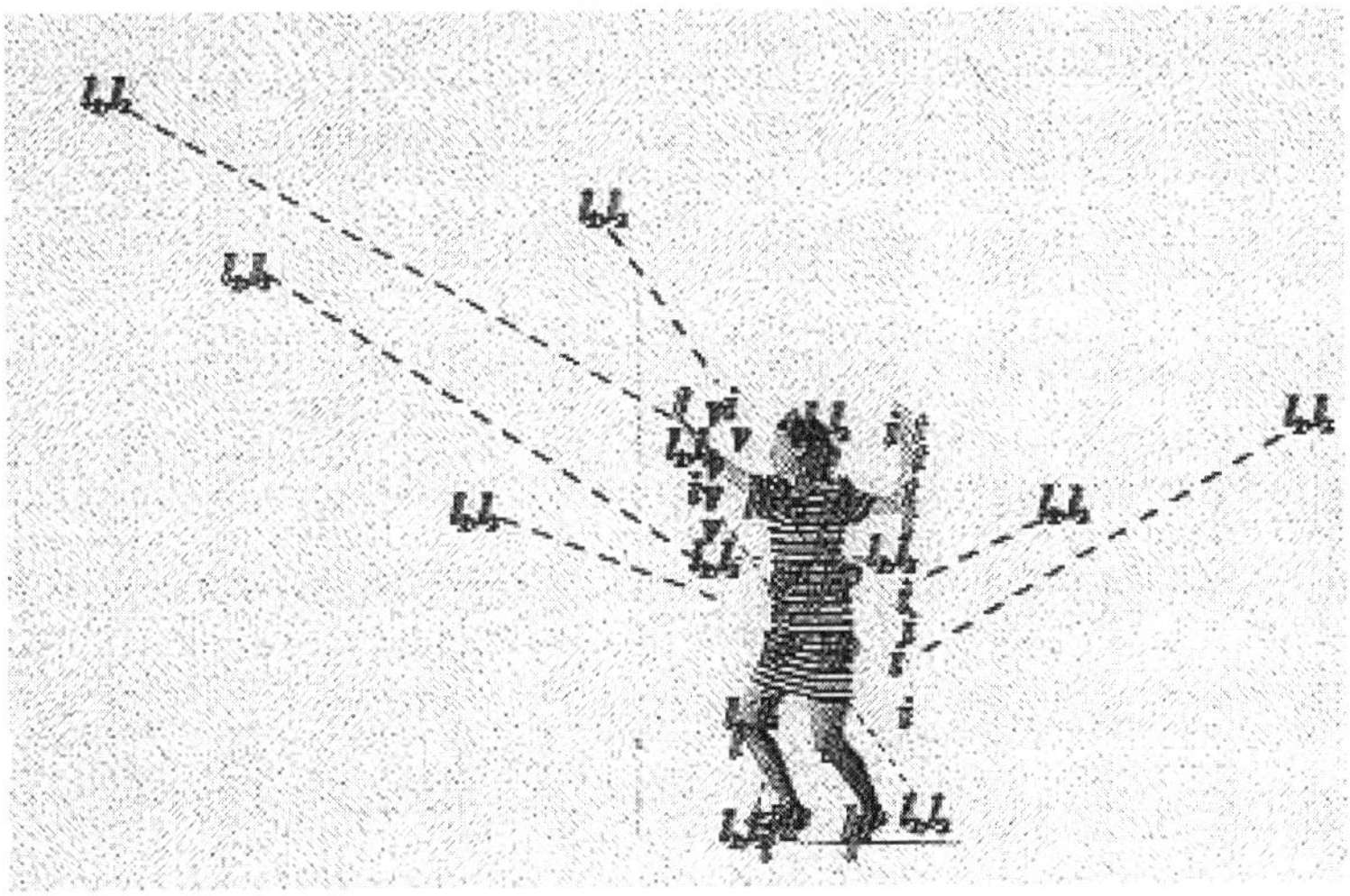

図２のａ拡大図

や凝集は、前方に手を押し出すといった身体部位と体勢の変化とともに起きている。また体験者の身体には、図では見えづらいが、身体部位や関節、筋、内臓の位置を伴った自己固有覚的ランディング・サイト（p）と、運動への気づきである運動感覚的ランディング・サイト（k）も群がっている。

こうして荒川の発想が浮かび上がってくる。人間には人間のランディングの膨大なネットワークがあり、動物には動物のネットワークがある。図2のeとfが示すように、生物種や個体の認定は、その器官やDNAといった物性に応じたものではなく、ランディングのネットワークから判定できると荒川は考えている。

かりにある人間が、ネコのランディングのネットワークに包まれた経験をしてしまえば、その人間は人間であり続けられない。その意味でもランディングのネットワークこそが、生命の特殊な種を決定し、ランディングパターンが、現在の生物種の制約であると同時に、可能性となるのだ。

震災後の計画停電でロウソク一本の灯りで生活したように、今後一〇〇年でこれまでのランディングのネットワークを維持できないような環境に変化してしまうことは、いつでも起こりうることである。あるいは、ランディングの多重ネットワークが更新されるような環境を設定することも当然可能なのである。

「建築する身体」とは、生身の身体と設定される環境の間で、ランディングのネットワークを自在に組み替えていけるものの総称である。

誰にも聞こえない物音が聞こえてきたり、それまでは感じ取れなかった触覚的な凹凸が感じ取

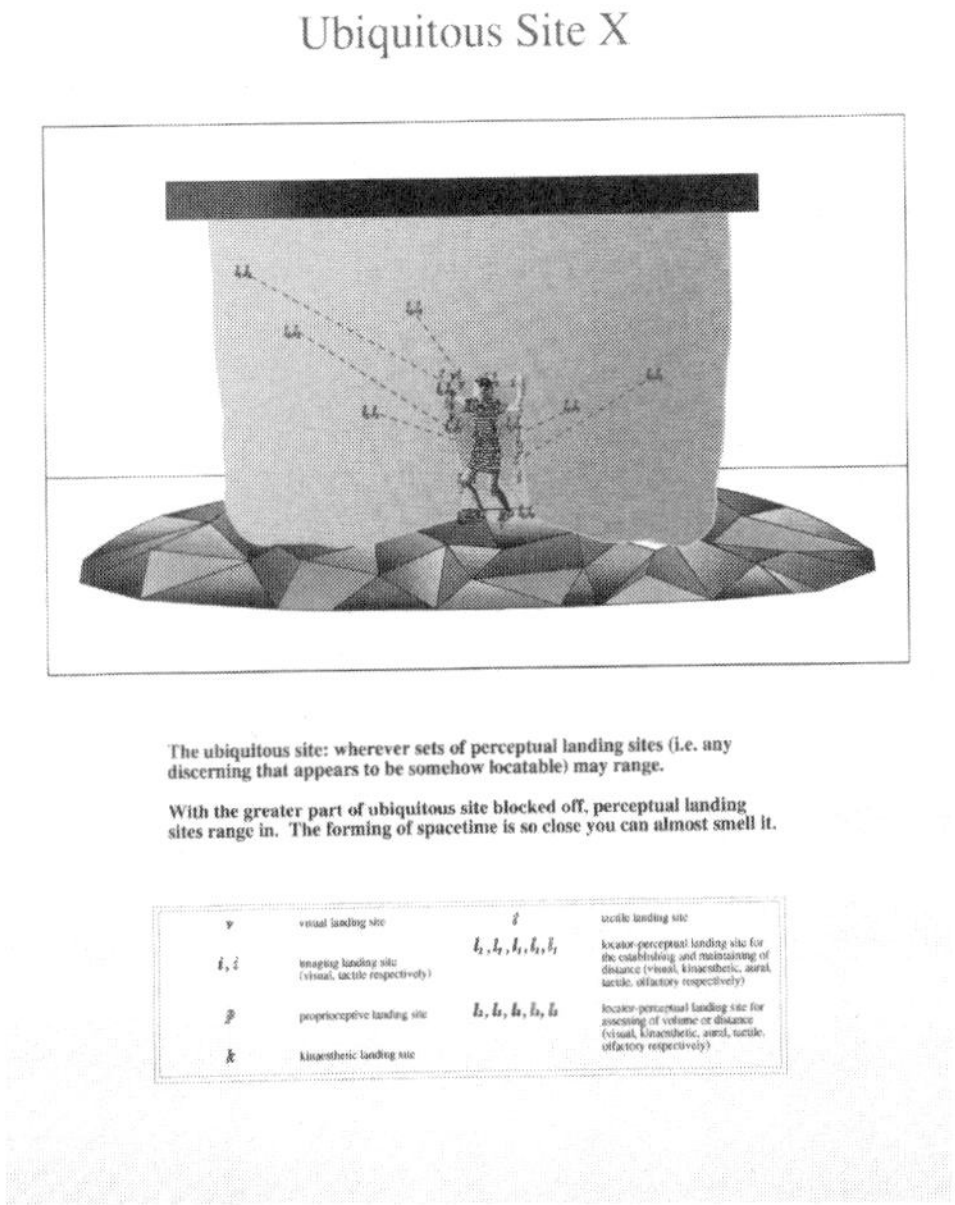

図３　どこにでもある場Ｘ（Ubiquious Site X）

られるようになるとき、また、情動の動き方が変わり、身体の重さの感じ取りが変わるとき、ランディングのネットワークが再編されていく。

現在の測定技術では、こうしたランディングの全貌を捉えることはできない。それは、大脳の神経系の活動のように、同じものの反復が二度とない微細で膨大な運動を永続しているだけだからである。ソシオメーターが定量化する指標は、こうした運動の影の一部にすぎない。

なぜ荒川が、最終的に建築デザインへと進まざるをえなかったのか、その理由がここにある。(153) データをどんなに収集しても、それによって身体が変わることはない。むしろ身体を、現状の身体にとどまっていられなくなる極限へと追い込むために、それによって人間の可能性が圧倒的に拡張された場面から問いを立てるために、荒川には壮大な建築的実験場が必要になったのである。しかもそれは、現在でもなお未決の身体の課題として残りつづけているのだ。

幻聴や幻覚を地で生きている統合失調者は、イメージのランディングと、知覚のランディングが重複し、その重複体に圧倒される。精神科医の日野原圭が示したように、(154) 彼らは彼らのランディングパターンを反復し、ズラし、ズレを修正することでしか、行為を作っていけない。そんな彼らのランディングのネットワークを根こそぎ再編してしまうほどの環境デザインの構想と設定から前に進んでみること、現在の倫理や規範、常識をカッコに入れながら、前に進んでみること、そこにこそ二二世紀の身体の在り処があるのではないか。

二二世紀の身体は、今のままの人間ではみられない夢をみることに等しいはずなのだ。

II　臨床の経験を哲学する

5 涙が止まらない

星こわしの仕事には休みがない。飛ぶ必要のないときでも、数多ある星を見まわらなければならない。ときに宇宙の最果て、いまだ広がりゆく運動が起きている胎動する場所に行くこともある。そんなときには移動だけで一日が終わってしまう。

ヨスイも昔はこの宇宙の存在理由に思いを馳せたことがある。運命のように繰り返される星こわしの仕事がその理由の一部であることも確信していた。

宇宙の最果ては、その名に反するように最も躍動的で活動的な場所である。この宇宙には中心がなく、むしろ周縁にこそ動きの核心部がある。その場にいるとヨスイの体にも影響が出るほど強いエネルギーが満ちている。最果てでは、最も古いものと最も新しいものが同居する。

突然、ヨスイの脳裏に、ある星の生物の姿が浮かぶ。それは絶対にあってはならないことだった。

「きみはとてもきれいだ」その生物はヨスイに向かってそう音を発していた。

「きれいって？」ヨスイの口からふと声がもれた。

自分の口から発せられたコトバというものにヨスイは驚く。何度も反芻されてはいた思考が初めて音になった。ぱんっとはじけるように、声が生まれた。それを伝達する空気の振動があった。コトバの匂いのようなものが鼻腔を撫でた。その生物は、きれいだといった後、頬を赤らめていた。その自分の恥じらいが見知らぬ相手にも伝わり、戸惑っているのだと思った。それが頬をさらに紅潮させた。

しかしヨスイは、そうした難しくも複雑でもある会話と心の交錯以前の経験にただ驚いていた。

「その美しさは、たぶんこの地上をどんなに探しても見つからないものとつながっている美しさだ」とそれは続けた。

ヨスイには、何がいわれているのか分からなかった。

「分からない、分からない」ヨスイの両の目から涙の雫が溢れ出す。留まることを知らない雪解けのように、何もかもを巻き込んだ濁流となり、ヨスイの視界を遮る。その滲んだ視野を振り切るようにヨスイは飛び上がった。

第六章　「操作」――臨床とその影

「すべての技術は事物の生成に関わる」（アリストテレス）

1　哲学と操作

「哲学というのは、日常生活のなかで無思想的に実施している存在理解を、根源的な驚きから生じてくる隔たりによって停止し、動揺させ、吟味しつつ考え抜く、という稀なる仕事を有している[155]」。

この文章は現象学者フッサールの高弟E・フィンクが記したものである。彼のこの哲学、そして現象学の定義づけに真っ向から反対するものはそういない。異論や反論が生じるのは、「存在理解」とは何か、それを「停止し、動揺させ、吟味する」という手続きがどう行われるのかの詳細を確定しようとするさいにである。

「存在者」理解ではなく、「存在」理解を扱うという哲学は、個別事例ではない人間一般の、思考一般の普遍的前提を扱うともいわれる。ここには経験的―超越論的、認識論的（⊥存在的）―

存在論的という、二項的で形式的な枠組み設定も関連する。

たとえばフッサール現象学における「時間論」という主題がどう配置されるのかを考えてみる。時間意識という志向的な認識が可能となる場そのものの時間構造を問う試みは、存在者理解ではなく、存在理解のレヴェルに対応し、その限りでフッサール現象学の時間への問いは、カントの問いにも並ぶ、普遍的な哲学的課題のようにも思える。

とはいえ、彼の時間意識に関連するベルナウ草稿の公刊が二〇〇一年、後期時間論が記されたC草稿の公刊が二〇〇六年であり、研究素材の豊富さからいえば研究はこれからといっても過言ではないのだが、試みに、日本現象学会でのフッサール時間論に関する発表タイトルの総数を調べてみると、二〇〇一年から二〇〇七年をピークに減少に転じていることが分かる。(156)

これは、時間意識に関する問題が解決された訳でも、フッサールの思索が隈なく精査されたということでもない。問いと課題は残り続けるが、単にそれを主題とする研究参入者が減り、それを問題にすることが流行外れになっただけである。

その意味では現象学という学問の営みにもホットなテーマがあり、ここに「操作(Operation)」という問題が絡んでくる。哲学的な主題は、多くの間接要因を通して操作されている。その場合、時代の要請なのか、海外の研究動向の影響なのか、あるいは単に飽きられ、展開可能性が尽きただけなのかを決定することはほぼ不可能である。この操作は、普遍度が高いとか低いとかといった問いの質に直接関連してはいない。もっと偶発的で離散的な操作が主題の背後で蠢いている。

「哲学する思惟によって日頃使いこなされているもの、哲学的思惟がそれによって貫かれているもの、といってもとくに考慮されることのないものを、われわれは操作的概念と名づける」[157]。

フィンクが提起したこの「操作的概念」が、理論構想内部だけではなく、研究活動の背後でも働いている[158]。とりわけフーコーが暴いた認識の系譜学は、そのまま研究実践や学会動向における操作の問いに該当する。それは政治性や権力性といった言説の「効果」の問題でもあり、単発の研究理論や研究発表の中には直接現れない。それを暴くには、ある程度のタイムスパンを設定したうえで言説分析をかける必要が出てくる。たとえば「現象学会の運営が現象学的に行われてきたのか」という問いを立てて初めて、その実感がうっすらと感じ取れるようなものである。学会を含む社会コミュニティの多くは、事象に中立的というよりは、もっと集団的で、組織的な利害を通じて運営されている。

哲学を、理論的思惟として構想するにとどまらず、生や生活実感の内部から展開するには、こうした操作問題への配慮を欠くことはできない。ここで問われていることこそが、実践の深度を測る問いだからだ。

フィンクはまた、「創造的思想家たちは、主題的概念を形成するとき、別の概念や思惟範型を使用している[159]」と述べていたが、これをパラフレーズすれば「創造性をめざす学的営みは研究主題を形成するとき、主題とは異なる思考や行動を暗黙裡に用いている」ということになる。そしてその蓄積が固有な社会的現実を形成する。それはフッサールやハイデッガーがテクストで何を述べたかとは直接関係がなく、むしろ哲学者が主題とするものによっては語られなかったものの方から、主題そのものを眺める感度が必要になる。

なぜこのような話をするのか？　それはとりわけ臨床実践の現場でセラピストや患者が語ったことを鵜呑みにするのではなく、彼らが語らなかったこと、語れなかったことの中にこそ、操作とともにある経験の豊穣さを発見できるからだ。それは「哲学の影」[160]であり、「理論の影」であり、「臨床の影」でもあるからだ。

2　社会構築的網目を潜り抜けて

一九五〇年代、反精神医学という運動が起こった。簡単にいえば、「精神医学における病態や病名は、歴史的な社会動向を通じた偶然の産物であるのに、それが医学化され、権威化されることで逆に病人や病状が生み出され、そうした逸脱者は隔離を通して管理される」といったことを暴露し、告発するものである。遺伝性疾患のような客観的指標がないのに病理の特定が行われる際にはどうしてもそこに暗黙の操作が働いてしまう。

こうした問題提起を精神医学にとどまらず様々な分野へと拡張し、言説分析を行うことが「社会構築主義」の関心領域である。現在はその意味で、一昔前の「心理学化された社会」ではなく、「社会学化された社会」が問題となっている。心の闇のように個人に責任を帰すのではなく、社会が個にどのような制約を課し、限界づけているのかを問うこと、流行は今や「個」ではなく、「社会」である。

そしてこの流れは、フーコーがたとえば『狂気の歴史』で「狂気」という現象が「精神疾患」として歴史的にどのように概念化され、社会化されてきたのかを浮き彫りにする試みとも地続きに接合される。

アメリカ精神医学会が発行しているDSM(Diagnostic and Statistical Manual of Mental Disorders)という精神疾患の診断マニュアルがあり、操作的診断基準だと謳われている。ここでの「操作」の含意は、多様な精神疾患の固有単位が器質的に観察できないため、一定の条件を満たしてさえいれば、それ固有の疾患単位として認定できるよう規約的に決定するという科学手続き上の要請のことである。それゆえ、先に論じた影としての操作性とは異なるレヴェルのものである。[161]ただし、このDSMの操作性が忘却され、それが実在的な病理の固定化と同一視され始めれば、二つの操作性が重複し始めることになる。

最近の出来事でいえば、DSM-Ⅲ(一九八〇—八七)で「神経症」が廃棄され、DSM-5(二〇一三)では「アスペルガー症候群」が自閉スペクトラム症に組み込まれ、消滅した。臨床データ上、重度の統合失調症者の数が減り、広汎性発達障害が増大しているという最近の知見も、これと無関係ではない。ラベリングが病理を生み出し、権威化することで、様々な偏見が社会的に構築されてきたという論点も多数提出されている。

こうした論旨に一貫しているのが、「精神疾患」や「ジェンダー」、「障害」、「性的マイノリティ」といった認定区分は、客観的に決定可能なものではなく、恣意的で偶然的な社会的操作の結果であるということだ。だからそうした操作性を暴き出し、明示すれば、疾病やジェンダー、障害に対する現実や偏見が大きく変化すると考えられている。

社会構築的視点から見れば、患者との臨床にかかわる医学関係者は、操作的に誘導された現実を無批判的に受け入れて治療行為を行う加害者側として告発される。たとえば社会学や医療人類

学等による「医学モデル」批判が、その典型である。それによると医学モデルは、

(1)病気として確定できないものまでをも個に押し込めることで治療の対象にし、
(2)その際の治療の選択肢は生物学的なものに限定され、
(3)それによって患者の生の意味や体験、社会的現実が素通りされるにとどまらず、
(4)個の治療という発想そのものの狭さにも気づくことができない、

ということになる。[162]

それに対して社会構築的立場からは、たとえば「患者」や「障害者」と呼ばれている人々は、暗黙の文化的・社会的操作による「被害者」なのであり、したがって彼らに必要なのは「治療」ではなく、社会的現実の変革、ないしは独断的見方の相対化、多様な見方の獲得であるということになる。[163]

確かに、薬物療法が主流の精神医学の臨床には、上記の批判が当てはまることが少なからずある。さらに臨床医学一般においても、たとえば患者が白人か、黒人かに応じて診断に変化が見られるという報告があり、臨床行為そのものにおける「価値負荷性（value ladenness）」も指摘されている。[164]その点で社会構築主義が、これまで問われずに来た実践的で、現実的な問いを立ち上げ、展開したことに疑いようがない。

とりわけ健常者とその能力性が、暗黙の基準として絶対視され、そこから外れるものが虐げられるという構図を浮き彫りにすると同時に、不自由な四肢といった障害を自らのアイデンティ

ティとして固有化する「差異化する身体」や、健常者をあえて降りるという「障害者になる戦略」、さらに社会の中で声を上げられなかった人たちの「当事者性の拡張」が提示されていることは、まさにその証左である(165)。

それに対して本章がここで考えてみたいことは、実践にかかわる問い、とりわけ臨床実践にかかわる問いの一切が、こうした社会構築的論点を通じて汲み尽くされるものなのかという問題である(166)。そしてこの問いこそが個体や自己の発生や生成を記述する現象学的試みにとっての焦眉の課題になる。

これに関連して科学哲学者のR・クーパーは、精神疾患を歴史的に不安定なカテゴリーに解消することで問題の収拾がつくのかという論点を提起している。彼女は、「フーコーによれば、狂気を精神疾患と同じものとみなさない、すなわち対処に最適なのが医者であるような病気とはみなさない考え方もありえた」ことを認めたうえで、以下のような見解を述べる。

「しかし重要なのは、もし歴史が違っていれば狂気について異なった考え方をしていただろうとフーコーが考えるとしても、今を生きる私たちにとっては物事の考え方を根本的に変えるという選択肢はないということだ。[…]フーコーが私たちに『精神疾患』概念をほかと置き換えるように強いることはできない。したがって、神の視点からは狂気について異なった考え方が可能であると考える点ではフーコーは反精神医学派であるとしても、私たちの現行の捉え方を他のより良いものに置き換えられるかもしれないと考えるような反精神医学派ではない。思考する者としての私たちはある特定のエピステーメに囚われているのであり、根本的な修正主義は私たちに開かれていない。〔…〕私たちは狂気を広い意味での医学的な仕方で考えるほかはないのだ」〔傍点原文〕(167)。

このクーパーの指摘は二つの意味で重要である。まず、歴史の偶然性をくまなく暴き出す透明なまなざしで物事をとらえることはできない。それはフーコーであろうが、社会構築主義者であろうが同様である。だとすれば、彼らが拠って立つ視点そのものの偶然性も無批判には受け入れられず、それを見越したうえで現状の変革が考慮されなければならない。操作性を暴き立てる試み自体が、現在の社会的操作を通じて行われているに違いないからである(168)。

次に、本章ではこちらの点がより重要になるが、医学モデル上の患者であれ、社会的操作を通じた被害者であれ、現に今苦しんでいる人々がいることは確かであり、彼らに対してどのような「かかわり方」が可能なのか、そこに選択肢はどれほどあるのかは、いつでも考慮され、配慮されねばならない課題である。

社会的な制度変革や、大衆の意識変化を誘導するには相応の時間を要する。その間も彼らは苦しみのさなかにいる。そうした彼らに対する「かかわり方」や「支援」に該当するのが、「臨床」という経験なのだと本章は考えている。clinical の原義は、ギリシア語では寝床を意味し、苦しむ人の寝床に駆け臨むことに他ならない。したがって、それを行うのが医療従事者であるか、研究者であるか、教育者であるか、療育者であるかは、本来二の次に考慮されるべきことである。むしろ人と人とがかかわる、「キュア」と「ケア」の不分明な経験の中で臨床を行うものは、どのような工夫を行うことができ、そこにどれほどの展開可能性があるのかを、ここでの問いの焦点にしたいのである。

3　実践と霊性の問題

以下では「操作性」がからむ実践の問いをめぐって、もう一つ迂回路を介在させる。それはフーコーの晩年の思考の試みである。社会構築主義の旗手ともみなされるフーコー自身が、「個」から「社会」という流れに一見逆行する「主体性」の思索の展開を行っているからだ。

病理学（pathology）という病気の発生機序を確定する学問がある。ある個体のどこかに病理があることを観察技術を用いて特定し、それが明らかになれば病気や病名という、その個体の生存上の「診断＝真理」を与えることができる。そうした考えが病理学の前提にある。ただしこの病理の指定は、個体の回復や治癒には直結しない。病気をどんなに緻密に理解しても、それは回復とは関係がない。ここに「研究」と「臨床」の、「理論」と「実践」の、「認識」と「行為」の「境界線」ないし「橋渡し」の課題が生まれる。

フーコーは、晩年の講義『主体の解釈学』の中で古代ギリシアやローマの知見を再解釈し、「哲学」と「霊性（スピリチュアリティ）」の違いを、興味深い形で定式化している。

フーコーによれば、「哲学」は「主体が真理に至ることができるようにするものを問う思考の形式、主体の真理への条件と限界を定めようとする思考の形式」のことであり、それに対して「霊性」は、「主体が真理に到達するために必要な変形を自身に加えるような探求、実践、経験」のことであるという。[169] さらに「『霊性』と呼ばれるのは、探求、実践および経験の総体であって、それは具体的に浄化、修練、放棄、視線の向け変え、生存の変容など様々なもの」であり、「それらは認識ではなく、主体にとって、主体の存在そのものにとって、真理への道を開くために支払うべき代価[170]」であるとも、フーコーは述べる。

哲学とは異なり、霊性にとっての「真理」は、認識行為を単に完成させるためにあるのではない。むしろそれに到達するために「主体は自らを修正し、自らに変形を加え、場所を変え、ある意味で、そしてある程度、自分自身とは別のものにならなくてはならない[171]」。霊性における核心は、「主体の変容」にあるとフーコーは説く。それにより真理が、「主体に至福を与えるもの」、「魂の平穏を与えるもの」となる。この「哲学」と「霊性」の区分は、先に述べた境界線とも響きあう。

さらにフーコーによれば、アリストテレスという例外を除いて、古典時代には哲学と霊性とは切り離し難く結びついていた。しかしその後、近世の認識主体の成立とともに霊性は哲学から切り離されることになる。具体的にはプラトンからアウグスティヌスまでの間に二つの分離が徐々に行われ、デカルトにおいてそれが決定的になる[172]。そして「真理はこれ以降、そのままでは主体を救うことができなくなる[173]」とフーコーはいう。

もともとデカルトの『省察』にも、単なる「論証」と「省察／瞑想（meditation）」の二重の運動が含まれていた。ここでの論証が哲学にかかわり、省察が霊性にかかわる。論証では「主体は、[…]固定し、変化せず、いわば中和化されたようなものとしてとどまる」が、省察では「主体はみずからの運動によってたえず変化させられる[174]」。同じテクストを、論証として読むのか、省察として読むのかが問題になっている。

たとえば『省察』における夢の懐疑の導入には、狂気と夢の境界を暴き出すという論証的性格以上に、「自らの思い出を、思考を心身状態を呼び起こさなければならないようなときの、実践的な優位」[175]が隠されているというのが、フーコーの見立てである。つまり「夢」という誰もが経験のある事例をあえて取り入れたということは、テクストを読み込む主体の経験を揺さぶるための変容の技法であったということだ。

にもかかわらず、論証的にテクストを読み込む傾向が強化され、霊性は切り離されてしまう。それこそが、フーコーが「デカルト的契機」と呼ぶ、「主体が『省察的訓練』から脱して、試練を経ることなしに、『それ自体で真理に到達できるようになった瞬間』[176]」である。

しかしその後、一九世紀の哲学において、とりわけヘーゲル、シェリング、ショーペンハウアー、ニーチェ、『危機』書のフッサール、そしてハイデッガーたちが「少なくとも暗黙のうちに霊性という非常に古い問題を提起」し、「自己への配慮へ再び配慮するように」なったという[177]。ここにマルクス主義と精神分析も付け加えられるが、彼らが知ってか、知らずにか目指してしまったものが、「自己の変容」である。

こうした概観を示したのちに、フーコーはこの講義で「霊性」や「自己への配慮」、「生存の技法」にかかわる理路が、ギリシア・ローマにおいてどのようにして制度的で、統治的で、手続き的な社会実践へと展開していったのかを描き出そうとしている。それらは、普遍的な倫理を指し示すようなものではなく、より良く生活し、生きるための細々とした実践と技法に結びついている[178]。そこで問題になるのは、「魂の助力《セルヴィス》」[179]である。

こうした問題系が、現代の精神医学やリハビリテーション医療を含めた臨床実践とリンクしていることは容易に推測できる。現象学者のテクストが、臨床実践に応用可能なものとして読まれているのも、「自己への配慮」、「主体の変容」という霊性の問題が含まれているからだ。

とはいえ哲学教育の現場では、テクストをどのように読み込むのか、その解釈の技術について事細かに指導されることはあっても、それを通じて自分自身をどのように変化させるかについて考慮されてはいない(180)。哲学そのものが霊性を失ってしまったからである。

それに対して、改めて哲学と霊性とを不可分にするということは、たとえばフッサール現象学でいえば、現象学的還元を単なる「論証的方法」として読解することを超えて、山口一郎が暗に強調するように、還元を生きるということの「訓練」、「自己を変容させるための訓練」として実行する必要があるということだ。

臨床とのかかわりでいえば、たとえばある精神疾患の患者が「現象学的還元」を実際に経験することで、臨床家が患者の主体に何が起こるのかを確かめ、吟味することでもある。このことは、精神科医のヤスパースやブランケンブルクが、なぜ現象学を臨床経験に結びつけて展開したのかにも関連している。

実は、ここでの問題提起には先行者がいる。その仕事が、現象学者のN・デプラズとオートポイエーシスを開発した神経学者のF・ヴァレラ、心理学者のW・ウェルメルシュによる著作『気づきの出現』(181)である。彼らは、研究者が創造性を発揮し、アイデアを展開したり、患者が精神の安定を再獲得したり、実践家が瞑想により心的経験を深化させるための訓練として、つまり自己とその経験を変容させる「プラグマティクス（実行書）」として現象学を手続き化しようと試みている。現象学を実践するセッションの組み立て方、還元への誘導の仕方等が事細かに規定されている。この試みが成功しているのかどうかは別としても、彼らが行ったことの意義はこうした問題系を背景にして理解されるべきものである。

というのも、実践や臨床の経験を記述する質的研究と軌を一にする最近の現象学の研究動向とは、相当の乖離が見られるからである。

4　質的研究における現象学的アプローチはどこですれ違うのか

定量的ではない定性的分析の筆頭として取り上げられるのが「質的研究」であり、心理学や教育、看護といった人文・社会科学系の分野で現在盛んに用いられている。それはとりわけ、医学モデル批判に共鳴するように定量的分析が見過ごしてきた経験の場所を、一人称記述を手がかりに特定することを目指している。すでに一九三二年に深層心理を探究したユングも、実験では踏み込めない経験を捉えるためにも質的記述は不可欠であり、そのことは科学的精神にも則っていると主張していた(182)。

多くの場合、質的研究におけるデータは、関係者へのインタビューであり、それを文字データとして起こしたものである。このデータは、半構造化面接等によって報告者を極力誘導することなく自由に語らせた一人称経験がつづられたものである。

質的分析を代表するグラウンデッド・セオリー・アプローチ（GTA）では、それら文字データを分解し、単位化・コード化し、他のデータと相互に比較することで共通カテゴリーや複合化する文脈を見出そうとする(183)。「グラウンデッド・セオリーが用いられるのは、その研究課題についてほとんどわかっていないとき、またその現象を説明する理論がほとんど存在しないとき、さらに研究対象となる現象のプロセスをしりたいときである」(184)とも言われるが、この理論は、自然科学と肩を並べ、同等のものとして扱われるべく、最低限の実証的方法の手続きを完備したアプローチともいえる。

このGTAアプローチとは異なる質的研究として注目されているのが「現象学」である。その際現象学は、一人称的な体験の固有性を明らかにするものであり、それは自然科学のやり方とはとにかく異なると強調される。

松葉祥一・西村ユミ編の『現象学的看護研究』では、自然科学が、分析的(部分的)に「仮説検証型」のアプローチを行うのに対して、現象学は、綜合的(全体的)に「命題定立型」でアプローチすると最初に宣誓される(185)。アプローチがそれぞれ異なる理由は以下である。「仮説検証型研究の場合は、あらかじめ研究対象がはっきりしているので研究対象に適した方法を決めることができるが、命題定立型の研究の場合、最初から研究対象がどういうものかはっきりしているわけではないので、どのような方法が適しているのかは研究を始めてみないと分からないのである。研究を行っている最中は、自分がどのような方法を用いているのかは必ずしも自明ではない。あるいはむしろ、研究方法は、研究対象が明らかになるにつれてその都度発見されなければならない。見る前に跳んでみて、あとから振り返ったときに方法が明らかになってくる(186)」。これに加え、現象学は「開かれた方法論的態度」であるとも明記される。

筆者も現象学研究者の端くれとして現象学の展開には大いに賛成だが、こうした特徴づけを目の当たりにすると、「閉じた方法論的態度」をもつと仮定された自然科学に対するアレルギー反応がここまで強いのかと逆に勘ぐってしまう。自然科学をあえて仮想敵にしないと、自らの足場が確保できないかのようにも思えてくる。というのも、科学史や科学哲学の研究蓄積を見れば分かるように、分析すべき「対象」や「方法」が明確なものだけが自然科学研究ではないのは自明だからだ。

科学の歴史を紐解けば、新しい対象が理論的に予測されて、あるいは偶然発見されて、その後に方法や観測技術そのものを完備せざるをえなくなった事例が無数にある。たとえば、物理法則だけでは解明できない分野の典型が生物学であり、分子運動の力学だけで解明できない分野が統計熱力学である。それら学問の勃興時には、何を対象にして、どのようにアプローチすればよいのかが明確に決まっていたはずがない。だとすると、上記の理由づけの一端は、科学実践にもそのまま妥当してしまう。

さらに科学者は、世界を統合的に捉えることを目的として、実証的に足掛かりとなる部分から始めるという手法を取っている。そんな科学者から見れば、現象学研究者が自らに課す、部分ではなく、総体的に全体的にアプローチするという主張それ自体の正しさが、より精確には、問題となっている事象への接近度の確実さが、何によって担保されているのかと問われることになる。発見した方法や、対象が、単なる個人的雑感や思い込みではないことをどのように示すのかは、くりかえし配慮すべき現象学の課題でもある。とりわけテクストを読んで、それを根拠にできるテクスト解釈とは異なり、実際の経験やその構造を特定する記述を行うには、どこかで吟味可能性を確保しておく必要がある。したがって自然科学とは異なる仕方であっても、仮説検証の仕組みは現象学にとっても配慮すべき課題ではないのか。

こうした言いがかりに近いことを殊更述べるのは、科学の万能性を称賛したいからでは当然ない。科学や医学には、明確すぎるほどの限界や制約がある。ここで主張したいのは、上記の現象学の特徴づけそのものが、自然科学に対する人文・社会科学的プライドのようなものに暗に操作され、現象学的とは必ずしも言えないものになっている恐れがないのかどうかだ。科学者や医学者がどのような思いと試行錯誤で、ここまで進んできたのかを、それこそ「現象学的」に捉えることができれば、上述のような安易な特徴づけにはならない。科学には科学者の現象学があり、医学には医学者の現象学もある。

もしそうした恐れが杞憂にすぎないとすれば、とにかく科学者や医学者と共同研究を行う可能性を模索し、お互いの不十分なところを検討しながら展開するほうが研究はより実り豊かになる。現象学が科学批判を行ってからすでに一〇〇年が過ぎようとしている。そろそろ次のステージに進んでもよい頃合いでである。

5　体験の深みへ、臨床経験と自己の変容

心理カウンセリングといった場面での現象学の有効活用を目指す質的研究の入門書もある。そこでは、「現象学的研究とは、研究者の目に映ったクライエントの、その人だけにしかわからないその人固有の『生』の体験について、できる限りその人自身の意味に沿って解き明かすこと[187]」として記載されている。こうした素直な特徴づけから始めても特段問題はない。本章の流れからいえば、現象学には「霊性」の問題、「自己の変容」の問題が含まれていたからでもある。その

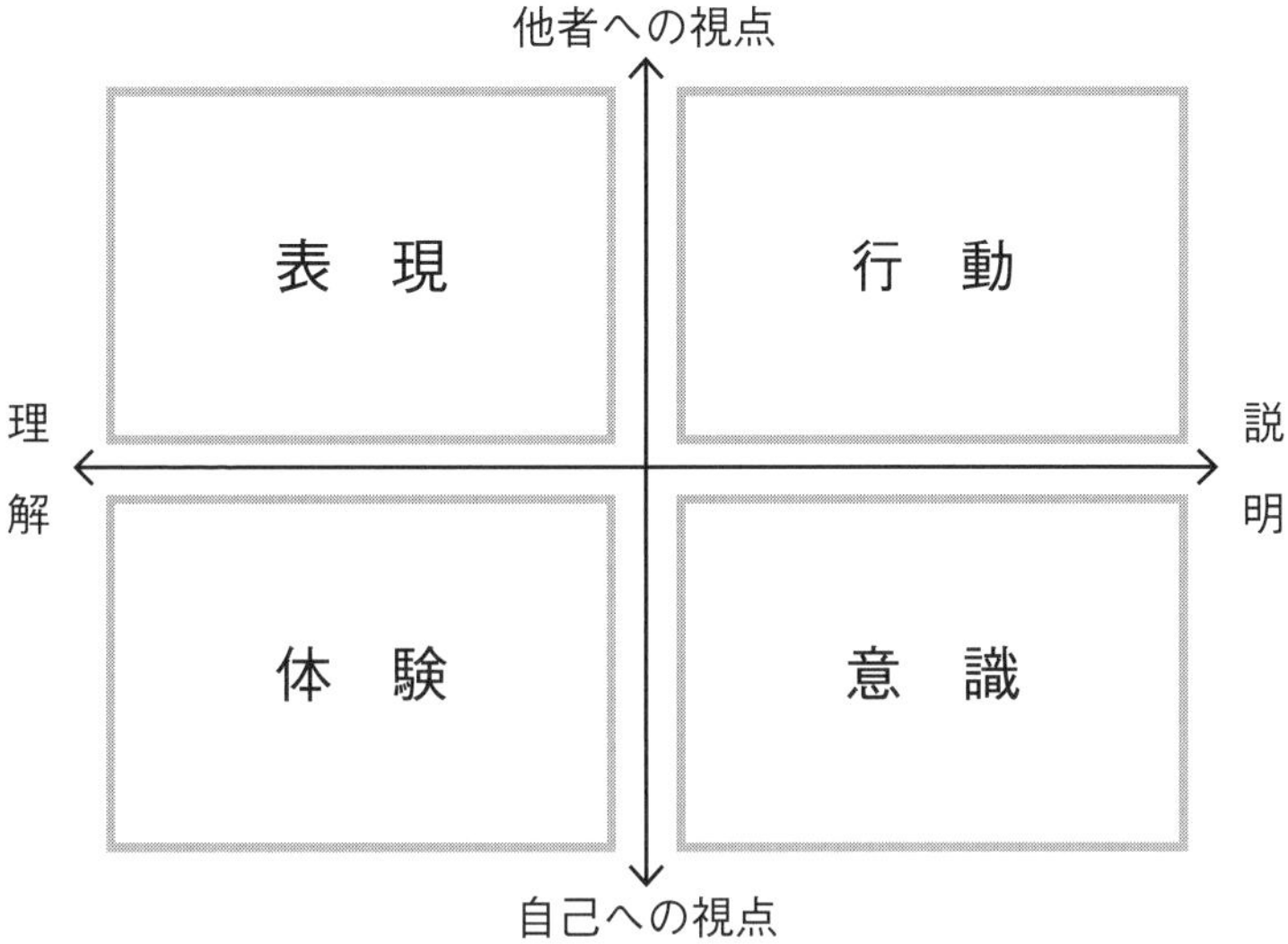

図4　図象現として現出した心理学の〈対象〉

意味で徹底的に「主体性」と「その生」から始めればよい。

心理学者の渡辺恒夫は、「質的研究の認識論」という論考の中で、図4のように心理学の対象領域を四つの象限に区分し、それぞれに固有な心理学的アプローチが対応すると述べている[188]。横軸は「理解―説明」という精神科学―自然科学の軸、縦軸は「自己―他者」という人称変化とその視点に対応する軸である。四区画における「意識」に対応するのが「内観心理学」、「行動」に対応するのが「行動主義」、「体験」に対応するのが「現象学」、「表現」に対応するのが「精神分析」として配置が与えられている[189]。これ自体は示唆的な配置である。

こうした配置を、対象区分と方法の差異として理解するにとどまらず、患者の生や体験に肉薄することを試みるのであれば、「表現（発話）」や「行動」、「意識（非認知)」といった多様な経験を手がかりとして現象学的に活用する方が望ましい。当事者研究ではない限り、他者の体験世界を特定するには、当人の認知機能の評価やインタビュー、参与観察等が不可欠になる。

むしろ現象学的探求にとって重要になるのが、それらを自然化したり、解釈したりすることで安易な判断を下さないことである。ここで初めて「現象学的還元」の重要性が出てくる。

現象学的還元は、逆説的ではあるが、「一切の還元主義に陥らないこと」として理解できる。分かりやすくいえば、人間の体験を、遺伝子や神経といった物理的、生物的な仕組みの提示(実在的理解)だけで打ち止めにしたり、性的欲望に基づくエディプス物語(物語的理解)として解釈することに終始したり、認知能力の歪み(観念的理解)や非常識な行動(行動観察的理解)を通して判定してはいけないということだ。

現象学の定石である「自然的態度」や「世界の一般定立」のエポケーは、還元主義の徹底した回避の中で副次的に行われてしまう。肝要なことは、他者が体験していること、他者の世界の現れに、健常者的な事実判断や価値判断を極力絡ませないことである。

したがって現象学的アプローチとは、患者の行動や発話、認知的理解を手がかりにしつつも、それらの価値づけを宙づりにしたまま、体験世界の深みを見出していくことに他ならない。そのことに重々留意してさえいれば、自然科学や他の諸科学の成果を積極的に現象学に取り込むことも何の問題もない。

そしてこの先で問題になるのが、たとえば患者の体験世界の記述をどのように「吟味する」のかである。私は、他者の体験世界に肉薄しているかどうかは、臨床的かかわりを通してでしか明らかにならないと考えている。そしてこの場面になってようやく「自己の変容」という霊性の問題が焦点となる。

精神科医である小林隆児と哲学研究者の西研らが編集した『人間科学におけるエヴィデンスとは何か』では、臨床経験にかかわる現象学的記述は、ダイアローグ的にしか行われず、そこでは主体的かかわりの連鎖が起きていると述べられている。「語り手の体験世界の理解と、さらに必要があればどのような支援が適切か、ということが多くの人間科学研究においては最終的な目的であるはずだが、『テクストデータをかくかくしかじかの手法で客観的に分析したら、このような結果がでてきた』という仕方で研究が行われるならば、『はたしてこの研究は、語り手の体験世界を深く理解し支援するために役立つポイントをきちんと指摘できたか』ということが十分に問われないままになる可能性がある[190]」。

これは至極的を射ている指摘である。ただ記述し、説明を与えるだけでは多義性に開かれすぎる。あるいは読み手の留飲を下げるだけで、主体の変容にはつながらない。だからこそ、記述の検証を臨床という経験の中で繰り返し行う必要がある。その意味ではインタビューデータだけを用いて、それらのテクスト解釈を行えば済むような研究は現象学として不十分の印象が強い[191]。

とりわけ臨床経験は一人では行えない。患者も患者にかかわる側も、インタビューする側もされる側も、対話を通して経験を語り、語りという表現を通して相互に影響を与え合う。リハビリテーション医療では、さらにそこに複数の身体性と身体動作が介在する。もちろん操作の問題もその現場で作動している。

たとえば、フロイトの精神分析が行っていたのは、分析家が、被分析家が語ったことやその身体的反応に基づいて構築する自らの解釈を被分析家に伝えることでどのような経験の運動が引き起こされるのか、その結果、分析家への転移関係がどう強弱を変え、身体症状が変化するのかを注意深く見守ることであった。それを繰り返す中で、自らの記述や構築を修正していくのである。

このことを臨床経験一般に敷衍すれば、様々な手がかりを通して類推された体験の記述が、臨床の中へと再導入され、それがどう変化していくのかを見極めることでもある。それは同時に、体験を共有する「主体の変容」とも相関する。主体にとっての選択肢が増え、経験の幅に変化が生まれる限りで、その記述は体験をうまくとらえているのであり、主体に何の変化ももたらされない限り、どこか的を外しているのである。[192] 現象学的な記述が、記述された人にとってどのような効果を及ぼすのか、臨床的なかかわりの中で臨床家と患者に、あるいは研究者と被報告者にどのような変化が生まれるのか、そうしたことを通してでしか記述の吟味は行われえない。[193] さらにそこには、実践の、臨床の細かな技法の数々がいまだ多く眠っているのである。

6　意識の融合

サキは、いつからか意識について考えるようになった。自分が紛れもなく自分であることに突然気づいてしまった。それはみずからを、星こわしのこれまでをふり返ることが初めてできるようになったときであり、そのことはサキをとても混乱させた。天啓のように体をしびれさせる経験であり、何かがサキの中に生まれたとしかいいようがなかった。

「これは何？」

自分の身体を形作っている何十億もの分子の何もかもが入れ替わり、瑞々しく新たになるような体験だった。手を動かすこと、つま先に注意を向けること、何もかもが初めての出来事に思えた。

しかしこれに慣れてくると、サキは別の考えに支配されるようになる。自分がこの宇宙から切り離されてしまったことに、しかもその切断は絶望的なほどに見事な切れ味となってサキを宇宙との関わりから疎隔してしまったことに気づかされたのである。

そもそも思考するのに意識などいらない。全ては演算機のように決まっていて推論は直列に進むからだ。しかしその思考が停滞し、次の思考にうまく繋がらないとき、あるいは予想できなかった出来事が行為を阻害するとき、そうした場所に意識は巣食う。だから星こわしの仕事が順調な時にサキはそんなことを考えない。意識が現れるのはいつも見極めが難しいとき、次のこわし星への移動中で特に行為すべきことがないときだ。すべてが宇宙の理に基づいて処理されていけば、どんなに楽かと思う。迷い、躊躇い、当惑、退屈、それらすべてが意識を生み出す。もう一人のサキが「どうするの?」「何をするの?」と詰め寄ってくる。サキは混乱する。意識が混乱する。星こわしたちの声がこだまする。最近はここに苦痛も加わってきた。

もし全てが歯車のように一ミリの狂いもなく動いていけば、サキの意識は消滅するだろう。しかもその時にはサキも消滅するだろう。これが良いことなのか、悪いことなのかサキには分からない。サキはこの空間の中で切り離されながら何かに見張られている。見張られているようにしておくことで、サキは自分を保っている。

第七章「ナラティブ」――物語は経験をどう変容させるか？

1　ＥＢＭと調整課題としての医療

現在、日本の医療分野では、カナダやアメリカ、イギリス医学界を席巻している「根拠に基づく医療（Evidence Based Medicine）」[194]の導入および進展が盛んである。二〇〇〇年には日本でも『ＥＢＭジャーナル』という専門誌が刊行され、さまざまな誤解を伴うＥＢＭの内実を克明にし、臨床の現実に届く行動指針となるよう、最新の知見の紹介が行われてきた。[195]

ここでいう「エビデンス（根拠）」とは、臨床試験的な根拠であり、より精確には統計的手法を介した疫学的データに裏打ちされている根拠ということである。したがって必ずしも生理学的、生物学的病態メカニズムの解明と軌を一にしているわけではない。つまり、なぜそうなるのかの機序は分からなくても、疫学的に有意なパーセンテージで患者の疾病からの回復や悪化、あるいはそのリスクが数量的に判定できる、そのための根拠ということである。ただし疫学調査が示すのは、強弱のある相関性であり、そこに近代的意味での因果は直接見出されない。その意味では、

ＥＢＭの進展は図らずも病気や疾病といった事象には必ず原因と、その機序があるという「病因論（etiology／Ätiologie）」を維持することの限界ないし極致を露わにしたともいえる。[196] あるいは、要素還元主義による近代的病因論の乗り越えである。[197]

現在の医療行為の組み立ての力点は、患者は原因が明確な病気にかかり、それを除去（治療）するという「原因療法」ないし「特定病因論」という発想から、何が疾病を引き起こすかは決定不能であり、その機序も不明であるが、統計的にリスク要因を特定し、それらを管理することで健康維持ができるという「予防医療」ないし「多因子病因論（multifactorial etiology）」へと移行している。[198]

こうした流れから、たとえばリハビリテーション医療におけるＥＢＭの確立がなぜ極端に遅れているのかの理由も浮かび上がってくる。ＲＣＴ（ランダム化比較試験）の設定が難しいというだけではない。神経系を巻き込んだ人間の複雑な動作や認知機能の再形成には、解剖的、生理的、神経的素因だけではなく、年齢、性別、性格、職業、社会環境、家族構成といった多くの変数のネットワークが介在してしまう。そのため、リハビリの臨床における治療の取り組みはおのずと、多数の仮説因子を考慮した上での「調整課題」もしくは「調整プロセス」とならざるをえないのである。調整課題とは、線形関数のような一意的対応で解が出るような問いではなく、多因子、あるいは多システムとの連動関係を見極め、効果的なポイントに介入し、調整することで、そのつどの最適解を見出すような実践的、継続的アプローチである。そのため最終的には、何をしたら、あるいはどのような段階で治癒が成立するのかが決定できないジレンマも生じる。精神科治療における薬剤の調薬はすでに以前からこの局面で格闘している。

またＥＢＭの展開は、化学物質や生体構造の変化の機序を明らかにする基礎研究と、その臨床応用の間の溝の拡大も引き起こしている。たとえば、すでに認可されている抗がん剤の多くが、臨床的には患者の生存率にほとんど寄与しないというデータや主張が出ている(199)。基礎研究におけるタンパク質あるいは分子構造レヴェルで実証される薬剤の治療効果が、細胞の集合体としての人間という臨床レヴェルでは通用しないか、副作用の増大を引き起こし、生存率の向上に寄与しないというのである。かりに生存率に差がないとすれば、患者の今後の生き方（ＱＯＬ）に配慮した上で、抗がん剤を用いるか、用いないかの選択肢を臨床データの提示とともに患者に提供する仕組みが必要になる。この局面でもすでに医療行為は調整課題である。

2　ナラティブという経験

臨床医療にかかわる問題を扱うさいに「その臨床にエビデンスがあるのか」と問うことは、正しい問いかけなのか。あるいは、そうした問い自体にエビデンスはあるのか。こうした問いの設定はすでに、エビデンスとは独立に、一種の権威や脅し、ないしは単なるジョークのしるしを帯びた問いに変質している。このようなトリッキーな問いをあえて立てるのは、九〇年代以降の先進国的な医療の展開に、グローバル化し、既成事実化する「ＥＢＭ物語」への盲信が隠されているのではないかという素朴な疑問があるからである。

疫学的データは患者の個体差を平均化する中で獲得される。そこにおける患者は確率的存在であるが、実際に病気として診断される患者は、それをきっかけとして「生」そのものが分岐してしまう現実的存在である。アリストテレスが、医術の普遍性を否定したのは、医者は健康一般を作り出すのではなく、個体としての人間の固有で具体的なそのつどの健康に配慮せねばならないからである。(200)

どんな医療も個体としての人間の健康にかかわらざるをえない。しかしそのための指針は疫学的データからは直接出てこない。さらに、現状においてエビデンスが確保されていない医療分野ではどのような臨床の組み立てを行えばよいのか、最適な治療はどのようにして選択されるのかも、エビデンスからは出てこない。(201) それゆえ上記の問いは、今後の医学や医療そのものの可能性と限界にかかわる問いでもあるのだ。

医療サービスは、エビデンスが確立されていないからといって止めることはできない。現在の医学研究でEBMが確立されている領域は二割から三割との報告も出ている。また、米国の内科学会に掲載された論文のメタアナリシスの結果からは、実証されたエビデンスの耐用年数は五年前後であるとの見積もりも出ている。(202)

そうだとすれば、EBM以前、あるいはEBMの枠内に入ってこない医療は、EBMとは異なる現実をもっており、それ固有の科学的プログラムとして設定可能でなければならない。エビデンスは科学性の保証の裏返しとして、その一時性、反証可能性、訂正可能性にさらされている。そしてこのこと自体は、科学が健全であることの指標であり、そこに問題はない。むしろその忘却が医療への盲信や権威化に展開しがちであることが問題となる。

EBMの確立という至上命題が、現代医療がグローバルに共有し、それに便乗するひとつの物語であるとしても、その効用が絶大であることに疑いはない。多くの資金や人、資源が、それに応じた社会的再編に巻き込まれている。

ここでいう「物語」とは、「何らかの出来事の発端が遡及的に見出され、そこから意味の系列が再編、展開されることで最終的に現在の出来事に到達する、一連の有意味な経験の説明枠のこと」と定義しておく。[203] ある人が病気にかかることは、病の深刻さに応じて人生の分岐を引き起こす。病は、病人とは独立の生物学的実在ではなく、当人と医療関係者、周囲の人々、社会環境を巻き込み、彼らによって語られる「物語」の発端となり、一部となる。あるいは、共有された「病」はすでに物語の構造によって浸透されている。

このような医療従事者―患者関係における「意味のある物語」の共有および構築は、EBM至上主義と並行的に、NBM（Narrative Based Medicine）もしくは単にNM（Narrative Medicine）という医療的立場として注目され始めている。[204] ナラティブ・アプローチは、医学が特定する疾病が、これまで生物学的な領域に限定され、その枠内だけで済むと過信されていたことを告発する。それはまた、前章で扱った「病」や「障害」という経験が「言説的」、「社会的」に構成されていることを強調する立場（社会構築主義）から派生する臨床応用事例のひとつでもある。[205] 哲学分野でいえば、患者や医療従事者という当事者の「語り」、もしくは「インタビュー」から臨床の現実を物語化し、「隠された意味」や「主体の形成」を論じるナラティブや看護の「現象学」が現れてもいる。[206]

ただし、当事者の語りを重視し、そこから言表を組み上げ直すことで当人の現実を再構成する手法は、図らずも精神分析が培ってきた臨床経験へと近づいていく。[207] そこで構成される物語は、当事者（精神分析では被分析者）や、その経験を共有するものにとって、自らが語らずに行ってきたことの意味的再編ないし、そこからの距離化のためのきっかけになり、経験を持たないものにとっては病者や医療従事者の現実の一面を垣間見るためのきっかけとなる。そして、そこまではよいのである。問題は、そうした試みの多くが、次の臨床の経験へとどのように「接続」されていくのか、そして患者や医療従事者の経験の「変化」にどのように開かれるのかの検討がなされずにとどまることである。仮にこの局面に分析的まなざしが届かなければ、事後的説明の文学的読み物になってしまう危険が多分にある。あるいは、記述的吟味を拒む神秘化に一気に傾いてしまう。そうした批判を避けるためにも、ナラティブ・アプローチないし物語の経験は、(1)臨床経験での種々のシステム的連動関係に働きかける効用として、どのようなモードをもつのか、そして(2)当事者の体験世界の変容や拡張という経験の変化可能性とどのように接続しうるのかという追加の問いを設定する必要がある。それはまた、物語の経験を、物語ると同時に異なる経験の運動に連接していく「遂行的物語」として理解することをも意味している。

3　物語／意味の効用

ＥＢＭの確立に欠かせないＲＣＴおよび二重盲検法による統計データは、薬剤や施術法の有意性を保証すると同時に、排除されるべき「プラセボ効果」をも実証している。つまり、制御困難さが付きまとうとはいえ、被験者によっては偽薬であっても一定程度効いてしまうという現実がある。その効果が単なる思い込みであったとしても、思い込みで痛みが緩和したのであれば、そこには必ず生物学的、神経学的、生理学的変化が相関している。(208) プラセボ効果の心理・生理的メカニズムについては、「エンドルフィン経路」や「生化学的ストレス経路」というように、いくつかの仮説が出ているが、いまだ解明に至ってはいない。(209) というより、六〇兆もの細胞の集合である人間は、何が直接原因となって治癒効果が出たのかという問いそのものが無効になる複雑さを備えている。にもかかわらず、痛みの軽減、高血圧患者の血圧低下、糖尿病患者の血糖値低下、悪性腫瘍の退縮、炎症の緩和、踵骨棘やバニオンの消失が起こることが報告されており、その逆である「ノシーボ効果」も容易に生じる。

物語の効用のひとつは、この生化学反応への間接影響である。(210) たとえば腹部の外科手術を受ける患者を二グループに分ける。一方の統制群は、手術前に通常の麻酔医の訪問を受け、病歴の調査と医学的検査を行う。それに対して実験群には、同じ検査とともに、麻酔医から「術後は誰でも痛みが残りますが、その痛みはむしろ正常であり、当然予想されることです。痛みを軽減するには、楽な姿勢をとったり、腹部を抑えながら咳をするというように、いくつかのやり方がありま す。耐えられない場合は、医師の方で強い鎮痛剤の処方もできます。こちらは看護師も含めて全面的にバックアップしますので、いつでも遠慮なく言ってください」というメッセージが伝えられる。

こうした対応の違いだけで、術後に処方される鎮痛剤の量が、実験群では統制群の半分に減り、実験群のほうが統制群よりも平均二日早く退院するという変化が生まれる。(211) プラセボ効果は、偽薬の有無とは関係なく成立し、患者が、意識的にであれ、無意識的にであれ、病と外科手術をみずからが生きる物語としてどのように意味づけるかに応じて変化する。

この例では、術後の患者の変化を誘導するために「正常性への偏向」と「状況のセルフコントロール」という二つの戦略が用いられている。前者は、痛みが誰にとっても起こりうる出来事であり、順調に回復に向かっている兆候であるという認識を与え、後者は、当人が取りうる選択肢によって事態をいつでも調整、改善できるという自己認識を与える。これらが事前の予測枠となって患者の経験のうちに、術後の緊張を緩和し、不用意なパニックを避け、不安や恐怖といった感情の動きを抑制するための制御変数を作り出している。そしてそのことが同時に、生理的、生物学的身体との連動関係を間接的に変化させると予想される。ここでの物語はその意味でも、単に教訓や寓話として読み聞かされるようなものではなく、経験と行為を再組織化するきっかけとしての「遂行的物語」とでも呼ぶべきものとなる。(212)

医療従事者として「患者の経験に寄り添うこと」、「患者の経験を動かすこと」、「患者の経験に巻き込まれること」といったすべてが、物語を媒介しつつ、治癒プロセスに非線形的に関与する。そこには、表出される言動の背後で作動している、「まなざし」や「声」、「語気」、「呼吸」、「身振り」、「立ち振る舞い」といった多くの非意識的な変数が関連している。(213) 上述のメッセージを、患者の目を見ずにぶっきらぼうに伝えれば、それ相応の反応が生まれないことも確かであろう。(214) つまりそれらは、言語使用や意味内容を超えて、経験の非意識的裾野にまで浸透する対人プロセスの駆動要因であり、発汗や血圧変化、血糖値の変動をコントロールする自律神経系や内分泌系と密接かつ間接的に連動する。

なぜ単なる「意味」や「物語」がそうした効用をもつのか。この問い自体はとても厄介で、解明を当初から拒むような性質をもつ。たとえば、この薬は絶対に効くと自分に言い聞かせて飲んだとしても、それで効き目が出るわけではない。それは怪我をして痛んでいる部位を見ながら、痛くない痛くないと念じても痛みが緩和されないことと同じである。にもかかわらず、信頼のおける他者にこの薬は効くと勧められたり、種々の外因的きっかけが複合化することで、意図せぬ効用が発動する。

おそらく物語は、「心的システム」に閉じているだけでは効果が限定される。[215] また薬効等については経験の実感をともなう過去の履歴ネットワークが関与している。しかもその場合は、他者にすでにその薬効を口外し、物語の共有ないし強化を試みている可能性もある。あるいは、普段より高価な薬を買ったという「経済システム」への参与履歴も考えられうる。その意味でも物語は、社会システムのコミュニケーションとして産出され、断続的にであっても産出されつづけることで、心的システムの意味の実感と連動している必要があると予想される。遂行的物語では、当初より複数のシステムの連動関係が成立している。周囲から顔色が悪いと言われたことで、本当に体調が優れなくなることはよくある。また、同僚の一人にそっけない反応をされただけで、社内全体が自分を排除するよう画策しているという筋書きが読み込まれることもある。こうした事例では、「社会システム（コミュニケーション）」、「心的システム（心的意味とその実感）」、「生体システム（生化学経路、神経システムを含む）」という三つのシステムの複合連動が想定され、その中で固有な物語が遂行されている。[216] それらシステムは単純因果で結ばれることはありえないが、やむを得ない簡便化として考慮してみても、次の六つの線型連動パターンが挙げられる。

どのシステムを起点とするかで構成される物語は変化する。［1］生体システムを起点とするものは、生物学的医学が提示する「病」の出現という物語である。［2］心的システムを起点とするものは、個人が感じ取る病の出現であり、［3］社会システムを起点とするものは、社会環

［1］生物医学的物語とその変化

［1‐1］生体システム→心的システム→社会システム（各種疾病、病覚あり）

［1‐2］生体システム→社会システム→心的システム（各種疾病、病覚なし）

［2］個人的病の履歴とその変化

［2‐1］心的システム→生体システム→社会システム（身体表現性障害）

［2‐2］心的システム→社会システム→生体システム（適応障害、強迫性障害）

［3］社会的病理とその変化

［3‐1］社会システム→心的システム→生体システム（環境ストレス、病覚あり）

［3‐2］社会システム→生体システム→心的システム（環境ストレス、病覚なし）

境に由来するか、社会が構成する病の出現となる。

ナラティブを活用するセラピーがその効用として用いている連動関係は、［2‐2］の「心的システム→社会システム→生体システム」および［3‐1］の「社会システム→心的システム→生体システム」である。より精確には、［2‐2］という個人的思考の習い性を、［3‐1］の社会的コミュニケーションの場で共有し、コミュニケーションのかたちを変化させることで、心的システムの意味の実感を書き換え、心的システムの動きのパターンを別様に組織化することであろう。ナラティブ・アプローチでは明確に語られないが、そのことが結果として生体システムへの間接的変化も引き起こしている可能性が高い。物語経験についての現象学的分析はこうした局面において、心的システムと社会システムの連動のモードを発見し、連動関係そのものに変化を与える手がかりとしての体験世界の記述へと入り込むことになる。(217)

4 遂行的物語

システム間の連動を貫くようにして体験される物語が、遂行的物語である。それは、当人が意識的、意図的であることとは関係なく、併存する複数のシステムへと新しい変数を提供し、間接影響を与えることが条件となる。それは同時に、その意味的文脈とは独立に当人の体験世界の変化につながるものである必要がある(218)。病の経験を、遂行的物語として実行することは、それを体験するものが、みずからを別様な経験へと開いていくきっかけを手にすることを意味する。ナラティブ・アプローチにおける語りとその物語は、患者が語ることを他者が傾聴し、新たな物語として語り直すというプロセスを何度も潜り抜けさせる中で、当人の経験に新しい変数を出現させ、体験世界の再組織化へと届かせようとするものである。遂行的物語がどのような機能モードをもつのか、以下で検討する。

①問題の外在化(219)

ニーチェが自分の痛みを「犬」と呼んだように、病の辛さや問題現象に名辞を与え、他人に共有してもらうことは、それら病的経験から一歩距離を取ることを可能にする(220)。

何が当人にとっての問題であるのか、問題そのものの構造を社会システム内で浮き彫りにすることが、ナラティブ・セラピーでの焦点となる(221)。それは、隙間のない感情の動きに対して、別種の感情の動きが起こりうる余地を開き、増幅した感情が注意を変質させていたことにも気づくきっかけとなる。この場合、「問題そのものを外在化する」ことに力点があるのであって、その原因を追及することが求められてはいない。原因の追及は、それが当人の内面に及ぼうと（原因の内在化）、当人とは異なる外的なものに及ぼうと（原因の外在化）、どちらであっても、自分や他人を責め立てるように感情を動かすことで、むしろ問題を強化する。原因を理解すれば、疾病や症状が改善されるという保証はなく、むしろ安易な原因の除去は、別の新たな原因を出現させ、問題をより強固で厄介なものにする。[222] ここでも病因論的アプローチはほとんど役に立たない。重要なのは、原因を追及することで問題を解決するのではなく、事後的因果の思考構造そのもののかたちや、問題に固着する感情の動きを変えることで、問題そのものを矮小化し、解消してしまうことである。

②語りの二重作動

信頼のおける相手に、語り手がただ語りつづけるだけで、そのときの困難な局面を通過してしまうことがある。語り手は、話の内容を正確に伝えたいのでも、何か適切な助言を受けたいのでもない。いわゆる愚痴である。

問題を共有して解決に向かうのではなく、ただただ言いたいのである。したがって場合によって聴き手は、話を聞かずに、適度な相槌を打っているだけでもよい。「ただただ語りたい」という経験の実行では、他者にその場に居合わせてもらうことで、語り手は語りながら、語りの内容とは独立の経験の組織化を行っている。[223] キリスト教的な告解も、精神療法も、この語りの二重作動を部分的に活用してきたはずである。

何かを思い出して語るというより、とにかく言葉を絶やさないようにして語るなかで、むしろ記憶が誘発される。というより、誘発された記憶はすでに言語的に分節化された異なる記憶になっている。こうした語りを行うことで、(1)記憶に言語的なまとまりとしての区切りと再配置を与え、(2)感情を再度呼び起こしながら、語られる物語に釣り合う感情の作動へと誘導し、(3)それに応じた緊張の解除とその感触をつかみ、(4)傾聴してくれる相手への信頼の確認を行う、といった多くの経験が同時に実行されている。語ることには、事柄の深刻さに応じた、速度や強度、あるいはそれらの適切な分配がある。内面にうごめく過剰な経験の運動を、それに見合う音と記号の連続的排出という強度的、速度的経験に変換することは、発話以前の小児の経験にも含まれている。

③遂行的筋書き

物語には、結末へと向かう筋書きがあり、その筋書きには特定のタイプがある。どのような筋書きが選択されているかで、システム間の連動の仕方が変化する。股関節骨折をして、リハビリ訓練を行う高齢者へのインタビュー調査と、その後の回復度合いの相関を分析したデータがある。(224) インタビューを行ってみると、病を意味づける患者に異なるグループがあることが判明した。一方のグループは、骨折という問題を特に気にもせず、自分ではどうにもならない災難だったと屈託なく話せる群であり、もう一方のグループは、骨折の問題を自分の内面に関係づけ、それが元来の気質によるものだと深刻視している群である。これら二群の六か月後の歩行機能の改善状況を追跡調査したところ、病の意味づけを、自分の内面とは独立の災難として受け入れている群が、圧倒的な良好さを示した。一方のグループは、病を、自己の制御を外れたところからやってきた事故のように事実記述する傾向があり、他のグループは、病をきっかけに過去の生活を含めた人生の履歴を反省し、消極的に記述する傾向がある。[225] このような物語の筋書きの違いが、どのような機序で回復プロセスに関与しているのかは依然不明であるが、病の経験を経たのちの「レジリエンス（回復力）」に関連することは確かである。[226]

心臓発作とガンから生還した社会学者A・フランクが述べているように、選択される物語には、「混沌（chaos）」、「回復（restitution）」、「冒険的探求（quest）」といったタイプを指定できそうである。[227]「混沌」の物語では進むべき指針の一切がないまま、病的事態が進展し、主体はそれに振り回される。「回復」の物語では、「理想的な健康」が医者等によって外挿され、病因の除去とともに、そこへ収束するように回復が達成される。多くの病はこの物語として実行され、それによって見通しと安心感が提供される。そうはいっても、慢性疾患や完治の見込みがない重篤な病も存在する。その場合、回復や完治は選択されるべき結末ではなく、収束ポイントがそもそも存在しない。

それでもなお自らが変化し、経験を拡張するように多くの因子を調整しながら前進する経験プロセスがあるとすれば、それが「探求」の物語となる。それは、何が起きるか分からない偶発的な現実を悲嘆することも、過信することも、臆することもなく、生きることの中に細かなまなざしを向け、経験が一歩でも前進することだけを日々の希望として行為する、そのような生き方である。[228]

様々な苦痛に苛まれたニーチェは、生きることがすなわち航海を伴う冒険であるような生を選択することで、「大いなる健康」に達すると述べている。(229) どのような物語が遂行的に実行されるのかには、当人が選択してきた生き方の「履歴」が関連しており、遂行的な筋書きに応じて、経験と行為の選択の幅に拡張ないし縮小が起きる。

テロ攻撃等の人災や自然災害、あるいは病死によって親愛な人を喪失した人々がPTSDを発症する割合は、最大でも集団の三割ほどに抑えられるという報告がある。(230) その場合、七割近くの人にとって悲劇の意味づけは、混沌でも、回復でもなく、探求の物語として実行されている可能性がある。あるいは、いつでも多様なタイプの物語に接続可能な経験の自在さがおのずと習得されていると思われる。(231)

先に物語の効用として「正常性への偏向」および「状況のセルフコントロール」について指摘した。これらも物語の筋を決め、心的システムの実感に働きかける固有の変数である。とりわけ「状況のセルフコントロール」は、「生体システム」と密接に連動することが実験的にも実証されており、精神科医のルモワンヌが、このことを示す実験を報告している。まず、全体の半数のラットに定着するように悪性腫瘍細胞(ウォーカー二五六肉腫)を皮下注射で移植した後に、それらを三群に分ける。第一群は統制群であり、平穏な状況のゲージに放置する。第二群は回避行動がとれないようにしたまま電気ショックを与える。第三群には、電気ショックは与えるがペダルを踏むことでショックを回避できる仕掛けをしておく。第三群の電気ショックの解除は、第二群のショックも中断するようになっている。つまり、二群と三群は完全に等量のショックを受けている。一月後、すべてのラットの組織検査を行った結果、腫瘍の定着率は、統制群五四パーセント、二群六三パーセント、三群二七パーセントであったという。(232) この結果は、環境状況およびストレスに対するセルフコントロール能力の行使とその効果の実感が、腫瘍の定着に対して何らかの働きを誘発するらしいことを示している。この場合、マウスが「意味のある物語」を、つまり自分に降りかかる困難を克服するという物語を経験していたかどうかはどうでもよい。むしろ重要なのは、環境の変化ないしそれに基づくストレスの制御を、予期を含んだ行為の再組織化の結果として実行できることが、生体システムの健全さに大きな役割を担っているということである。ここでは、「意味」や「物語」の一歩先にある経験と行為の組織化の問題が暗示されている。

5　物語を超えて——臨床という現実

社会構築主義は、病や障害を社会的、文化的、歴史的な産物と捉える。それには相応の理由があり、フーコーが発見したように、言説ネットワークの履歴を縫うようにして現実が出現する、そうした場所は確かにある。(233) 事実と呼ばれるものは、根の深い共同主観的な社会ネットワークの中で構成され、それとしてすでにナラティブに浸食されている。そこでは、私たちの「身体」さえも社会的産物に還元されている。病にかかるのも、障害をかかえるのも、社会的産物としての身体であり、社会の意味づけや物語が変化すれば、病的な身体それ自体も変化する。

しかし他方で、本当にそれで「生きた身体」の問題が汲み尽くされるのかという素朴な疑問は残る。むしろ、そこにも現実の喪失の一種があるように思われる。純粋に解剖学的で、生理学的な身体が存在しないのは、医療制度と医療技術の進歩という社会的履歴の恣意性と操作性がそこに浸食しているからである。また、病や障害の意味を変え、行為連関の再編を行い、社会への参与ネットワークを拡充する、そうした遂行的物語も確かに存在する。ここまではすべて認めうることである。しかし、そこでの現実は、たとえば片麻痺患者の動かない手を動かすことにどれほど貢献しうるのか。あるいは、麻痺した身体の廃用といった二次障害を避けることにどれほど寄与するのであろうか。

動かない手に様々な意味を重ねることはでき、その四肢では参与できない社会的枠組みの偏狭さを批判することもできる。そしてそこから、社会制度や世間一般の意味理解そのものの変革を促すことも当然可能である。とはいえ、病の経験とは本当にそうしたことだけで解消可能なのか。あるいは、大腿部を骨折したアスリートが、解剖学的、神経学的処置が首尾よく行われた後でも、以前のパフォーマンスが戻らず、自らの身体感覚の違和を感じつづけているとき、その変容した体感は、意味や物語を通じて再度変化するのであろうか。ナラティブが運動機能の変化に何をなしうるのかはほとんど謎であり、それは、統合失調症圏や自閉症圏の経験にとっても同様である。(234)

手のリーチング動作の改善や、廃用の回避、自己体感の再形成は、リハビリテーション医療の課題である。おそらく身体の課題をこのように設定すると、それはパーソンズ流の「機能主義」やパース流の「実用主義」であるという批判が構築主義からは持ち上がると思われる。つまり「病」や「障害」は、社会的、制度的枠組みが要請する「正常からの逸脱」という基準で振り分けられた言説的産物であり、それに気づけないことへの無知さが指摘されるのである。とはいえ、本当に深刻な問題とは、社会ネットワークへの参与の要求基準や、正常発達という統計的かつ外的な基準に適うかどうかで、身体の「機能」や「実用性」が設定され、判定されていることではないのか。

そもそも呼吸や嚥下、歩行、走行といった基礎的な身体動作は、社会的に要請されて発達するのでも、基準を外部から当てがわれて発達するのでもない。むしろそうした行為は、子どもがみずからの経験を展開するさいにおのずと習得してしまう副産物のようなものである。その副産物を、結果として「機能性」や「実用性」と呼んでいるのが現状である。とすれば、副産物としての機能に到達する以前であっても、そこには豊かな身体経験が隠されており、そうした経験は、いまだ機能ではなく、機能障害でもない。

社会制度や言説とは独立に作動する身体性のレヴェルがある。(235) そもそも言説の水準には出現してこないまま、世代を超えて受け継がれるような身体性である。システム的には、社会システムや心的システムと連動しつつも、独立しても作動可能な「身体(動作)システム」の形成と発達である。そうした身体だけが出会う「環境」も当然存在する。光や重力、大気、湿度、大地というのが、その形成要因であり、それらの「経験」は、現行の自然科学的手法では届かない、身体と浸透し、相即する体験世界を記述する現象学のフィールドとなる。

身体のリハビリテーションは、こうした経験の場から、新しい自己になるための手がかりを見つけ出し、経験を複雑化し、拡張させる試みである。遂行的物語は、こうした経験の前進を促進する変数の一つにすぎない。外側から押し付けられる基準や枠とは独立に、当人にとってのより生き生きとした呼吸の仕方、より生き生きとした歩行の仕方はある。当人とその生が、たとえ一歩であっても、前進し、経験を豊かにすることで、自らを常に新しく世界に開いていくこと、そして自己と身体の変化が、世界や環境の変化と相即する場所を見出すこと、それが現象学におけ

る「超越論」という課題の設定であり、同時に臨床の現実に即した課題の設定となる。(236)

7　交差する邂逅

ヨスイはあるとき、奇妙な動きをする小さな星を見つける。それは他の星のように周期的な軌道をもっていなかった。そこまで詳しく追跡したわけではないが、あたかも他の星の重力の歪みに引きつけられるように突然それまでの軌道と速度を変える運動を繰り返していた。そんな星を見たのは初めてであるが、広大な宇宙では何が起きても不思議ではないことをヨスイは知っている。だが、さらにヨスイを驚かせたのは、そのアノマリーが近づく星は、ヨスイがいずれ降り立とうと狙いをつけている星ばかりだった。

「導きの思念が似ている」とヨスイは考える。「似てはいるが、思念の速度は若干自分の方が早い」

理解できないものに対して、思考を続けることが時間の無駄であることにヨスイは気づいていた。

「いずれ思念の速度が圧倒的にズレ始める。それまでは放置してもいい」

ここから離れた位置に氷に覆われている星があり、そのサインはもう崩壊が間もないことを伝えていた。

「行かなくちゃ」ヨスイが立ち去ろうとするとき、何か声のような響きがヨスイの体を震わせた。ヨスイはとっさに移動をやめ、耳を澄ませる。

「ここにいる」

ヨスイには確かにその声が聞こえた。そしてさざ波がヨスイの指先から全身に広がるようにして、何もかもが明らかになった。

「そのときになれば」とヨスイは答える。が、その声が誰かに、何かに伝わったのかを確かめる術はどこにもない。ヨスイはしばらくの間、表情を堅めたまま見つめ返すものなき闇を睨み続けていた。

第八章「プロセス」――「臨床-内-存在」の現象学

1 臨床という経験

どのような経験であれ、そこに入り込むための最良の仕方は、明確になっているかぎりでの経験の境界と位相を、システムとしてあらかじめ輪郭化しておくことである[237]。たとえばナラティブという経験は、言語による表出を基本とすることから、コミュニケーションを要素とする「社会システム」の作動として特徴づけられ、その物語の意味や表象をどのような実感として受け取っているのかが「心的システム」の作動となる。

相互は密接に連動し、浸透しているが、どのように連動するのかに応じて、浸透のモードに変化と差異が生まれる[238]。その場合、この変化ないし差異が、他の相即するシステムに対して間接影響を与えると仮定できる。たとえば、ある物語を心的システム内でどんなにくりかえし産出しても、そのことが直ちに「生体システム」としての自律神経系や内分泌系の質的変化にはつながらない。しかし、社会システムとの浸透の度合いが変化することで、生体システムの作動に変化が生まれることがある。前章で扱ったようにナラティブという経験の活用は、この連動関係の変化と調整を基本としている。

ナラティブ・セラピーや認知行動療法、各種精神療法も含めて、それら臨床上のターゲットは、従来の神経症圏の病理、あるいは感情・情動・気分性の障害である場合が多く、言語コミュニケーション能力も一定水準に達している必要がある。同様に、臨床医療全般がナラティブ・アプローチですくい上げようとしているのも、患者の苦しみや不安、痛みといった感情要因と、それにまつわる社会・倫理要因である。言語を介した患者の「心的システム」への対応が優先されているからこそ、各種心理療法、精神療法であり、ケアである。

それに対して重度心身障害者へのナラティブ・セラピーがどのような可能性をもつのかを検討した試みはほとんどない。精神科医の十川幸司も述べているが、精神分析では、器質性疾患や一部の内因性疾患という生物学的素因にかかわる疾患は治療対象外である(239)。つまり、運動障害や外科手術が必要な器質性疾患は、ナラティブとは異なる現実に属しており、それら病や障害について患者が感じ取る感情や情動の作動に関して、ナラティブは一定の有効性をもつ。あるいは、運動障害にさえ働きかけるナラティブがあるとすれば、それそのものが探究され、開発されていかねばならない。そこには、声のトーンや強度、リズム、運動イメージ、触覚イメージ、オノマトペの活用といった経験の襞に踏み入る膨大な問題が含まれており、その射程がどれほどの広がりをもつのかさえ定かではない(240)。

基本的に、感情の問題は感情を動かすことでしか対処しえないし、運動の問題は運動を通じてしか対処できない。これは実践能力の大原則である。ただしそうであっても、あるいはそうであるからこそ「言語」や「認知」、「思考」、「記憶」、「気づき」、「注意」、「内感」といった異なる経験を間接的に活用することが不可欠となる。

運動療法が介入する身体は、言語化され、言説化される身体ではない。そうした部分があるにしても、運動機能からは測定誤差に入ってしまうほどの影響力しかもたない。そもそも運動機能の変異は、コミュニケーションを通して起きている現実ではないからである。かりにそうであるとすれば、それは社会システムや心的システムといった異なるシステムの機能不全から身体の動作不全が間接的に引き起こされているだけである。そのような病理も確かに存在する。それはたとえば、中枢神経系障害による「麻痺」と「無視」の違いに対応する。動作不全が、「感覚麻痺」で起きている場面と、注意や記憶という高次認知の変質である「無視」ないし「否認」によって起きている場面は、全く異なり、臨床上の介入ポイントも別様となる。上記の問題は第一〇章での主題となる。

こうした細かな経験の差異に入り込むには、たとえば「動作システム（動作単位の連鎖系列）」や「内感システム（固有感覚・深部感覚）」を、「生体システム」とは異なる「身体の固有システム」として新たに設定した方がよい。固有システムの設定は、事象的正しさの追求よりも、臨床的な介入ポイントの複数化を可能にする戦略である。事象的な吟味は、臨床的かかわりの成否に応じておのずと行われる。

患者の心的表出に一切変化がなくても、動作の系列が変化してしまう場合があり、その逆も起こりうる。つまり、動作やその他の行為連関に一切変化がないのに、当人だけが「変わった、変わった」と自嘲気味に主張を繰り返すのである。リハビリテーションや精神医学に長く携わるものであれば、動作や行為の再組織化が当人の意識や認知とは独立に起きてしまう事例に遭遇することは多々ある。

臨床という経験は一人では行えない。そもそもの初めから臨床空間には、他者関係、権威関係という社会的素因が織り込まれている。人はその空間に入り込むだけで、この関係のネットワークに身を置くのであり、そのため一挙手一投足が固有システムへの間接影響因となる。その結果、臨床空間では、コントロールされた知の網目をどのように配備しても、それをすり抜ける経験の運動が出現してしまう。そして、それこそが臨床の自然である。以下ではそうした複雑さを消去することも、圧縮することもなく、「臨床 - 内 - 存在」の現象学を展開したい。そのさい主な手がかりとするのは、リハビリテーション医療と精神医学の臨床経験である。

2 プロセスという経験

臨床経験は「プロセス（過程）」の連続である。それは経験の運動と推移からなり、変化を伴っている。だからといってプロセスは変化ではない。むしろプロセスは、変化のさなかにありながら、経験のまとまりを作り出している当のものである。ただしそれは外部からあてがわれる全体でもなければ、内的な規則に応じて組織されるのでもない。たとえば、知覚プロセスには一連の変化が伴っているが、現れる対象が変化しても知覚というプロセスの同型性は維持される。しかし「知覚」が唐突に「想起」のプロセスに移行した場合、プロセスそのものの局面が変化する。その意味で、「プロセス内の変化」と「プロセス自体の変化」は経験の次元が異なる。（241）

また、経験の許容度あるいはシステムの数多性に応じて、異なるプロセスが併存可能であり、いくつもの「訴訟（Prozess）」をかかえる人がいるように、同時進行することもある。プロセスとプロセスの連結部では、同質の変化に変化を重ね合わせるだけでは到達できない「質的不連続」が伴う。ただしこの不連続性は、「知覚」と「幻覚」の同時進行が起きるように、当の経験を生きるものにとってはなだらかに接合される場合が多々ある。村上春樹の『1Q84』では、警官の制服の軽微な変更と新聞記事のささいな見落としへの気づきが指標となって、ある世界から別の世界へと主人公の経験が接木されている(242)。

何もかもが変わってしまっているのに、プロセスとしての世界を生きるものには、そうした指標以外の変化が感じ取れない。プロセス自体の変化が、プロセス内の変化として縮約されることは、妄想性経験ではごく普通のことである（**臨床原理①：プロセスの変化はプロセス内の変化に縮約される**）。

こうした局面は、コンラートの初期分裂病の区分では「トレマ期」に該当し、そこでは世界そのものの変化ではなく、世界内の作為的な変化への気づきが亢進する(243)。また、重度片麻痺患者の上肢の治療訓練をつづけていると、ある時から「腕が重くてしんどい」という発言が聞かれることがある。以前はそもそも腕があるという実感すらもてなかった段階から、腕の内感が創発した段階へと身体経験のプロセスが推移している。にもかかわらず、当人は腕を感じ取れることそのことにではなく、重い手の不自由さや辛さにだけ注意を向けている(244)。

哲学研究に没頭する以前のヤスパースが、こうしたプロセスの特性を病の出現として以下のように指摘していた。

「これまでの生活の発展に対して、全く新たなもの［…］が精神的生の変化によって出現するのは、発病期（Phase）の場合かもしれない。しかし問題になっているのが精神生活の持続的な［…］変化であるとすれば、その出来事を私たちは（病的）プロセスと呼ぶ」[245]。

ここでヤスパースは、一時的変化を意味する「ファーゼ（発病）」から、持続的、永続的変化を意味する「プロセス（過程）」を区別している。プロセスが持続的であり、永続的（fürimmer）であるというのは、たとえば分裂性経験に移行すると、治癒する見込みが全くないと当時考えられていたからである[246]。この場面でのプロセスは、病的変化を生きる主体の内側からではなく、その外部から観望する地点で捉えられている。むしろここで重要なのは、プロセス自体が水準の異なるプロセスへと不連続、かつ質的に飛躍するということであり、それはヤスパースが述べるように「人格の発展」とは異なる経験の推移と変化を指し示しているということである[247]。

またヤスパースは、この病的プロセスが見かけ上、静的な安定性を伴っていることも指摘している。つまり、急性の激しい変化やシュープとは異なり、そうした局面変化に至る以前の、あるいは、その事後に現れる中間的な凪状の経験のまとまりとしての「プロセス」も捉えている。どのような検査や問診をしても、その人間には変化した様子を見出すことはできず、病状も落ち着いていている。にもかかわらず、その人間の何もかもが変わってしまったという確信に裏打ちされる臨床がある。プロセスは経験の運動であるかぎり、どんなに静的に見えても微細な運動に満ちている。それは一個の細胞が同型的に安定していようとも、その深奥ではみずから細胞内要素を解体し、熱量を変化させ、身体を丸ごと作り変えているのと類比的である。

ヤスパースが指摘した病的プロセスとは、変転後の「不可逆な」プロセスであり、その局面に移行してしまうと、合理的で論理的な了解も、感情移入による心理的了解も跳ね返され、了解可能性が途絶する。人格の発展や成長との厳密な区分はできないとしつつも、ヤスパースは、このプロセスを結果として了解可能でも、神経症圏の病理でも、実存契機でもない、(真性妄想を含む)統合失調症性の病変として押さえようとしていた。(248) 本章では、このプロセスの規定を手がかりに「微細な変化の連続」と「質的変化を伴う不連続」との織り合わせとしての臨床経験に迫ることになる。

3 プロセスとしての臨床

「病的プロセス」では、それを生きるものと観望するものとが分岐し、観望するものがそれを静的に把握している。しかし現実の臨床場面では、この分岐そのものが病者と治療者の織り成すプロセスに取り込まれている。その場合、病的プロセスを規定していたものが、対人的な臨床という経験において再度吟味され、大幅に拡張されなければならない。(249)

①セッションの可逆性と不可逆性

何度くりかえしても、以前のセッションが帳消しにされ、何も進展していないように感じられる臨床がある。(250) 本来であれば、順を追うようにセッションは展開し、それとともに患者の経験も変化することが望ましい。にもかかわらず、あるセッションで患者の経験が変化しても、次の機会には、波にさらわれる砂模様のように、一切がリセットされてしまうことが頻繁に起こる。単なる日和見話やマッサージを行っているのではないかぎり、介入ポイントは次の変化や展開可能性を見越したうえで設定されているはずである。それは会話の糸口を探ることであったり、以前は聞けなかった病状の問診であったり、あるいは先回首尾よくいった訓練の反復的復習であったりする。にもかかわらず、それら試み一切に展開がなければ、また最初から開始せざるをえない。その意味では、どのように行われても、どのような順序であっても大差のない問診や訓練という臨床がある。

脳神経システムの挙動からいえば、本来同じことの反復はありえない。第三章で述べたように同じ対象をくりかえし知覚するという局所的な神経系の作動であっても、細胞集合体の脳波パターンはどれひとつとして同じにはならないからである。「同じ臨床の反復」というのは、意識レヴェルの虚構された真実にすぎず、同じことしか見ない意識の惰性である。その意味では、臨床にかかわるものの経験が、すでに同じものしか見ないように組織化され、安定している。仮にそうであるとすれば、どのような理論的、仮説的、個人的枠組みで患者を診ているのかをくりかえしカッコに入れ、経験そのものをリスタートさせる必要が出てくる。

こうした操作を「臨床的還元（clinical reduction）」と名付けておく（**臨床原理②：臨床的還元**）。精神病理学者のミュラー・ズーアは、統合失調症の患者の微細な病態に迫るには、症状論として細分化され、類型化された疾病論的特性を廃棄することなく、「カッコに入れつつ（エポケーしつつ）」、患者の生そのものに肉薄する必要があると述べている。[251] 彼が「統合失調的なもの」を「出来事」として取り出せたのも、この臨床的還元を通じてである。[252]

ただしこの操作は、シェーラーがフッサールの還元理論を批判したように、単なる思考実験ではないし、行おうとして直ちに実行できるものでもない(253)。患者をよく診ようとすればするほど、まなざしは見たいものしか示してはくれないからである。さらにこれに、停滞局面が連続すると、退屈さや苛立ちという逆転移も強化され、臨床プロセス内の細かな変化が一層分からなくなるという悪循環を産み出す。これは、「臨床のパラドクス」とでもいうべき事態である。同じ臨床は本来ありえない。その意味で臨床経験はいつでも不可逆なプロセスである。にもかかわらず、セッション相互が、その流れから取り外し可能で、順序替えできるような可逆的プロセスに見えてしまうのは、セッションの積み重ねを貫く「通底する経験」へとまなざしが届いていないからである。片麻痺の治療訓練において、あるセッションで成功した上肢の動作パターンの再獲得が、次回へと継続しない場面を考えてみる。そこにはたとえば、

(1)動作を行った以前の「場面」の想起はできても(エピソード記憶)、そのときの動作や内感の「感触」が戻ってこないという、動作や行為にかかわる手続き記憶の働きやそのモードを捉え損ねている場合(記憶モードの誤解)、

(2)以前の視覚イメージ等の想起で逆に固有な緊張が入り、動作が遂行されない場合(記憶の機能解離と意識緊張)、

(3)想起もでき、以前の動作の感触もあるが、他の身体部位も動員されることで、ターゲットの運動実行につながっていかない場合(動員部位の混乱と過剰動員)、

(4)感触もあり、実行もできるが、運動単位の連結、順序が適切に調整されない場合(単位連結

の実行計画と調整の不備)、

(5)前回の訓練後に生活シーンで用いた動作経験がマイナス要因となり、当の動作が抑制されてしまっている場合(臨床外素因の見落とし)、

というように、多様な要因を見出すことができ、それぞれは複合化する。そしてどのシナリオを選択しているのかに応じて、ターゲットとなる経験も変化してしまう。それゆえ、セッション間を貫く「通底する経験」の特定が、患者にとっての変化の兆しにつながる臨床家の中期的予測を支えると同時に、くりかえし自らの病態の見立てを吟味する短期的指標にもなることが分かる。

②臨床の誘導

一般的には、上記のような病理の吟味を行う手前で、自分の臨床行為が患者の経験をどのように「誘導」しているのかを特定する必要がある。一見するだけでも、

(1)医療行為の効率化および医療者の私的事情による外的誘導、
(2)患者の発言の安易な受け入れによる誘導、
(3)転移性感情の固着による誘導、
(4)みずからの病態仮説による誘導、
(5)過去の成功例ないし反復例に基づく誘導、

といったものが考えられる。(1)は、臨床という患者の経験を巻き込んだプロセスを共有するのではなく、制度上、職務上のシステムに載るように、あるいは医療者の感情的満足に見合うように患者を誘導しているだけである。[254] (2)は、患者の発言の真意、もしくは患者が発言を通してどのような経験をしているのかを顧みることも、問うこともなく、患者のニーズに場当たり的に応えようとしている誘導である。(3)は、臨床の経験をくりかえし共有することで、逆説的に情動的、感情的な関係性の強化が行われ、それによって介入すべきポイントとは異なる場面へと注意を動員してしまうような誘導である。リュムケが指摘したように、典型的には患者の感情運動のパターンや強度に同調した対応を繰り返してしまう。[255] (4)は、自らの病態の見立てとそれに基づく治療や訓練の実行というプログラム化された誘導である。[256] ただし確証バイアスを生む源泉でもあることから、臨床を通じて仮説や訓練の吟味を行うことを主眼とする統制された誘導であるべきである。本来は、この(4)を基調として、(2)、(3)が効果的に配置され、(1)を満たすように臨床が組み立てられるのが望ましい。そのさい、(5)の以前うまくいった臨床の経験をこっそりと(4)として用いることもたびたび起こる。その場合には、以前の成功体験に基づくパターン認識が、逆に病態の見立てを妨害することにもなる。これも、数式を解くこととは異なる、臨床のパラドクスのひとつである。

こうした誘導モードの確認も含めた、セッション後の反省は、臨床プロセスを共有しているもののにしか見えない経験と、共有しているからこそ見落としてしまう経験とのギャップを調整するために行われる。たとえば、感情を不用意に動かしてしまった場面や、躊躇や迷いの印象を与えてしまった場面、あるいは意味のない反復を行ってしまった場面等が、臨床の継続に決定的で持続的な変化を及ぼすことがある。しかしそうした変化は、その場ではほとんど見えてこない。あるいは、展開に差し掛かった場面での「一時的停滞」なのか、展開の萌芽が皆無で進むべき方向が見えてこない「持続的停滞」なのかの区別も、臨床のさなかでは見えてこない。

また患者が発達途上の場合、経験そのものが臨床経験とは独立に組織化を起こしてしまう。体重が変化し、身長が変化すれば、それに見合った身体経験がそのつど獲得される。さらにそこに知能の発達や自己理解の向上も加わる。そうしたことは社会環境の変化と相即している。「身体的成熟」と「社会における成長」という二つの変数は、患者の病理と臨床プロセスにおいて極めて重要な影響力をもつ。そのためにも家庭ないし社会における患者の発話や行動がどのように変化しているのか、あるいはしていないのかを関係者等に問診することが必要となる。それは、臨床場面における意識レヴェルでの拒否にあうような経験が、非意識的に受け入れられているか、あるいはその逆がないかどうかを吟味するさいにも役に立つ。

リハビリでよく起こる問題は、訓練室でできる動作や行為が、自宅に戻ると全く活用されないことである。また精神科臨床では、本人の同意があるのに薬の服用が守られないことがしばしば起こる。こうした問題は、表面上の意識レヴェルでの許容の非意識レヴェルでの拒否としても理解でき、システム的な関連を明確にし、患者の経験を詳細に詰めてみなければならない。

③「臨床‐内‐存在」とその病理

疾病分類や検査項目等による病理学的分類からではなく、臨床的なかかわりの中でしか見えてこない病理がある。一度の臨床や患者自身の報告からでは、何も分からない病理がある。そうした病理は、セッションの継続に応じて形を変え、あるいはセッションを通じて産み出され、くりかえし変遷する「プロセスとしての病理」である。それは、臨床における感度と経験の中で初めて捉えられるのであって、臨床とは独立に規定可能な経過類型のようなものではない（**臨床原理③：臨床内病理の洞察**[257]）。

中枢神経系障害により生じる「右片麻痺」と「左片麻痺」には、リハビリテーション臨床において感じ取られる明らかな差異がある。それが何に由来しているのかは明確ではなくても、長年臨床にかかわるセラピストであれば、その多くが共有できる経験である。たとえば患者は、左麻痺では楽天的で強引さが目立ち、ことの深刻さを感じ取ることや問題に直面することが困難になる傾向が強い。それに対して右麻痺では失語があってもどこか通じ合える実感を共有できるが、他方で知識や言語的意味に回収してものごとを理解したがる傾向がある。失行・失認の症状も左麻痺と右麻痺とでは明らかにモードが異なるようである[258]。

これに似たものとして精神科臨床では、リュムケが導入した「プレコックス感（Präcoxgefühl）」という統合失調症者を嗅ぎ分ける固有感覚があるといわれつづけてきた[259]。神田橋條治の臨床によれば、統合失調症と中毒性精神病の違いの判断は、この感覚の有無からスタートする[260]。また花村誠一による「強度にしたがう観察[261]」もある。さらに現在の心理療法に多大な影響を与えたロジャーズは、患者のありのままを受け入れ、喜びに満たされる「受容（acceptance）」という瞬間を治療者が潜り抜けることで患者に変化が生まれると述べており[262]、フォーカシングを発明したジェンドリンは、患者が「フェルトセンス（feltsense）」という単なる情動でも、感覚でもない、社会的問題そのものの身体的実感に形を与え、変化させる技法を生み出している[263]。

おそらく、こうしたものの具体的定義を取り出そうとすれば、それこそ臨床家の数だけ内容が異なり、またその精度を科学的に定量化しようとすれば、ほとんど信用に値しない結果になると予想される。にもかかわらず、それらはプロセスとしての臨床を統制する重要な手がかりでありつづけている。その意味でもそれは、科学的事実とはいえないが、「臨床内真実」とでも呼ぶべきものとなる。治療者と患者が相互に臨床というプロセスを共有し、経験することで成立するのが「臨床‐内‐存在（Im-Klinischen-Sein）」である。臨床‐内‐存在には、それ固有の真実が成立し、治療者にとってはその中でしか見えてこない病理が出現する。それはまた後述するように、治療者と患者とがくりかえしカップリングの関係に入るための重要な手がかりでもある。

この臨床内病理は、治療行為を組織し、方向修正するための統制的な役割をもち、その臨床を外れてしまうと似非科学に位置づけられるような疑似的真実である。カントに倣えば、そうした原理は、自然現象を基礎づける原理（構成的原理）にはなりえない。しかしそのことを肝に銘じるかぎり、それを積極的に活用することはできる（**臨床原理④：臨床内真実の発見と活用**）。臨床内真実は、そのつどの科学の進歩に応じて、科学的事実へと転換されるか、廃棄されていく。にもかかわらず、いつの時代にも臨床内真実は残りつづける。それは、人間が生存をかけて活用し続けてきた「直観」能力に関係しているからである。(264)

直観とは、媒介なしに物事の本性を捉える働きである。哲学に由来するこの直観概念は、長大な歴史的背景の中で変遷し、様々な仕方で開発されつづけてきた。有名どころを挙げてみても、感性的直観（カント）、知的直観（ドイツ観念論）、原型的直観（ゲーテ）、本質直観（フッサール）、行為的直観（西田）というように切りがない。それぞれの内実を問いつめるには膨大なテクスト的精査が必要となり、それら精査を通じても規定不可能な部分が残り続けるもの、それが直観である。

日本語の「直感」概念との混乱もあるが、この直観は、予測の精度に関して非常に誤りやすいものであることがすでに様々なフィールドで証明されている。にもかかわらず、臨床 - 内 - 存在の関係性において、この直観の役割は侮れない。たとえエビデンスに基づいてマニュアル化された対応であったとしても、人が人にそうした対応を行うかぎりで、そこには声かけの強弱、言い回し、ニュアンス、まなざしの向け方、触れ方、四肢の動かし方、呼吸のリズム、それらが複合的、間接的に臨床空間内で反響し、影響を与え合う。そしてその中で、「いつもと同じ対応をしている／されている」のに何かが違うという気づきが起こる。この違和感の背後では、いつでも直観が働いていている。

たとえばリハビリの臨床では、患者がセラピストの問いかけに応えようとしているときに、そのセラピストの視線が別のところに向いていていただけで、四肢の緊張や心理的緊張の度合いが変化することがある。そのように緊張が入った身体に運動訓練を行うことと、緊張の度合いが低いまま訓練を行うこととでは、その後の臨床経験の変化に違いが生じる。にもかかわらず、そうした変化を感じ取れる人と取れない人とが間違いなく分岐する。

実際、名セラピストの多くは、患者に声をかけ、四肢に触れただけで、次回以降も患者からの指名を受け、他のセラピストを拒絶するように患者を誘導してしまうことがある（そしてそれが職場での問題になる）。なぜなら、セラピストの性格や人柄の良さが単に問題になっているのではなく、そのセラピストのまなざしが、どこまで患者の経験に届いており、何を見ようとしてくれているのかが、患者に一挙に伝わってしまうからである。

熟達したセラピストでは、問診や視診によって患者に対するおおよその介入ポイントが際立ち、そのための治療方針や訓練設定のパターンがチャート状にイメージされる。介入ポイントが際立つということは、その裏で同時に、何が病理であるかが読み取られているということでもある。ここまでは、経験に裏付けられた直観の働き、そこからの発見的問題解決法である[265]。そして重要なのはこの先である。おそらく熟達した臨床家では、こうした病理の見立ての周囲に、知識と介入の修正を可能にする「行為的ブランク（余白）」のようなものが同時に配備されている。つまり、その直観には一定程度の経験の幅が付随し、それが治療者当人も気づかない仕方で直観の可謬性を隈なくフォローしていると思われる。その意味では、直観に従っていただけでは失敗してしまうような臨床の試みが、それとして顕在化する以前に消去され、訂正されている。それはいまだ修正とすらいえない介入行為であり、問題が起きる可能性を先回りして抑制し、病理の本性を追い詰めていくことを可能にする（**臨床原理⑤：前修正と後修正の差異**）。

この行為的ブランクを通じた対応可能性の幅は、それを観察するものには直接見えてこない。だからこそ逆説的に、直観的かかわりの特殊性だけが際立ってしまうことになる。そのことは、私たちが単に立位をしているだけ、あるいは何かを指先で指示するポーズをするさいに、気づかないほどの低振幅の揺れの制御を高頻度に行っていることと類比的である。実際に知覚されるのは、立位と指差しのポーズだけである。おそらく直観という名人芸的な能力は、微分状の大量な修正行為の蓄積の果てに構築され、観察される粗雑な経験なのである。たとえば金属加工を行う職人は、視覚では決して捉えられないマイクロメートル単位の表面の粗さを、指先を擦らせて感知し、即座に研磨の強さ、位置、角度を修正する。

観察していると、何気なく一律に研磨しているようにしか見えないその動きに、大量の修正行為が介在している。このような触覚性の経験と触覚的な対応可能性の獲得が、臨床における経験モデルのひとつになる。

また他方で、臨床内病理が変転することは、治療や訓練の見立ての単なる失敗ともいえない。むしろ患者の抱える問題が単純病理ではなく、複合病理であることを暗示しているだけである。急性の病ではない、慢性疾患の多くや重度心身障害児の身体経験は、複合的な病理のネットワークを形成している。その場合、介入することでネットワークのバランスや局所への負荷のかかり具合が変わり、それによって以前は目立ってこなかった潜在的病理が浮かび上がる。場合によっては、以前の病理も背景化しているだけで、依然維持されつづけている。そうだとすれば、むしろ慢性疾患で病理が変わらないということこそ、患者の経験に動きがない、つまり経験の可動範囲を強化するように臨床が行われている証左となる。

慢性疾患は、たとえ患者当人にとって不都合なことが多くても、安定している。そして慢性期における医療はこの安定性維持に一役買っている。とはいえこの安定性は、病理を含みこんだ安定性であり、病理とともにある安定性である。システム的に見ると、動きを欠いたまま展開することのない疑似 - 安定系の獲得である。その意味では、精神病理的用法を超えて、ヤスパースの不可逆で持続的なプロセス概念が、慢性疾患においても該当してしまうことになる。そしてこれは、病理や障害を通じた「代償」という問題に直結する。

4　ゴルトシュタインの意匠——代償と病的安定性

臨床内病理は、名辞できない場合でも、それ自体まとまりのある経験として感じ取られる。粗雑な言い方だが、このまとまりをヤスパースは「病的プロセス」と呼んでいた。統合失調症の病状は多彩な軌跡を描きながらも、ある一定の範囲に収束していく。それが病理であるかぎり、そこには何らかの経験の動的安定性が成立している。あるいは、そうした経験のまとまりが臨床内で感じ取れないかぎり、介入する足掛かりさえ見いだせない。

しかも、そうしたことが起こるのは心的システムだけではない。社会システムにも、身体動作システムにも同様なことが起き、さらにそれらが固有にカップリングを形成し、安定する。そのためプロセスとしての臨床で問題になるのは、ヤスパースに抗って、システムの変化可能性とそこから別様の安定系への移行可能性を患者の経験のうちに作り出すことができるのかどうかである(266)。すでにこの場面では、了解可能か、不可能かは副次的問題にすぎない。

言語野のひとつを発見したC・ウェルニッケのもとで医学を学んだクルト・ゴルトシュタイン（一八七八—一九六五）は、人間の病理を、有機体としての生命が様々に獲得する経験の疑似-安定系として理解しようとしていた。彼は、ドイツの脳病理学者であり、一九三五年にアメリカに亡命し、後の神経心理学や異常心理学の展開を促したパイオニアでもある。大戦中に多くの脳外傷者の臨床を行い、彼らの精神構造を、有機体が世界にかかわる態度の障害として記述することで、現象学者のメルロ゠ポンティや、患者中心療法のロジャーズにも多大な影響を与えた。

そのゴルトシュタインは主著『有機体の構成――病的人間の経験への特殊な配慮に基づく生物学入門』において、当時の主流である局在論的な病理観察に異を唱え、生命の全体論的観察の重要性を説いている。精神や身体、そのどちらを起点にしてもいけない。いつでも生体全体から出発しなければならない、それがゴルトシュタインの探究指針である。局在論批判の論拠として彼は、①大脳における機能中枢の不在、②局所的疾患の生体全体への影響関係、③ミクロ病理とマクロ病態との対応関係のなさ（一対多、多対一）、④生体の利害調整（意味）による経験の組織化力といったものを挙げている。[267]

そして、生体として中枢神経系疾患を観察すると下記のような一般的病像が見えてくるという。[268]

(1)いかなる場合も、ただ一つの作能や作能領域のみが廃絶されることなく、いつでも多かれ少なかれ全作能領域が侵される（ただし強度は領域ごとに異なる）。
(2)いかなる場合も、一作能領域が完全に廃絶することはない。多少の作能は保存される。
(3)さまざまな領域に見られる障害は、種類から見れば同一である。それら症状はひとつの根本的病変の表現である。
(4)根本的変化の特質とは、一定の態度の障害か、機能の障害である。

(1)の原則からは、局所の障害であっても生体システム全体に何らかの変化が起こること、さらに局所の障害を仮に回復できたとしても全体システムが元に戻る保証はないことが示唆される。
(2)の原則は、個別作能にも度合いがあり、その障害の度合いに応じて、全体に与える影響が変わってしまうことが考慮されている。

片麻痺の場合でも、完全麻痺というのはほぼありえないし、認知機能の一切が途絶することもない。残存作能のありようによって代償パターンは多彩化する。(3)の原則は、どのような障害であれ、健常という経験の安定性から、病理を含んだ疑似‐安定性への移行として捉えるゴルトシュタインの探究指針である。(4)の原則は、たとえ局所的な機能の障害であっても、それはその生体全体、さらには環境世界とのかかわり方全体（態度）の変化および障害のプロセスであることを意味する。ゴルトシュタインにとって「機能（Funktion）」は、「作能（Leistung）」からは明確に区別され、実験的条件を整備し、孤立化や、局在化という操作の果てに観察される抽象概念である。[269]

メルロ＝ポンティに影響を与えた考えは、(3)と(4)の原則にかかわる。ゴルトシュタインは、病理を世界とかかわる生体の「態度様式の障害」と考えている。言い換えると、病理とは、脳内や身体の器質的変化とは独立に、生体と世界との現象学的な関係性の変容ないし障害である。このことは、「症状とは病者に与えられた一定の課題に対する彼の解答である。したがって、少なくとも課題によって限定を受ける」[270]という彼の症状論からも読み取れる。

このような見解を彼が導き出せたのは、「失認」、「否認」、「半側空間無視」、「一側性小脳損傷による運動失調」の患者との臨床経験を通じてである。これらの疾病に共通しているのは、第三者的には明らかに奇妙な知覚経験、行動をしているのに、当人はそのおかしさを感じ取れないことであり、「世界とのかかわり」そのものが何か奇妙に変容していることである。それゆえ、ゴルトシュタインにとっての「代償経験」ないし「疑似安定性の獲得」とは、個体の変容が、それが生きる世界の変容と相関してしまう地点において成立する。そして以下が、この代償という現象に含まれる一般原則である(271)。

(1)ある領域の作能が障害を受けた場合、生体全体の作能からみて最重要と思われる作能が保護される。

(2)生体全体の要求から考えて、従来のやり方で、その器官の解決すべき課題が充分に完遂されていれば、従来のやり方が保存される。しかしその作能では完遂できなくなると、「態度の転換」が起こる。この転換は、第一の原則に従う。

(3)価値の高い作能が一領域に発生する場合、必然的に生じてくる他の種類の障害は無視される。その場合、原則としてそうした障害が生じても、生体全体は該当領域の障害よりも影響が少ないことが前提となる。

(4)態度の転換は練習の結果ではなく、患者の知らないうちに突如として起こる。

この態度の転換とは、残存機能によって自己防御しながら世界とかかわる態度を、あるいは世界から撤退する態度を、その当人の意識や意図とは独立に患者の生体が新たに身に着けることである。そのかぎりで、それが障害に見えるのは、当人にとってではなく、それを観察するものにとってでしかない。ここには、患者にとっての「世界の変容」、および「世界にかかわることそのものの変容」、さらに「その変容の無視」が伴っている。この態度の転換、すなわち「代償」の獲得は、生体の危機回避の結果おのずと生じる。それは、患者の生にとっての「最適な選択」

であり、そのかぎりで安定的になるとゴルトシュタインは述べている[272]。

「代償作能の意義はその内容の如何にあるのではなく、むしろそれが行われているかぎり他の危機反応が起こらないという点で意味がある。また生体解体の段階構造からいうと最後の救いであり、生存を維持する唯一の手段であり、その点では、外界の意義深い処理法である[273]」。

左半側無視では、通常の中心窩とは異なる部位に焦点を合わせるように頭と体幹を右前方に傾け、中心部をずらした地点で視野が組織化される。そしてその体勢と視野内で経験が生じている限りで知覚的にも、情動的にも患者は安定する。そしてそのような体勢と視野でしか世界にかかわれないこと自体が、患者の経験可能性から締め出される。それに対して、一次視覚野の軽度障害による半側性弱視では、半側無視のような態度の変換は起こらない[274]。対象物が見えづらいとはいえ、従来の世界とのかかわりが維持できるからである。

「患者にとってある刺激が有害になり始めるとただちに危機反応が起こり、それからは適切な刺激評価も行われなくなり、患者は外界から全く隔離されてしまう。彼は危険な状況を積極的に避けるというよりも、むしろ受動的に避けている。［…］患者をその危険性を熟知している状況に無理に置こうとすると、彼は何か他の作能――すなわち代償作能を行うことによって、この強迫から逃げようとする。この点で患者は非常に聡明である[275]」。

代償動作は、明らかに無意味で、社会的に有害な行動であっても、それ以上の危機に対する防衛反応が抑制されるかぎりで選択され、それが意識の自然となる。「欠陥を有する生体は、その欠陥相応に彼の環境を制限しなければ、秩序ある行動をとることはできない」からである。その意味では代償行動の発現は同時に、患者が経験できる「環境の制限」と、その「制限の非意識的許容」を含んでいる。

地面やベッド、風呂、タンスといった環境内の存在は、代償によって対応可能であり、利用可能な範囲にあるかぎりで知覚され、経験される。逆からいえば、生体が対応すべき有意味な環境の特性が代償パターンの生成に影響を与えている。ゴルトシュタインは、たとえばカブトムシであっても、環境に応じて代償行動のモードを切り替えると述べている。中肢の末端を切断されたカブトムシは、肌理が粗い平面上ではほとんど変わらない正常歩行を行うが、つるつるの平面に置かれると、即座に切断された肢だけを使わない交代歩行に切り替える。(276) カニでも同様の転換が起こるらしい。こうした場面で、昆虫やカニが無い肢を嘆きながら、意識を通じて目の粗い場所と滑らかな場所の特性を区別しているはずはない。ほぼ自動的に対応している。昆虫では、運動パターンの生成は胸部神経節で行われるが、パターンの切り替えや、開始、終了、方向調整等には、頭部神経節の働きが必須である。その意味でも、ここでは中枢神経系を介した自動的で、非意識的な生体と環境とのかかわりの形成（代償）および調整が問題になっている。

代償の出現が、その生体が生きるのに選択する環境特性と切り離すことができないというのは、この局面においてである。つまりゴルトシュタインが見出したのは、志向性や気づきを伴った高次認知とは異なる場所で、体験世界とのかかわり形成を行う生体の現実である。またさらに、このように代償を通じた病理の安定化を把握することは、精神疾患における幻覚・妄想の役割と類比的でもある。

現象学にも精通していた精神科医のヘーフナーは、妄想や幻覚を、縮減し、隠蔽された世界とのかかわりを補完する「世界の代用物」として、つまり世界を代償することとして理解している。

「妄想は『現実的な〔世界との〕関連から退いて自己中心的となった特殊な関連の中に閉じこもる』ことを可能にするカプセルとして現れる。言い換えれば、世界との関連を縮減された形で可能にするものの、危険性のある経験領域は覆い隠してしまう〔妄想という〕『まゆのような中間世界像』を通じて一過性の相対的安定化がもたらされる(277)」。

ヘーフナーの病理理解にゴルトシュタインを援用すれば、妄想・幻覚は生体とその経験の安定化にとって必須の補完物であり、生体そのものの最適な生存戦略となる。このことを患者の現実からいえば、妄想や幻覚といった各種症状の抑制的、消去的な治療介入は、この安定性に対する直接的攻撃となる。

それに対してたとえば、患者に二重見当識を獲得させるような介入は、現実世界と妄想世界との境界線をくりかえし引き直す調整作業となる。この境界の揺り動かしは、病理の代償的安定系に変化を与え、患者の経験に選択肢を組み込み、自由度を高めることを焦点としている。生体そのものによる代償の自動的選択から、患者の意識や気づきを介した任意的選択へと病理が変化することは、それ以外の経験の安定系へと移行するさいのステップのひとつとなる。問題になっているのは、安定系そのものの複合化であり、それに関連する臨床的な介入の試みである。

5　代償と最近接領域

プロセスとしての臨床の内実を展開してみると、経験の安定化としての代償の問題が現れてくる。精神科医であり、心理学者でもあったアドラーによれば、「代償（Kompensation）」という概念は、欠陥をかかえた器官をもつ有機体が、その欠陥を補うように行動を変化させること、場合によってさらに悪化させるところにまで進んでしまうこと（過剰代償）を指摘した生物学由来のものである(278)。

内科学でも、代償性肝硬変のように、機能の欠損を残存能力で補うことで症状が出ない潜在期に代償という語が用いられている。あるいは、多汗症手術後に起こる、以前にはなかった身体部位での発汗が代償性発汗と呼ばれる。これらに共通しているのは、代償が、システムの運動に何らかの変異、障害が起きたさいに、システム自体が対応する結果生じるものであり、それが成立することで、一時的であってもシステムの再安定化もしくは疑似‐安定化が図られるということである。このような経験の安定化に対して、どのような臨床上のアプローチが考えられるであろうか。あるいは、維持すべき安定化とそうではない安定化の区分はどのようになされるべきか。これらの問いは、リハビリテーションないし精神医学の臨床において避けることのできない難問である。

経験のドイツ語は Erfahrung である。その原義は、不断の前進を獲得することである。システム論的に不断に前進するということは、自らの境界を変えて新たなシステムに成り行くことである。システムが自己組織的に展開すること、あるいは展開する余力を十分に備えたシステムであることが、経験の原義に忠実である。この場面で、システムの「健全さ（healthiness）」という問題が浮上する。システムが自己の境界を生み出し、内外を区分しながら安定化することは、システム合理性である。そこにはエネルギー効率化や、システムの行為履歴が関与している。この点までは、健全なシステムであれ、病的なシステムであれ、違いはない。では何が、システムの健全さを積極的に決定するのか。これは、ゴルトシュタインでさえも踏み込めてはいない課題設定である。

システムをそのプロセスから見た場合、その不健全さの指標として以下のことが考えられる。すなわち、システムの安定化が、(1)当のシステムの運動可能性の制約となり、システムの自由度を減少させ、短期的に、全面停止へと至る可能性を含んでいること、(2)他の安定状態への展開や、その移行可能性を廃棄していること（これは、展開の選択肢を潜在的に抑制していることとは異なる）、(3)外因ないし内因を通じたシステム内に生じる攪乱に対して脆弱であること、(4)局在的であれ機能不全が生じたさいに再度安定したシステムへと復帰できないこと、等が挙げられる。

(1)と(2)は、システムの自己組織化を拒む指標であり、(3)と(4)はシステムのレジリエンスを減少させる指標である。システムの安定化にとって「自己組織化（selforganization）」と「レジリエンス（resilience）」は相補関係にある。というのも、健全なシステムにおけるレジリエンスの減少は、システムを不安定状態に置くことで自己組織化を誘発し、そこからシステムを再度レジリエントなシステムへと回帰させるからである。その意味では、システムの健全さは、システムがこの再帰的かつ自己展開的な循環運動を継続可能かどうか、複数の安定系のネットワーク間を遊走する「ハイパーサイクル」になりうるかどうかによって決定される。[279]

とはいえ厄介なのは、この健全さが当のシステムが安定状態から逸脱したさいにしか評価できないことである（健全さのパラドクス）。そもそも上記の指標は、直接、安定化したシステムの内実からは見出せず、システムが新たなプロセスを進むさいに、どのような運動を実現するのかに応じてしか吟味できない。このことをより臨床に近い場面で捉えると、発達心理学者のヴィゴツキーが、定常的な発達水準とは区別して導入した「最近接領域（zone of proximal development）」[280]の発見と極めて類似の問題設定であることが分かる。

二人の子どもがいて、彼らに知能テストを行った結果、どちらも知能年齢が七歳だったとする。その二人の子どもに彼らの知能年齢よりも高い課題を提示し、さらに他者がその課題についての誘導と教示を行ったさい、一人の子どもは発達水準を二年も追い越す課題をクリアできたのに対し、もう一人の子どもは半年先の課題しかこなせないといった「差」が見出されることがある。この「経験の伸び代」、「潜在的対応力の幅」の差が、個々のシステムの発達上の最近接領域を特徴づけている。知能水準や外的行動が等しくても、その個体が対応できる経験ないし課題は異なるのだから、教育者はこの差を見極めて教育的課題を設定しなければならない。

この最近接領域の特定には、一度既存のシステムの安定に揺さぶりをかける必要がある。教育場面でいえば、自力では決して解決できない問いに直面させることである。しかもその揺さぶりは、心的システムによる「完全な拒絶」、「思考停止」、「感情の過剰運動」を引き起こすものであってはならない。そうした揺さぶりでは、結果として、既存のシステムの防衛的強化にしかならないからである。そうではなく、拒絶や防衛が強く出ない個々のシステムの経験の位相を特定し、その経験の近傍に、既存のシステムの選択肢では対応できない課題を順次設定していくのである。

ヴィゴツキーは最近接領域の発見にさいして、子どもの「自発性」ではなく、「模倣能力」を重視している。そもそも既存のシステムにはない選択肢を実行させるのであるから、その選択の場所まで当人の経験を引っ張るよりほかない。模倣能力の活用は、経験を拡張するための最初のとっかかりを作る。単に模倣といっても、それが成立するには「呼応行動」、「共同注意の共有」、「言語をつうじた経験理解」といった背景的な経験の作動が前提になり、そのうえで思考パターンや感情運動、動作遂行にかかわる模倣の実行が可能になる。

臨床場面において個々の患者の能力を吟味し、最近接領域に触れるためには、患者とセラピストとの間に「カップリング」が成立しなければならない。カップリングは質の異なるシステム相互の連動関係である。この連動が、模倣を通じて患者の疑似安定系の境界を拡張するように働きかけることを可能にする。カップリングは、システム間の連動とはいえ、因果的な線形の関係ではない。その意味では、セラピストが患者を治療するのでも、患者がセラピストに治療されるのでもない局面でのみ、カップリングは成立する。

両者は独自のシステムとして固有に閉じており、固有に閉じたシステムが、互いの距離間、速度、リズム、強度を変化させているうちに、おのずと連動関係が成立してしまうことがある。親しい友人間で、口癖や動作が似てしまったり、できなかった運動動作のお手本を一度見るだけで、動作の水準の局面が変化してしまうことがある。こうした場面での模倣が、カップリングを通じておのずと起こる。そしてこのカップリングは、臨床というプロセスを共有する中でしか行われえない。それはまた、断ち切られることもあれば、断ち切ることで初めて接続されることもある。

カップリングを通じた臨床では、セラピストは固有に何かを継続的に行っている。にもかかわらずその傍らにいた患者は、セラピストが行ったこととは独立になぜか勝手に治癒してしまうというのが実感として正しい関係となる。確かにセラピストはさまざまな試行を行うし、注意や気づき、認知を総動員して訓練を組み立てている。しかし最終的に患者は、自分で自分を変えていくのである。その関係に入らなければ、それ自体また展開を欠いた頭打ちの代償となり、別種の病的安定系となる。おそらく、こうした臨床を首尾よく実行している臨床家は、患者が変化していること以上に、自分自身の経験を変化させている。自ら変われないものが、他者の変化にかかわれるはずはないからである。

8　何も語ることはできない

宇宙を超えて誰も何も語ることはできない。宇宙が何かを語ることがあるとして、語られている「それ」が受け取られることも、拒絶されることもないまま存在することは、存在しないことと同じである。サキは人間ではないし、ましてや黒髪の少女でも、少年でもなく、形を成してもいない。名前などあるはずもない。地上的想像力を超えて行かねばならない。サキが星をこわす、星こわしとは何なのか、このサキについて語ることは何をすることで、だれが語るのか、ヨスイはどこにいるのか、サキとは、ヨスイとは、なにより言葉である。しかし星は言葉ではない。宇宙に言葉はない。何もない。

「私は誰なの」ヨスイは意識を持つ。

「私は誰なのだろう」サキは意識を持つ。

「これは何なの」意識はヨスイを拘束する。

★

★

「これはどこなのか」意識はサキを拘束する。魂は身体に閉じ込められているのではない。

意識にこそそれは閉じ込められている。

第九章 「技」——ある理学療法士の臨床から

1 理学療法と技

技の世界はいまだ自然科学の枠内に収まることができない。それは、職人技や武芸における修行と熟達、創造性の発露、心理臨床や教育における自己の回復や成長に関わる多くの局面変化を誘導する実践的フィールドの隅々にまで浸透しているが、定量化や測定によって雲散霧消してしまう固有世界でもある。

技の世界には「言語」の固有さがある。アスリートやその指導者、武芸の達人、アーティスト、セラピスト、看護師、助産師たちが、「指導」や「制作」、「ケア」のさいに用いる言葉は、事実認定を行うための言語とはずいぶん異なる。そうではなく、身体感覚を共有したり、相手の経験の水準をゆさぶり、引っ張り上げ、新たな技を創造するために用いられる経験を拡張する言葉である。そうした「わざ言語」についての分析もようやく行われ始めた(281)。

たとえば、創作和太鼓の指導者である佐藤三昭氏は、太鼓を打つのではなく、弾くという境地があるという。「私がなくなるような感覚、打っている太鼓がメロディを弾き始めたような感覚に至るとき、世界が深まるのです。それが私の目指す音楽の方向性であることは間違いないのですが、段階的な積み重ねだけでは会得できないし、説明のつかない感覚という意味で、私も分からないのです」という。[282]

この「打つ」と「弾く」の違いは、物理的な測定を介して確定できるものではない。そうではなく、楽曲と太鼓、身体動作、精神状態とが、蓄積された修練のなかで固有な経験の質として創発することを意味している。それは、太鼓を打つ自己や打たれる太鼓があるというより、奏でられる楽曲の世界に太鼓も身体も精神も巻き込まれ、弾み始める統一的な経験であろう。しかも、そうした演奏こそが「その人らしい表現」として他者から評価もされるのである。[283] ここでは主観性（自己評価）と客観性（他者評価）が一致する。それが技の世界で起きていることである。

こうした事例をここで引いたのは、本章が扱う理学療法という、身体に障害を抱えた患者の治療においても同じような事態が成立していると考えられるからである。現在のリハビリテーション医療は、一方で「根拠に基づいた医療（ＥＢＭ）」の要請に基づいて急速に自然科学化が進められている。しかし他方、患者にリハビリテーション治療を行うことが、薬剤と同様の予測された効果を導き出す水準にあるかといえば、全くもって足りていないのが現状である。[284] 端的にいえば、どのようなセラピストに受け持ってもらえるかに応じて、回復度に大きな差が出てしまう。

それゆえそこには、セラピストの感性、能力、経験に応じた腕の良し悪しが確実にでる技の世界がある。こうした技の世界は患者全体のことを考えれば、間違いなく自然科学化されたほうが望ましい。というのも、名人芸といわれるものは、共有、伝達、改良されることのないまま消失してしまうのがほとんどだからである。

以下で論じられる事例は、「整形疾患」のリハビリテーションにおける症例報告である。しかも、言語分析を介するのではなく、実際の治療場面を観察することによる患者の身体に起こる現象学的な分析である。すでに一〇年ほど、芳賀赤十字病院の理学療法士、大越友博先生（以下、大越）と共同研究を行っており、今回は、その先生の臨床を直接見る機会に恵まれた。そしてこの先生が、名人級の腕をもつセラピストなのである。

整形疾患は、中枢神経系の疾患ではない。したがって脳に問題はなく、外傷や炎症などの諸原因により筋骨格や関節、腱靭帯、末梢神経、脊髄などが損傷し、その結果生理的な運動機能が損なわれたもの全般をいう。深刻さからいえば、中枢神経系疾患の方が厄介な局面をもっているように見えるが、整形疾患では末梢神経系が混乱させられてしまうことから（整形疾患でも固定や不動化、疼痛により中枢神経系が変化することが知られている）、リハビリテーション治療は難航することが多い。そうした臨床は、セラピストが損傷によって失われた関節と筋の回復可能な制御変数を再発見し、動作の起動や調整といった経験を、必要があれば患者に意識化および言語化させ、そして最終的に動作を自動化させることで前進する必要がある。これは、整形疾患といえども、中枢と末梢との神経的な連携を改めて創り出していく作業でもある。

こうした理学療法的な臨床プロセスは、精神疾患等の臨床における心的経験の治療回復に対してもある程度アナロジー的に転用可能であると予想される。身体の関節に自由度と可動域があるように心や精神の動きにも自由度と可動域があると想定できるからである。[285] それによって思考可能性の自由度や、感情の可動域の特定を行うこともできる。

以下で行う試論はそうしたアナロジー思考のための材料でもある。

2　整形疾患という問い

これまでも整形疾患臨床の研究発表は研究会等で経験しており、教科書的な理解も一通り身に着けていた。しかし今回、実際に事故にあった学生が、整形疾患のリハビリを受け、大越の臨床の現場に筆者が立ち会うことで、これまで理解していたはずのことを、一から考え直す機会が与えられた。以下では、症例として参与観察できた整形疾患の問題を考察する。

【巨木の倒壊】

患者は、当時大学一年生で柔道部に所属していた。全部で三人いる同期部員のなかでも、彼は抜群のセンスをもっており、そのため四月段階で、柔道部ではすでに将来のエースと目され、期待もされていた。一年生当時の九月の朝方、彼は、遠征試合のために学生寮から駅に向かって一人大学構内を歩いていたが、折しもその日は、大型の台風が接近していた。試合が行われるかどうかも分からない微妙な状況下において待ち合わせ場所に向かう途中、彼は桜の巨木の倒壊に遭い、その下敷きになったのである。彼の記憶によれば、風の音をかき消すほどの異様な音とともに後方から後頭部めがけて巨木が倒れ込んできたが、「首はやられるとまずい」ととっさに判断し、身体をひねり、木の落下方向に逆行するように上体をねじったとのことである。そのため両足だけが下敷きとなり動けなくなる。意識は失われてはおらず、その場で携帯を用いて他の部員に連絡することで一命を取り留めた。

【本人の特性】

その学生は、他の部員の話からも、努力型というより天才型の柔道を行うことは聞き及んでいた。実際、事故に遭う以前に彼に、試合中の身体の動かし方や、組み手で気をつけていること等を尋ねてみても、どう身体を動かしているのか、相手や自分の身体のどこに注意を向けるようにしているのか、ほとんど言語化はできなかった。そのため同期の学生の一人で、詳細なスケジュール管理のもと過酷なトレーニングを課している学生は、「なぜ自分の身体の動きも把握しておらず、不摂生でトレーニングもまともにしないやつに、自分は一度も勝てないのか」と嘆いており、そちらの相談も受けていた。もともと寡黙で、感情の起伏も少ないが、酩酊したときにだけ説教魔になるとのことであった。

母親の話では、「これまで柔道だけがあの子の人生を支えてきた」とのことだが、手術後も本人には、その人生をかけてきたはずの柔道ができないことへの焦りや不安はそれほど見られない。部活への復帰前にそのことを本人に尋ねてみると、「早くやりたいですよ」とさらっと答え、復帰後には「投げられてばかりですよ」と辟易しているように答えるが、必死さや深刻さということからは、どこかかけ離れた場所に佇んでいる印象を受ける。

こうした本人の心身に関する経験と言語の距離が、臨床の進展にとっても何らかの問題として現れるであろうことは容易に予想された。

3　リハビリテーションの臨床

学生の両足は「左大腿骨・脛骨及び右足関節外果骨折」であったが、見事に接骨され、髄内釘及びプレートにより固定された上で安定している。左下腿コンパートメント症候群が原因と思われる左足背屈及び拇指の伸展困難が観察され、その措置も行われていた。本報告の時期は、事故からすでに二年半が経過している。大越には事故後の急性期から月一回か、二か月に一回程度、訪問リハビリとして大学まで来て診てもらっており、その間の臨床展開の詳細は、大越の報告に譲る。(286)

手術後、一二週間ほどで介助なしでの車椅子移動が可能になり、その後、両松葉、片松葉、松葉杖なしでの生活へと移行。痛みに悩まされていた時期もあるが、現在は、日常生活レヴェルではほとんど困難がないところにまで回復しており、患者が大学内での事故にあっていなければ、リハビリはとうに打ち切られている。

とはいえ、外的な見てくれのよさや歩容、日常生活動作(ADL)ではなく、細かな筋活動やその連携を見ていくと、歩行を含む基礎動作に関するネットワークパターンのほとんどが崩壊し、その後の新たな立ち上がりは混乱したまま、展開見込みのない強固な代償パターンが作り出されていたのが実際である。

整形疾患といっても、ここまで神経系が混乱し、本人の意識的な制御ではどうしようもない局面にまで来てしまうものかと唖然とせざるをえない。当報告時点ではいまだアスリート仕様の身体には程遠く、すでに柔道部に復帰できてもいるが、組み手をすれば、ころころと相手にすぐ倒されてしまうようである。最近は寝技も行えるようになったとのことだが、回復の先行きはいまだ予想できない。

リハビリの参与観察を通した第一の印象は、月に一、二回という立ち会い頻度や、急性期から回復期への自己治癒の問題も密接にかかわることから正確なことは言えないが、とにかく臨床の度に疾患の問題点が移り変わるということである。事故後まもなくは、痛みがある場所と、感覚麻痺が生じている場所との落差が激しく、極端にモザイク状の身体であった。そのため強い痛みの場所への対応を行うと、それ以外に弱い痛みをもつ部位が強度を変えて現れてきたり、痛みへの対応を優先することで、麻痺部が放置され、さらにそれが悪化したりという場当たり的展開とならざるをえない局面が続いた。その後、痛みは残るにしても、それ以外の部位に対する本人の注意の範囲が広がることで、セラピストとともに課題を見出す臨床が作られてくる。そうした経過を通して見えてきたことを以下に列挙する。

(1)筋の痛みの大半は、皮膚損傷の箇所を除いて、疼痛が出現する部位およびその周囲の問題ではない。過剰稼働させざるをえない筋に負荷がかかり、それが疲弊し、痛みに変わるのは普通のことである。そのため痛む箇所の緊張を解くようにほぐしたり、ツボ押ししたり、伸長させせるといったマッサージを行うことは、その場の痛みの緩和を誘導できても、ほとんど意味のない対症的アプローチとなる。というのも、日常生活に戻れば、また同じような特定筋肉の過剰可動パターンを繰り返すだけだからである。むしろ重要なのは、過剰稼働させてしまう筋運動の負荷を分散させるために、他のどの筋単位を活動させる必要があるのかを臨床的に見極め、そのことを患者と共有し、そこに意識を活用した本人の調整能力を作り出すことである。大越は、臀筋や背筋といった体幹維持に必要な筋の作動を重視するが、その際に行われる彼の「尻押し」は、この場面で重要になる。とくに臀部の筋の細かな調整は、意識のアクセスが極めて難しい。力が籠ったり、抜けたりする緊張の違いを、大越は臀筋の特定の部位をぐっと指で押しながら、「そう、今力がはいっているよ。その感じ」と相手に言い、さらに「自分でも押してみて、ここ力が入ってるのが分かるから」と伝えることで、意識化の難しい臀部の筋を、触覚的精度の高い患者の指先で触れさせ、筋の緊張の度合いが変化するさまを間接的に感じ取らせることも行う。こうした作業は実は同時に、臨床に対する患者との「共同注意」を成立させることでもある。またその感じを患者に言語化させ、筋の緊張の入りやすい体勢パターンをいくつか教えることで記憶化させる手順を踏む。

(2)上記(1)による調整が行われないと、容易に意識化でき、あるいは自動反応しやすい筋単位を協調させるだけでの動作対応が慢性化する。それにより大腿四頭筋や臀部の筋肉が減退しているのに、ハムストリングスだけが巨大化するような不均衡現象が起こる。固定可動パターンがそのまま反復されると、特定の筋が腱のように固く拘縮するといった現象、すなわち索状硬結や筋硬結が出現し、当該箇所およびその周辺に疼痛が現れる。その場合、痛みの解除とは独立に、作動する筋のネットワークそのものの可動範囲を書き換えるように、筋単位の動員変化を促す必要に迫られる。ターゲットは直接触れられる筋自体ではなく、触れることのできない潜在的な筋の連動ネットワークの修正および拡張である。

(3)また、疼痛が慢性化すると、それを軽減させるための別種の代償パターンが構築される。痛みはすでに感じ取られた痛みであり、動作の度に出現することから、患者当人が理解するリハビリ戦略にとっての大きな修正要因となる。患者は、痛みを回避するために運動戦略を切り替えるが、その結果生じる新たな部位の筋の酷使が、別の痛みの出現となる。しかも新たな痛みは、これまで用いていなかった部位を当人が用いていることを自覚させる頑張りのサインにさえなる。その場合、痛ければ痛いほど当人の努力が報われているといった錯覚も生じる。そもそも、痛みを避ける戦略動作じたいが、本人にとって調整可能な筋単位や動作を通じてのみ行われる。その行く末は、展開見込みが担保されていないだけではなく、不自然な筋の過剰動員となり、外乱や環境状況の変化に即座に対応できるほどの柔軟性が欠落する。つまり本人の自助努力と、痛みの回避を通じて、別様な動作可能性や筋単位の選択性が減少する。ＡＤＬは担保されても、膝の屈曲、伸長とともに親指が反り返ってしまい、意識の制御によっては戻せないといった放散パターンが構築され、放置されるといったことも起こる。

(4)筋単位の動員が過小で、粗雑な動作ネットワークがパターン化しても、そこに疼痛が現れないか、あるいは軽度であるかぎり、そのネットワークの可動性を極限にまで使い倒し、意識を通じた微調整をかけることで、本人が描く理想の視覚イメージや内感的な動作イメージに釣り合った疑似的な健常動作がこの段階で出現する。実際、見かけ上の健常動作に近づき、ＡＤＬ向上も起こる。

とはいえ、本人にはそれ以外の動作選択肢は取れないし、それ以外の可能性を、自分の身体を用いて感じ取ることもできない。そしてそのまま固定パターンとして定着する。この段階で、ほとんどの観察者は、患者が回復したかのように錯覚し、当人もそれなりの回復の手ごたえを獲得する。現在、学生はこの段階にまで来ており、大学の会議でもその学生の担任教員によって、すっかり良くなったという会議報告がなされている。

(5)そもそも健常者が行うひとつの基礎動作は、使用する筋単位を変え、筋単位にかかる負荷のバランスを変え、筋出力の強弱や順序を自在に変化させることができるほどの可変性をもっている。それがレジリエンスを備えたシステムである。しかし整形疾患後の動作獲得では、そうした可変性や対応のバラエティを潜在化させるという迂回路を取ることがないため、ガチガチで余白のない健常動作に安定することがしばしば起こる。そのため毎回のリハビリ訓練に応じて問題個所が変わり、それを課題として持ち帰ったとしても、本人の努力で再度どん詰まりの代償パターンへと移行し、そこにまた新たな痛みや動作不全が出現する。とはいえ、その限界を突破するのに自分の経験、内感だけで対応するのはほぼ無理である。

整形疾患のリハビリの回復イメージとしては、(1)と(2)を反復し、(5)につなげることである。ただしリハビリの成果を患者が日常生活に持ち帰り、セルフトレーニングしたとしても、おのずとはまり込むのが(3)→(4)のパターン化である。それゆえ(3)→(4)のパターンをリセットすることがそのつどのセッションの最初の課題にもなる。

通常歩行や階段動作ができるようになったさいに、一度、患者に柔道でも必要なすり足で歩いてもらうよう指示をしたことがある。試みようとした彼は、その場に立ちすくみ一歩も動けなくなってしまった。すり足という、足の指を地と平行に滑らせながら、重心を前に傾けつつ、一歩一歩足を前方に出す動作ができないのである。健常者であれば、普段行うことがないにしても、いくつもの歩行パターンを実行することができる。それら歩行パターン群の中から、状況に応じた適切なパターンが選択される。小走りや横移動、場合によってはかがみながら歩くといった様々な運動パターンは、普段は抑制されながらも通常歩行という動作の影として共作動している。

その二週間後のリハビリのときに患者は、必死に練習したというすり足を見せてくれた。確かに前回と比べて、すっすっと足が出ている。しかし微妙にではあるが、足の指が背屈し、地についていない。さらには重心がすり足にしては後ろにかかりすぎている。つまり、片足を上方にあげながら前方に出す通常歩行とは異なり、地から離さずにつま先と足底を前方に出すために、彼は重心を不必要なほど後ろに傾け、支柱となる足のハムストリングスを硬直させることで、なんとか突っ張ったまま足を前方に出していたのである。それは、見かけ上、能や狂言のすり足に近く、柔道や武道でこれを用いれば、すぐに倒されてしまう。つまり本人は、柔道に必要な動作としてのすり足のイメージで習得するのではなく、観察者や自己イメージにとって、すり足に見える動作を獲得するよう必死に努力し、練習したのである。

確かにADL回復にとっては、(4)のパターン化だけで十分なのかもしれない。そのことが、周囲の人々や本人にとっても回復の手ごたえを与えるからである。とはいえ、身体がおのずと備えている潜在的な展開能力を押さえつけるようにして行われる回復とは、いったい何のための回復なのか。大越の言葉では、「荒地のままの回復」である。おそらく長期的視点で見た場合、(4)にとどまることによる問題が今後さまざまな形で二次障害として出現してくるはずであり、そのときには荒地の開墾は、現在とは比べ物にならないほどの手間暇をかけねばならないであろう。それは、健全なシステム的回復からは程遠いと言わざるをえない。ただし今回の症例は、柔道というアスリート仕様の身体に届かせるためのリハビリを必要としていたため、上記の課題が副次的にとてもよく見えてきたともいえる。そのかぎりで、今後の本症例の変化に多くの期待を寄せることができることもまた事実なのである。

4 リハビリの戦略――理学療法士大越友博の臨床モデル

四肢の身体運動を要素とする動作システムであれ、表象や思考を要素とする心的システムであれ、個々のシステムは安定状態にあるだけではなく、レジリエントな特性を含んでいることが望ましい。でなければ、そのシステムは容易に動揺し、解体するリスクにさらされ続けることになる。整形疾患では特定の筋が放置されたり、過剰稼働させられることによる疼痛や拘縮が出現し、基礎動作そのものが困難になる。以前、レジリエントなシステムの特性として取り上げたのが、左記の七項目であった(287)。

①多様性の確保と複雑さの維持
②中程度攪乱に対する寛容性と耐性の強化
③並行分散型ネットワークの確保
④代替ネットワークの確保

⑤中枢制御系の不在
⑥単離可能性の吟味
⑦冗長性の活用

神経システム、動作システム、心的システム、いずれもレジリエントなシステムには、これらの特性が結果として見出されると想定できる。ただし、これらが必要十分条件であるのかは未決であり、これら以外にも多くの特性があると想定しておいた方がよい。

さらに、これら七項目は相互に機能連携化、もしくはサブカテゴリー化することができる（図5参照）。以下では、大越による整形疾患のリハビリ臨床をモデルとして、その内実を一般化して展開する。

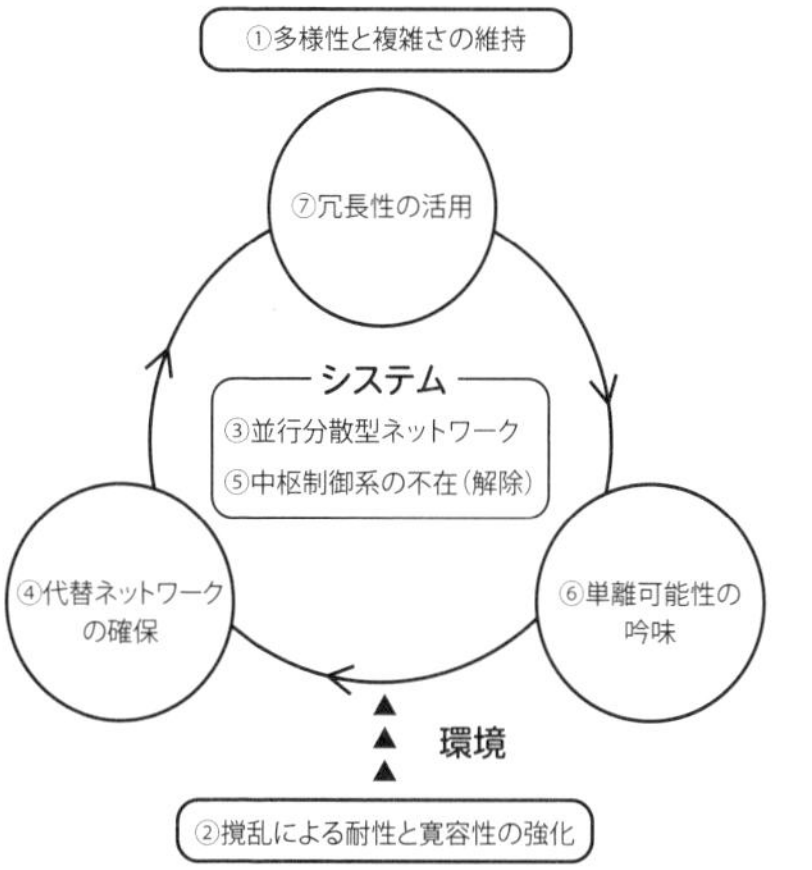

図５　レジリエントなシステム特性の配置

システムと環境のあいだに一対一対応がなく、非線形的な影響関係のみが存在するかぎり、システムは単調でも、単純でもない。それはつまり、システムとその作動が①「多様性と複雑さ」を維持しているということである。多様性と複雑さを維持したシステムが運動プロセスのなかで成立すること、それがレジリエンスの最大の焦点である。

したがって臨床における問題は、そのようなシステムの形成がどのようにして実現されるのかである。こうしたシステムは、中枢神経系のように③「並行分散型のネットワーク」からなり、そこには⑤「機能中枢や実行中枢」が存在していないか、もしくは、「意識」のような機能中枢の類似体があったとしても、その関与と脱関与の間に調整できる度合いが存在する。その意味では、③、⑤は、①の最小規定項目である。

そして、この最小規定項目を実現するには、⑦「冗長性」が活用されている必要がある。というのも、この冗長性を通じて、カタストロフィック・シフトというシステムの決壊を食い止めるロックが何重にもかけられるからである。それは、緩衝機能としてのバッファであり、柔軟さであり、活動余白としての遊びでもある。

では、この「冗長性」を活用するのに、どのような戦略がとれるのだろうか。図6は、Aというユニットが、Bというユニットの活動を実現するための模式図であり、システムの作動がAからBへと継起する場面を示している。図5のシステムの円環は、図6のユニットが多数連結することで成立する。Bが起動するには、実線の選択肢を用いるのがエネルギー効率からみて最良ではあるが、B実現のためにはいくつものやり方、迂回路（破線……）がある。これらが「代替性」を意味する。

たとえば健常な人間の場合、通常歩行に加え、いくつもの歩行パターンが可能であり、ただやらないだけで潜在化されている選択肢が無数にある。これら選択肢の系列が、行為可能性としての冗長性に該当する。

このことは、筋や関節に関しても該当する。膝関節を稼働せずに歩行することも、すり足のように足指を背屈させずに歩行することもできる。「やろうとすればいつでもできるがやらない」

という形で、しかもそれら選択肢が意識的に抑制されているのではない形で代替性が潜在化されている必要がある。

さらに同様のことは、セラピーにおける訓練の選択でも起こる。同じターゲットに対しては多数の訓練の設定が可能であり、それらいくつもの課題がセッションごとに見えてくるかどうかが、そのセラピストの臨床のレジリエンスに相当する。

あるいは図7のように、立位から、次の歩行動作が行われるには、多様な筋のネットワークが同時に動員されている必要がある。つまり、ひとつの行為の背後では、多数の筋のネットワークが連動し、緊張と伸縮の相互配分が行われている。そのようなものとしてもこの図は理解できる。

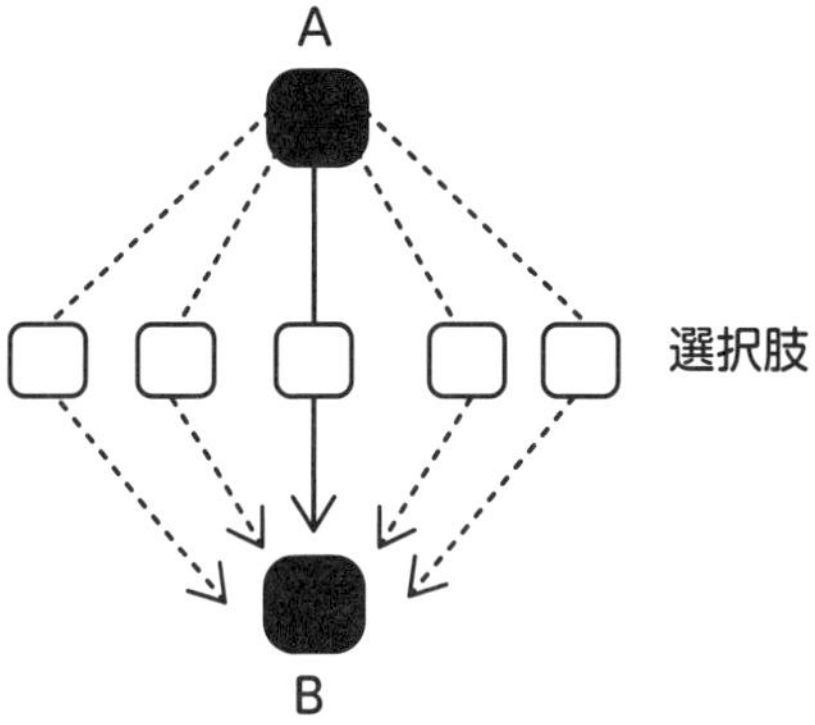

図6　潜在化する代替性

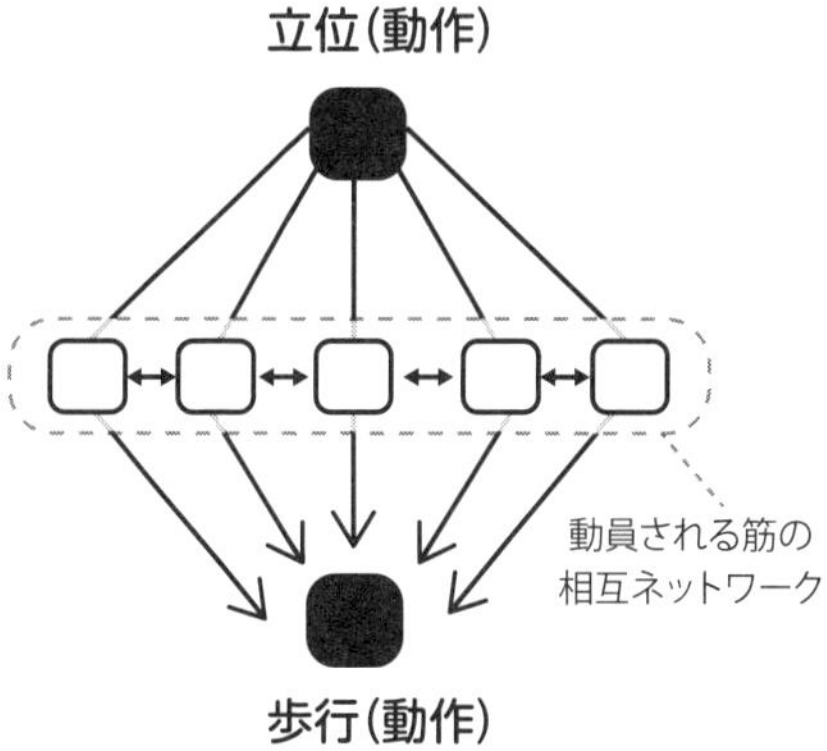

図7　代替性ネットワーク

つまり、潜在化する代替性が相互にネットワーク化しているということである。

問題になるのは、行為の外形（歩容）ではなく、その行為を支える筋相互のネットワークに冗長性が活用されているのか、あるいは活用されていないとすれば、どのユニットないし選択肢に問題があるのかが、吟味されねばならないということである。

ここで⑥の「単離可能性の吟味」が、②の「攪乱」を通じて行われることが推奨される。リハビリ臨床における攪乱とは、エクササイズの別名であり、一時的に安定したシステムに不均衡をもたらすことで、システムにどのような変化が起きるのかを確かめることである。

認知神経リハビリテーションの定型的手順でいえば、第一段階ないし第二段階で行われているのが、課題を通した単離可能性の吟味である(288)。ただしこの吟味は、痙性や緊張を単に軽減させたり、連合反応を抑制することに焦点があるのではない。重要なのは、課題を通じて背後にある冗長性ネットワークがどう変化し、それをどうすれば拡張できるかを見極めることである。

ある訓練部位へと注意を過剰分配することで、それ以外の部位での身体の緊張や動作が変化してしまうことは度々起こる。肩関節に対する認知課題を行うことで、手首の緊張が抜けたり、体幹維持のバランスが変わってしまうといった事態もよく起こる。セラピストにとって大切なのは、介入部位、およびその近接部位の変化だけではなく、それらの範囲外に起こる広範な筋のネットワークの変化への注意の精錬である。

たとえば大越の整形疾患のセラピーでは、患者にとっての問題部位（疼痛や運動障害、麻痺等）を問診した後に、その部位に何が起きているのかを、患者に問いかけ、力を入れさせたり、可動域を変化させたり、環境状況を変えたりしながら触診する。

本章の症例でくりかえし起きていたのは、患者自身が異常として気づける「疼痛」や「筋肥大」のほとんどが、健常であれば活用されていない筋が用いられていないことによる代償運動の結果であったということである（図8）。

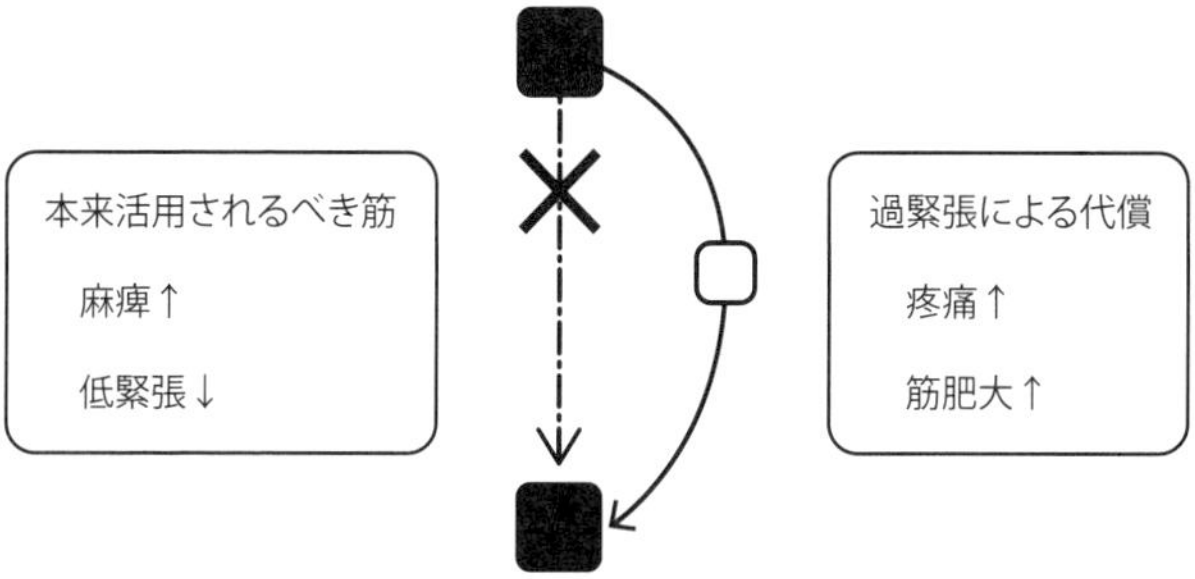

図8　選択肢なき代償

代償の起こりは、疾患後やオペ後の急性期に、患者が疼痛を回避し、調整感度の高い部位を意識的に過剰動員し、かつ記憶イメージを用いて外形上の逸脱が最小となる行為を模索することから始まる。

その場合、本来活用すべき筋や関節が、患者にとって選択可能な単位となっていないことがほとんどである。これは患者の自然性であり、システムの自然でもある。そしてその過剰反復が、その後、代償部位における疼痛、筋肥大を引き起こし、その逆に他の選択肢が放置されることによる筋肉量低下ないし低緊張が起こる。

したがって大越の臨床では、疼痛や過緊張が起きている部位そのものをターゲットにエクササイズすることはほとんどない。むしろ本来であれば活用されるはずの筋と、それに連動する筋、ないしはその近傍筋をターゲットにして、そこへと患者の気づきを誘導することから始まる。というのも、本来活用されるはずの筋は、疼痛や麻痺等によって活用できないからこそ、患者は代償経路を作り上げるのであって、本来の筋への介入が当初よりうまくいくことのほうが少ないからである。

したがってその試みは、本来活用されるべき筋を直接ターゲットにしていないかぎり、別種の代償回路を作り上げることになるが、代償そのものの選択肢を複数化してしまうことに等しい（図9）。

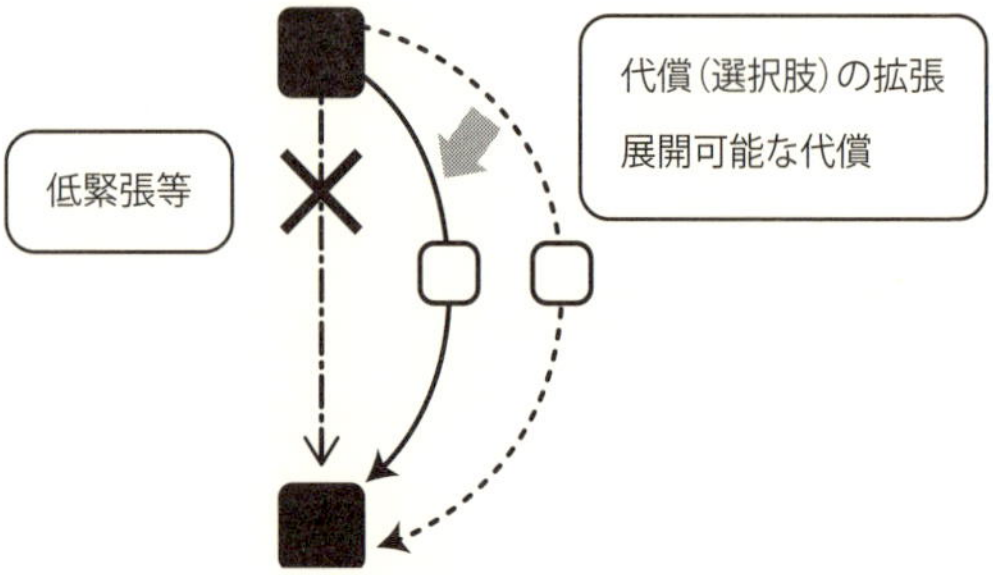

図9　代償ネットワークの拡張

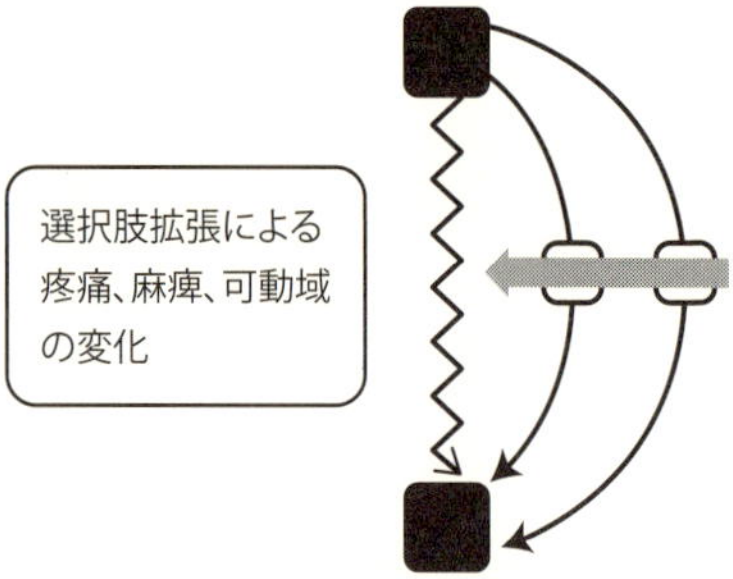

図10　代償を通した全体的変化

訓練を通した新たな代償経路の獲得は、動員可能な筋が患者にとって経験可能な選択肢として存在していることの気づきを作り出す。患者が、この修正可能性に気づけることによって内感的な差異への感度が細かくもなる。こうした新たな代償経路が形成できれば、疼痛や過緊張が起きている部位もおのずと変化するため、セラピストにとってはその臨床的な選択が、次の展開にとって有効かどうかを判定する指標にもなる。

大越の場合、患者が感じ取るべき内感の経験は、①「言語的指示」、②「セラピストによる接触（他者触覚）」、③「患者による内的感じ取り（直接触覚）」、④「患者の手を通じた外的接触（間接触覚）」、⑤「セラピストとともに部位を感じ取ること（共触覚）」を通して記憶化される。さらにこれに、自宅で訓練可能な方法の伝達が行われる。

このようにして代償ネットワークが拡張され、複数化されてしまうことで、本来用いられるべき正当なルート、ないし筋の在り方も変化してしまうことがしばしば起こる（図10）。代償ネットワークが冗長になることで、過剰動員されていた部位と、放置されていた部位の関係が変化し、患者の内感的度合いを調整する能力の向上とひとつになって、システムの全体的な運動可能性が変化する。

疼痛や麻痺の軽減だけではなく、より正常パターンに近い筋の動員が促されることで、本来の筋や関節がそれら代償ネットワークに引き寄せられるような変化が起こる。

現実の臨床は、ほぼこのことの繰り返しであった。しかも報告症例では、セラピー実施が不定期で、三か月ほどの空白期間もあったことから、セッションが継続的にうまく続いたわけではない。

患者は一生懸命、セッション内で与えられた課題を持ち帰って練習を行う。ひとりで反復しているうちに、何が本来の課題であったのかが分からなくなり、機械的にやみくもに反復してしまう。それにより、別種の代償が強化され、固定化される。それゆえ次のセッションでは、その頭打ちの代償を再度調整し、患者の内感的自由度と動作自由度とが相互に拡張されるような別の展開可能性をそのつど発見することが主題となる。

大越によれば、疼痛や過緊張のない有効で新たな代償運動が形成されてくると、「あの頃の（痛みを伴う不安定な）動き」は、「思い出そうとすれば思い出せる」から「もう思い出せない」へと内感的な記憶イメージ（感触）が患者の中で変化するという。ここまでシステムが安定すれば、それは新たな代償運動というよりも正常運動といってもよいと大越は考えている。

本来であれば、当初の介入から、最終的な予想が描けるのが望ましいが、現実の臨床では筋書き通りに運ぶことはほとんどない。そのつど行き当たりばったりにならざるをえないのもごく普通のことである。

にもかかわらず、臨床では、展開できる冗長性をどれほどの精度をもって発掘できるか、しかもくりかえし帳消しにされる以前の展開を修正、調整しながら、前進できるかが何よりも重視される。

5　臨床モデルと神経系の戦略

こうした臨床は、一極に収斂する系統樹のように展開することはない。むしろ横走し、縦走するリゾーム状の展開とならざるをえない。にもかかわらず、長期の臨床を経たのちに、結果的に系統樹のような展開に見えてしまうことはある。大越が行う研究会等での臨床報告のほとんどは、そのようなものになっている。本人は理路整然と、自分の臨床を意味づけ、介入ポイントを外すことなく進んでいると確信している。にもかかわらず、発表者以外は、おそらく患者当人も、なぜそうなったのかにいつも当惑せざるをえないのである。前章のプロセスとしての臨床の問題はここでも当然妥当する。

大越の臨床が、放置されている筋を再動員し、代償運動を複数化、多重化するといった冗長性を活用していることに間違いはないのだが、冗長性そのものにも隠された境界・基準があり、ただ闇雲に選択肢を増やせばよいという話ではない。筋相互の近接性、隣接性、遠隔性、さらに表在筋、深部筋といった横走し、重層する筋単位がネットワーク化するさいの「星座作用(constellation)」を、大越は運動プロセスの中で間違いなく見抜いている。そうでなければ、レジリエントな身体動作が作られるはずはない。

しばしば大越は、自分の臨床を「荒地を耕すことだ」と表現したり、「いつでも臨床は、その場の直観とセンスだけだ」と言ったりする。しかし、真に受けてはいけない。気をつけねばならない。というのも、そうした臨床家は往々にして、介入と同時に見えてくる病理と、その後の展開可能性の裾野を、そのつど可変性をもちながらも着実にとらえ、かつ、その可変性ネットワークをいつでも調整し、修正できる知と技を手にしているからである。

最後に、本章で展開した冗長性を活用する臨床モデルと、神経系の生存モデルとは、少々相性が良くないことを指摘しておく。というのも、レジリエントな神経系の成立には、アポトーシスを介したニューロンとシナプスの量的減少という戦略が用いられているからである。つまり神経系の冗長性は、臨床場面のように動員される筋や運動の選択肢を拡張することによって成立するというより、むしろ逆に多様に張り巡らせた神経ネットワークの選択肢を刈り落としていくことで作られる。臨床における動作の量的増加と、神経系の量的減少がどのように関係するのかについての考察、しかも発達初期ではなく、大脳の中枢神経系疾患や整形疾患における心身の回復がどのようにして神経系の戦略と関連するのかの考察は、今後の課題にせざるをえない。

9　壊すものを生み出すこと

星こわしには、どのように植え付けられたのか分からない記憶がある。記憶という言葉が正しいのかも分からないが、無数のイメージがどんなときにも星こわしの体を駆け巡っている。それらは音でもあり、沈み込んでは浮かび上がる鈍い錘のような身体感でもある。匂いもある。それら記憶に導かれるように星こわしは飛ぶことを余儀なくされる。

とはいえ、みずから星を選び、こわしを選択してもいる。サインの聴き取りも、飛び方もタイミングも、個としての星こわしに委ねられている。しかし他方、そのようにして宇宙はみずからを星こわしを通して感じている。あるいは、宇宙は思い起こすことのないみずからの記憶を星こわしを介して紡いでいく。

何も起きないところでは、何もかもが起きてもおかしくはない。この論理を維持することが宇宙の存在理由であり、どんな出来事も起きてしまうことを、全く何も起きないことが支えている。宇宙とはそのようなメカニズムの集合体であり、入れ子である。

サキ（ヨスイ）は星に生きる多くの生物たちのことを考える、サキ（ヨスイ）がその地表に降り立つということは、それら生命が消滅することを意味する、いずれどの星も星こわしが降り立つ、その星こわしはサキ（ヨスイ）ではないかもしれないが、何かが降り立つことに変わりはない、だとすれば、地表にいる生命とは一体なんなのだろう、すでに彼らは終わっている、それはもう決まっている、はるか以前から絶滅していた、どうして壊すものを生みだす必要があるのか、産むも産まないも実は同じである、生みだすために壊すのでも、壊すために生みだすのでもない、何も変わらない何も変わらない。

第一〇章「臨床空間」——臨床空間再考

1　リハビリテーションにおける問題

脳血管障害等による中枢神経系の疾患に対する各種理学療法にはいまだ科学的エビデンスがほとんどない。二〇一五年の『脳卒中治療ガイドライン』のリハビリテーションのパートでは、「発症直後から、急性期、回復期、維持期にわたって、一貫した流れでリハビリテーションを行うことが勧められるが、時期の区分については十分な科学的根拠がない（グレードC1）」や、「発症後早期から積極的なリハビリテーションを行うことが強く勧められる（グレードA）」と記載されてはいる。(289) つまり、早期離床や歩行訓練では量的運動が必要だということは勧められているが、各種運動療法には大差がないため、どのようなリハビリテーションを提示すべきなのかはまったく不明に留まっている。(290)

にもかかわらず、それぞれの運動療法の正しさを標榜するセラピストたちは、自分の手技が最も優れていると考える傾向にある。ここにすでに疾病や障害に苦しむ患者に対する「支援としてリハビリテーション」と、どのような療法が優れているのかを競い合うセラピストにとっての「リハビリテーション技法」の間に、看過しえない距離が生じてしまうことになる。というのも、セラピストの善意と熱意だけでは、リハビリテーション臨床が効果的になるわけではなく、その善意や熱意が、患者にとっての負担や暴力に転換されることも往々にして起こるからである。理事を務めているNPO神経現象学リハビリテーション開発機構が毎年開催する「人間再生研究会」が二〇一七年において九回目を迎えた。来年は一〇年の節目でもあり、本章では、さらなる展開に向けて何が必要となるのか、リハビリテーションにおける問題点を炙り出しておきたいと思う。

2 臨床の原則

臨床実践で行われていることは、セラピストが、目の前の患者の診断データをてがかりに、一個人の身体に触れ、動かし、動いてもらい、その感じを聞き出し、それをまた別の手がかりにしながら、治療訓練を設定することである。そして、その反復の中で患者の身体が、認知が、経験が変わることを待つ。それだけである。脳科学、神経科学、認知科学等の科学的な事実認定的データはますます詳細に豊富になっていく。とはいえ、それら成果は、どのような臨床を行えばよいのかの指針を与えることはあっても、具体的な手順を決めることはない。その意味で臨床ではいつでも、そうした科学的データと圧倒的に多様な個々の病態の間に橋を架ける作業（治療の訓練設定と検証）が必要になる。それは一般性と個別性の間のブリッジをどう考えるかという問いでもあり、訓練の設定には、患者の病態をどう見ているのかの仮説とその仮説を検証する仕組みも必要になる。

全く同じ病態を抱える患者はおらず、どんなに訓練を行っても身体と脳の分厚い壁に跳ね返されて、遅々として臨床が進まないことが多々ある。これまでは、「認知神経リハビリテーション」という技法の臨床実践を研究展開のための手がかりとしてきたが、この先一〇年の展開を含めた方向を確認するためにも課題の洗い出しをしておきたい。五年前にすでに以下のような「臨床（思考）の原則」について述べていた。ここでの原則は、第七章における内容を補足するものとなる。

臨床の原則①「線形的思考（直接因果）の放棄（あるいは参照軸としての利用）」

臨床において人の身体に触れるということは、ミクロからマクロのレヴェルにいたる変化を起こす。人と人が対面するだけで心拍数は変化し、触れるだけで熱の移動が起こり、会話を行えば、神経系の活性が生じる。つまり、どのような治療介入であっても一時的で、微細な変化は起こる。問題は、そうした不可避的な変化を差し引いて、治療訓練が特定し、予想する患者の身体の変化に繋がるかどうかである。その際に「こうやったから、ああなった」という思考の習性をとにかくカッコに入れねばならない。経験を単純化するのではなく、複雑化する思考を導入するのだ。単純化された線形的思考は、臨床に多大な誤解をもたらす原因となっている。こうした誤解には以下のものが含まれている。

(1)そもそも臨床試験における疫学的エビデンスは、直接因果を否定している（単線的因果の誤解）。
(2)寝返り、うつぶせ、ずりバイ、ハイハイ、座位、つかまり立ち、立位、歩行という健常な観察者が容易に特定できる単位を正常性という基準として虚構する（観察者・健常者の誤解）。
(3)手を挙げようと思ったから手が上がるのではない。麻痺ではどんなに上げようとしても手は上がらない（意識の誤解）。
(4)スポンジを背中に当てたから体感バランスが向上したのではない（セラピストの誤解）。
(5)素材を判別したから、緊張が緩み、可動性が高まったのではない（課題の誤解）。
(6)生きた行為文脈を入れたから、動作が変化したのではない。課題指向性のリハビリテーションに効果があるというデータもない（ナラティブの誤解）。

というように多くの誤解がここに生じる。

臨床の原則②「間接的、非線形的思考の導入」

直接的、単線的因果のような思考を放棄した場合、その逆の間接的で、非線形的な思考を習得する必要が出てくる。つまり、ある「介入A」が、患者にとっての「変化B」につながったように見えるとき、「介入A→変化B」という図式のこの「→」の間に、どれだけ多様な変数が出現し、それらが間接的に患者の経験に関与し、場合によってはネットワーク化することで変化が起きていたのかという問いに変換することが必要になる。この変数の一覧をどのように発見、設定できるのかが、セラピストが見ているもの、感じ取れるものの範囲となる。

また、前章で扱ったように患者にとって変数が増えるということは、一つの動作の達成の選択肢、迂回路が増えるということであり、体験と経験が複雑化することを意味する。認知神経リハビリテーションではこのことを「身体の細分化」と呼んでいた。

たとえば、脳卒中片麻痺の患者の背中に、硬さの異なる三種類のスポンジを当てる接触課題について考えてみる。この課題の判定の精度が高まるにつれ、患者の体感バランスの歪みが改善されたとする。そのとき患者とその身体は、「どのようにして」この硬さの認定・判別にたどり着いたのか（知覚仮説）を推測する必要が出てくる。考えられる変数として以下のようなものが挙げられる。

・変数(1)：圧感覚、接触速度、接触面積の変化といった触覚性感覚の精度の調整。
・変数(2)：患側の緊張の度合いの変化。
・変数(3)：臀部、背部における自動的な体重移動。
・変数(4)：患側部へと注意を向け、その集中度を感じ分けること。
・変数(5)：健側を含む非意識的な体勢維持、四肢の緊張維持。
・変数(6)：柔らかさや堅さに固有な情動（心地よい、不快）の感じ取り。
・変数(7)：コンテクスト性の中での感じ取りの実行。

課題の判定のさいに患者の身体がこれら変数のどれを手がかりとして用いていたのかが検証さ

れなければならない。さらには、それら変数が患者にとって自由度のある選択肢となっているのかどうか、おのずから変数の選択ができるのかどうかが、確認される必要もある。

臨床の原則③「慢性疾患の臨床は調整課題の連続である」

ここでいう調整課題とは、線形関数のように一意的対応で解が出るような問いではなく、多因子、あるいは多システムとの連動関係を見極め、効果的なポイントに介入し、調整することで、そのつどの最適解を見出すような実践的、継続的アプローチである。

「ナラティブ」の章（第七章）でも述べたが、現在の医学は、もはや単一病因論を維持することはできない。病的現象に対して多因子がネットワーク的に関与し、そのネットワークの不均衡や不整合に応じて病理が創発することが自明となっている。その場合、問題点として、何が治癒（寛解）であり、どこに進むべきかが決まらない、あるいは、当初の目標が繰り返し変化する（通底する経験の確定困難さ）、さらに調整の効能の判定をどうするのかが外的基準からは最終的に決まらないことが挙げられる。それらの対応策としては、経験の創発の積極的活用、臨床的病理の発見と展開、参照枠（結果・外的基準）としての疑似的な見かけ上の回復（問題行動の解消、可動域の拡張、ＡＤＬの上昇、症状の緩和、発話の変化、当人の行為変数の集合変化等々）を設定するより他ないのである。

3　何が問題なのか？——認知神経リハビリテーションは何を行ってきたのか

上記の臨床の原則は、片麻痺、高次脳機能障害、整形外科疾患、発達障害や脳性麻痺といった、どのような病態においても当てはまるリハビリテーション臨床における統制的指針である。それは最低限、単なる対症療法やマッサージとは異なる治療という経験を維持するための条件でもある。[291]

とはいえ、それぞれの病態においては回復の度合いも速度もスパンも異なる。その場合、どこまで介入すればよいのかという問いはいつでもセラピストが直面する課題になる。認知神経リハビリテーションは、片麻痺を筆頭に、高次脳機能障害、整形外科疾患、神経変性疾患、発達障害、脳性麻痺にまでその適応領域を広げて展開を行ってきた。個々の症例検討でも、そうしたことに疑いはもたれていない。

ここで一つ大きな仮説を提示したい。これは事実認定ではなく、リハビリテーション臨床の次なる展開を探るための戦略的仮説である。それは何かというと、認知神経リハビリテーションがこれまで対応してきた各種の病態は、⑴麻痺群、⑵無視・失調群、⑶混合群の三つにグループ化できるというものである。臨床において運動機能障害が起きている場合、それが感覚麻痺によってもたらされているのか、注意や運動イメージの混乱によってもたらされているのかという、「麻痺」と「無視」の切り分けを決定的に重要なものとして仮説化したものである。

⑴の麻痺群とは、たとえば脱失した腕の自重で脱臼してしまう（亜脱臼）ほど感覚麻痺が重度

で、運動発現の手がかりがない症例群である。注意や運動イメージといった認知能力とは独立に、そもそも感覚運動能力が喪失しているか、あるいは調整のための手がかりが身体運動の中に一切ない状態でもある。筋緊張がほとんど起こらない四肢を抱えた患者群であり、以下の無視や失調による対応では済まない困難さが含まれているグループである。

(2)それに対して無視・失調群とは、注意や運動イメージ、プランニングの変質によって、本来活用可能な動作単位や調整能力を適切に、整合的に用いることができない群である。その意味では活用可能な感覚運動能力は温存されており、その能力発現の微調整を行うことでおおよその回復が見込める群でもある。軽度の痙性麻痺や、健側における知覚の混乱などもここに含まれる。高次脳機能障害、軽度麻痺では、この無視（注意障害）・失調（制御障害）への対応が問題になる。

この二つを大きくグループ化した理由は、片麻痺の治療からスタートした認知神経リハビリテーションでは、実は「麻痺群」ではなく、「無視・失調群」への対応こそに焦点・力点があったのではないかという仮説を提示したいからである。この仮説がそれなりの実効性を持っているとすれば、ある意味でフロイト流の精神分析が、心の防衛機制である抑圧を言語的なコミュニケーションを通して解除するのと類似した療法であったことになる。実際にフロイトの患者の中には、身体麻痺や痺れ、痙攣、失語や失行をともなったヒステリー患者が多数いた(292)。

また、上記の仮説を提示する理由は、以下のような患者とセラピストのやり取りが臨床において頻繁に起こっている可能性があることへの気づきにもよる（Th：セラピスト、Pt：患者）。

Th：「そのあとは、〔腕を豚足のように感じる不快な現象は〕一度も現れないのですか？」

Pt：「全く豚足のような嫌な感じはありません。もうこれ以上、腕は良くならなくても（随意性の回復がなくても）いい。そう思います。豚足にとり憑かれた感じがない生活は非常にいいです。気が楽です」。

Pt：「〔…〕でもここでこういう話ができて本当に楽になりました。腕が動く、動かないという問題よりもあの嫌な感覚から解放されるなんて精神的に違います」(293)。

精神的な負荷という憑き物がまるで取れたかのような会話である。この症例は、本田慎一郎作業療法士が出会った左麻痺の患者で、患側の腕の緊張が高まるたびに豚足にとり憑かれたかのような気持ち悪さを感じていた。そこで本田先生が、患側を用いて服を着るさいに、違和感のない右腕で行っている動作の運動イメージを用いることを勧めたところ、数日後に、上記のような患者の発言が現れたということである。

これが「障害受容」のひとつであることは確かである。自らの身体の違和感が消失し、たとえ腕が以前のように動かなくても、自分の固有な身体として生きていけることが受け入れられたからである。実際、本田先生によるその後の調査でも、患側の麻痺という症状に変化はない。

ここでは運動イメージの活用などを通して、身体を変化させる訓練が行われていた。しかし身体麻痺が回復したのではない。麻痺のある身体を受け入れられるように患者が変化したのである。患者自身がそう述べているのだから、この受容が悪いことではないのも確かだ。とはいえ、やはり麻痺への対応が難しいことを同時に証してもいる。患者が生きる体験世界の共同的理解は、障害を受容させることと表裏をなしている可能性が高く、訓練の手がかりを見出すための体験世界への歩み寄りが、患者が訓練をしない決意へと結びつくことにもなる。先の症例以外にも多くの症例報告をしている本田慎一郎先生は、名人級のセラピストであり、患者の内的世界に言葉を与えることに長けている。

にもかかわらず、彼の著書を通して理解されるのは、「無視・失調群」の回復度の高さに対して、「麻痺群」への対応の難しさである。実際、半側空間無視や運動失調、失行、失認といった高次認知や小脳性の疾患に対して、認知神経リハビリテーションがかなりの効用をもつことはたびたび実感していた。(294) しかし重度麻痺や脳性麻痺、発達障害に対して、この療法がどこまで適応できるのかいまだによく分からないのが現状である。

また、麻痺群と無視・失調群は、きれいに切り分けられるものでもない。その場合、(3)麻痺と無視・失調の混合体としての病理にどのように対応するべきかが問題となる。無視・失調の回復を、回復の限度とすべきなのか、重度の感覚麻痺は廃用といった二次障害を避けるにとどめ、(装具や歩行器、電動車椅子、ＢＭＩ等によって)技術的に代償する選択が患者とセラピストの両者にとって効率的で望ましいものになるのか、といった問題が現れる。それほどにも重度麻痺、発達障害、脳性麻痺に対する対応指針はいまだ明らかではないのである。

4　二つの問い

前節における仮説と問題提起には、さらに厄介な以下の二つの問いが含まれている。最後にこれらの問いに対する見通しを提示する。それら二つの問いとは、(1)なぜ人間の歩行やリーチングといった基礎動作は、一度損傷してしまうと、(とりわけ片麻痺において)こんなにも回復が難しくなるのか、⑵なぜ運動能力の回復は、認知能力の回復に比べて遅く困難なのか、というものである。

先の仮説が提起していたように、無視や失調による運動能力の障害は、基本的には前頭葉を中心とする新皮質由来の実行機能(注意、知覚、記憶)の混乱によるものであり、そうした認知の混乱を整合化することは比較的に容易で、回復速度も早い。それに対して運動機能の皮質損傷に対してはいまだ回復を拒む分厚い壁が立ちはだかっている。ここには、人間の身体と脳の進化史における特殊性が関与していると考えられる。

メディアでも何度も取り上げられるほど有名なBoston Dynamics社の人型ロボットのアトラスは、バランス制御に優れ、不安定な足場での歩行も、バク転もできる。どうやら走行も可能となった。つまり、人間の動作との類似が工学的に高い精度をもって実現できるようになってきている。そうしたロボティクスによる身体には、人間の内感に類似した調整能力はない。つまりそこには意識体験も現象学的な経験もなく、ゾンビの身体があるだけである。

そうであるとすれば、力学的なロバストネス(頑健性)に基づく歩行や走行といった身体動作は、現象学的な経験がなくても可能であることになる。むしろ逆に、現象学的な経験を創出する脳システムこそが、人間の動作が損傷した際の回復の困難さをつくり出しているとも考えられる。ロボットの身体が損傷した場合、壊れた部品を取り換える以外の代償の仕組みがないのに対して、人間の身体と脳は、部品を容易に取り換えることができず、むしろ残存している部位を用いてとにかく代償しようとする。この代償の仕組みに人間の脳の特殊性と厄介さが関与している。

人間では脳の相互の半球の関係性、「ラテラリティ（側性化）」が顕著であり、多様な機能を分散させ、密接な相互関係性（相互抑制性）が作り上げられている。そのことが人間の行為能力の自在さと展開性を可能にしており、その関係性は長い発達的履歴とともに作られてくる。(295) この神経系の履歴（記憶、イメージ、言語）が、一方の脳の損傷に対して複雑な病態を作ってしまうと考えられる。その一例が「半球間抑制」としても知られており、相互に抑制をかけていた一方の脳が損傷することで、他方の建常な脳が過剰に反応・活性し、病理を作り上げてしまうのである。

それに対してロボティクスにおける身体にはこうした履歴がない。だからまだそのロボらしい動作や行為というロボの個体性が成立しない。彼らの歩行は、発達や訓練を通して獲得したものではないからである。それに対して、人間の進化にとっては身体と脳における個体性こそが、同種に留まらない他の動物とは異なる生存に必要な差異を生んできた。

さらに進化的な淘汰圧は、とりわけ高齢化とともに起こる身体の損傷に対して有利に働かなかった可能性が高い。というのも、若い個体は身体や脳に影響が出る以前に、すでに次の個体を生み出してきたからであり、子を残した後の個体の生は、文明化以前の環境であればなおさら、あっという間に取り除かれてしまっただろうからである。

脳機能障害とは、人間が長寿になるとともに顕在化し、一般化した病態であり、ハンチントン症やALSのような成長後に発症する難病が残り続けるように進化的な淘汰は、成熟、老化した個体に働きかけることはできない。これが、(1)なぜ人間の歩行やリーチングといった基礎動作は、一度損傷してしまうと、とりわけ片麻痺においてこんなにも難しくなるのかという問いに対する暫定的な仮説のひとつである。

さらに、こうした進化的な視点の中に、⑵なぜ運動能力の回復は、認知能力に比べて遅く困難なのかという問いへの見通しもある。人間の乳児は、出産後、一年近く自分で動くことができない。ほとんどの哺乳類が生まれてすぐに自己運動できるのに比べれば、これがどれほど異常なことかが分かる。さらに胎内では可能であった、歩行や水泳といった胎児の運動能力は、出生後一時的に抑制されてしまう（U字型発達）ことも分かっている。[296] 人間の運動能力は明らかに遅れて発達する。

それに対して人間の認知能力は、発達心理学者のピアジェが理解していたのとは異なり、すでに六か月の乳児が他者の心的経験や信念を予期できるほど精緻で細かなものであることが明らかになってきた。[297] また三か月の乳児は、自分で歩けないのに他者の歩行パターンを他の運動パターンから区別する認知の精度ももっている。[298] 神経系の活性そのものは、認知能力と運動能力を区別しないが、人間の運動能力は当初より、認知や言語機能を基礎に組み込んで高次化、ネットワーク化されると考えられる。つまりその意味では、「高次脳機能」としての認知・実行機能という言い方は適切ではなく、むしろ逆に、認知機能が低次から組み込まれた運動機能こそが高次脳機能と呼ばれるべきなのかもしれない。だからこそ、運動機能が一度損傷すると認知機能の回復以上に問題化する。認知機能の履歴の混線に加え、運動機能そのものの組み立てに認知機能が深く介在しているからである。これが、リスザルやラットの運動能力が損傷しても比較的素早く回復することに対する人間の運動能力についての暫定的仮説となる。

今後のリハビリテーション臨床は、こうした人間の運動能力の固有性と複雑さを見据えながら組み立てられていく必要がある。しかもその際、どこまでの介入が患者とセラピストの双方にとって、さらには医療コストとの兼ね合いも含めて最適解となるのかが見極められなければならない。個体の変容を導く旅は、まだまだ終わりそうもない。

10　そのとき

そのときは突然やってくる。なんの前触れもない。サキはその日、一つの星を眺めていた。黄色く霞んだ星のサインをいつものように見極めていた。そしてそれは、起きた。小さな小さな糸くずのようなものがサキの身体のバランスを微妙に崩していた。重力のない空間に浮かぶサキの右足の、一番端のつま先の、親指の爪先の鈍い重さとなって、身体という地図上に描かれた無数の等高線の乱雑な窪みを作り出していた。とっさにサキは左の肩先に目を向ける。右足の爪先の歪みから最も離れた場所、その左の肩先に、小さな星こわしがいた。

「大丈夫、続きはやっておく」

「え？」

サキがその声の主と声の意味を認識するに先立って、サキの肩先でそれは「とん」と飛んだ。サキはその跳躍の、ひとつの軌跡に目を奪われていた。これまで何千何万回と飛んできた、星こわしのサキの跳躍の一切が台無しになるほど静かで美しい完璧な跳躍だった。降り立ったサキの肩先で、星こわしはまっすぐな瞳をしている。やがてサキの体は、その中心に引き込まれるように音もなく飲み込まれ始める。すすすすと自分の境界がなくなっていく。その最中でもサキの二つの眼は、その星こわしを壊すものの姿を焼き付けていた。

孤高の星は、一切のつながりの向こう側で生きていく。ひとつの荒野であること、孤独から寂しさだけを引き算するように個になっていくこと。サキの夢が終わりを告げる。こうして私は宇宙でたったひとりになった。

ヨスイは軽く頭をふる。次の星のサインがすでに聞こえている。

注

第一章「働き」――働きの存在論

（1）M・アンリ『精神分析の系譜――失われた始源』（山形頼洋ほか訳、法政大学出版局、一九九三）。
（2）M・アンリ、前掲書、一九九三、四五八頁以下。
（3）M・アンリ、前掲書、一九九三、二六二頁。「ショーペンハウアーが初めて主題化する根本的諸問題は、なぜ新しい広大な領野の解明にではなく、袋小路に通じるような仕方で主題化されるのか。われわれは今やこれを理解することができる。その主たる理由は、情感性を形相的理解の対象にする際の出発点になるべき本質が、実は生の本質に、すなわち、情感性そのものと同一である生の本源的自己―触発に求められるのではなく、われわれがその存在者的概念と呼んだもの、すなわち、［…］欲望として縮小された生の把握に求められることにある」。
（4）M・アンリ、前掲書、一九九三、三五九頁。
（5）哲学が陥りやすい罠については、稲垣諭『リハビリテーションの哲学あるいは哲学のリハビリテーション』（春風社、二〇一二）、一九一頁以下参照。
（6）感情、情動系を通じた表象的経験の基礎づけは、哲学史上繰り返し現れ、現在においても活用されている。ハイデッガーは特に前期から中期にかけてその傾向が強かった。ハイデガー『存在と時間』（原佑編訳、中央公論社、一九八〇）、または稲垣諭「遭遇、パトス、神――出来事の記述と記述という出来事」、『現象学年報』（二六号、二〇一〇）、三一―三五頁参照。
（7）G・ドゥルーズ、F・ガタリ『アンチ・オイディプス（下）』（宇野邦一訳、河出文庫、二〇〇六）、一七五頁以下参照。「構造が形成され出現するのは、欠如として定義される象徴的項との関連においてのみである。非人間的な性としての大いなる〈他者〉は、表象において、常に欠如する項、あまりにも人間的な性、モル的な去勢のファルスとしての大いなる〈他者〉のシニフィアンに席を譲りわたす」。

(8)ドゥルーズのハイデッガーに対する態度はそれほど明確ではないが、ハイデッガーがドイツ語とギリシア語を相互に陥入させ合い、意味を動揺させ、新しい言語を創造しようとしていたことには、単なる「言葉遊び」以上のものがあることを認めてはいる。G・ドゥルーズ『批評と臨床』(守中高明、谷昌親訳、河出文庫、二〇一〇)、一九〇頁以下参照。

(9)「フッサールは発生のことを考えてはいるが、必然的に『パラドックス的』で厳密に言えば『同定可能ではない』(自己同一性も自己自身の起源もない)審級から出発するのではなく、反対に、任意のすべての対象の同一性を説明する任務を負わされた常識(共通感覚)なる根源的能力と、任意の対象の限りない道程の過程を説明する任務を負わされた良識の能力から出発するのは明らかである」。G・ドゥルーズ『意味の論理学(上)』(小泉義之訳、河出文庫、二〇〇七)、一七八頁参照。

(10)F・ドス『ドゥルーズとガタリ 交差的評伝』(杉村昌昭訳、河出書房新社、二〇〇九)参照。

(11)G・ドゥルーズ、F・ガタリ、前掲書、下巻、二〇〇六、一三五頁。

(12)M・ホウ『ミドルワールド――動き続ける物質と生命の起源』(三井恵津子訳、紀伊國屋書店、二〇〇九)参照。

(13)G・ドゥルーズ、F・ガタリ、前掲書、下巻、二〇〇六、一四〇頁。

(14)J・モノー『偶然と必然』(渡辺格、村上光彦訳、みすず書房、一九七二)、八九頁。

(15)G・ドゥルーズ、F・ガタリ、前掲書、下巻、二〇〇六、一二八頁以下、およびそこの図を参照。

(16)G・ドゥルーズ、F・ガタリ、前掲書、下巻、二〇〇六、一四一頁。

(17)荒川修作、マドリン・ギンズ『死ぬのは法律違反です』(河本英夫、稲垣諭訳、春秋社、二〇〇七)における建築における手続きとしての間接性の活用も参照。

(18)G・ドゥルーズ、F・ガタリ、前掲書、下巻、二〇〇六、一三四頁。

(19)G・ドゥルーズ、F・ガタリ、前掲書、下巻、二〇〇六、一三六頁。

(20)M・ホウ、前掲書、二〇〇九参照。

(21)G・ドゥルーズ、F・ガタリ『千のプラトー（上）』（宇野邦一ほか訳、河出文庫、二〇一〇）、一〇三頁も参照。
(22)G・ドゥルーズ、F・ガタリ、前掲書、上巻、二〇一〇、および河本英夫『システム現象学』（新曜社、二〇〇六）、三九八頁以下参照。
(23)これはモノーが提示した有名な例である。J・モノー、前掲書、一九七二、五七頁以下参照。
(24)S・シン、E・エルンスト『代替医療のトリック』（青木薫訳、新潮社、二〇一〇）、一三〇頁以下参照。
(25)G・ドゥルーズ、F・ガタリ、前掲書、上巻、二〇一〇、一七三頁。
(26)G・ドゥルーズ、F・ガタリ、前掲書、下巻、二〇〇六、一三〇頁。
(27)G・ドゥルーズ、F・ガタリ『アンチ・オイディプス（上）』（宇野邦一訳、河出文庫、二〇〇六）、一三五頁。
(28)G・ドゥルーズ、F・ガタリ、前掲書、上巻、二〇一〇、二九頁。
(29)G・ドゥルーズ『記号と事件――1972–1990年の対話』（宮林寛訳、河出書房新社、一九九二）、「千のプラトーを語る」五七頁以下参照。
(30)H・R・マトゥラーナ、F・J・ヴァレラ『オートポイエーシス――生命システムとはなにか』（河本英夫訳、国文社、一九九一）、二三九頁参照。

第二章「個体」――個体の哲学

(31)W・ミシェル『マシュマロ・テスト』（柴田裕之訳、早川書房、二〇一五）、二一一頁以下参照。
(32)E. Husserl, *Husserliana IV*, S. 301, 邦訳『イデーンII‐II』（立松弘孝、榊原哲也訳、みすず書房、二〇〇九）、一五二頁。
(33)E. Husserl, *Husserliana IV*, S. 298, 邦訳一四八頁。
(34)E. Husserl, *Husserliana IV*, S. 298, 邦訳一四九頁。
(35)T. Sparrow, *The End of Phenomenology: Metaphysics and the New Realism*, Edinburgh Univ Press, 2014.
(36)例えば、宇宙論における人間原理を思い起こせばよい。青木薫『宇宙はなぜこのような宇宙なのか――人間原理と

宇宙論』（講談社現代新書、二〇一三）参照。

(37) E. Husserl, *Husserliana IV*, S. 297, 邦訳一四七頁。

(38) E. Husserl, *Husserliana IV*, S. 299, 邦訳一五〇頁。

(39) E. Husserl, *Husserliana IV*, S. 297, 邦訳一四七頁。

(40) E. Husserl, *Husserliana IV*, S. 299, 邦訳一五〇頁。

(41) E. Husserl, *Husserliana IV*, S. 300, 邦訳一五一頁。この「このもの性（Diesheit/haecceitas）」はスコラ哲学のスコトゥスに由来するものであり、個体論においてこの概念は避けては通れないものである。スコトゥスの個体化論については下記に所収の解説「スコトゥスの二つの個体化の理論」参照。G・オッカム『スコトゥス「個体化の理論」への批判』（渋谷克美訳註、知泉書館、二〇〇四）、一六三―一八九頁。

(42) E. Husserl, *Husserliana IV*, S. 300, 邦訳一五〇頁。

(43) E. Husserl, *Husserliana IV*, S. 301, 邦訳一五二頁。

(44) E. Husserl, *Husserliana IV*, S. 300, 邦訳一五一頁。

(45) アリストテレスの第一実体とは、それ自体は述語になれない主語であり、それこそが個体である。ここには主語と述語、実体と性質、特殊と普遍という伝統的な対概念がある。

(46) E. Husserl, *Husserliana IV*, S. 301, 邦訳一五一頁。

(47) E. Husserl, *Husserliana IV*, S. 301, 邦訳一五一頁。

(48)「自ら変化していくもの」と、「精神とのかかわりに応じて変化していくもの」の差異といえるかもしれないが、そうすると精神なしでは全く変化しない事物の世界と、絶えず流動する精神の世界という当初の「変化するもの（事物）」と「変化しないもの（精神）」の対置とは真逆のことが主張されることになる。

(49) G・ドゥルーズ、F・ガタリ『千のプラトー（下）』（宇野邦一ほか訳、河出文庫、二〇一〇）、一二一頁。ドゥルーズ＋ガタリは、ここでは原幾何学とでもいうべきものが扱う、感覚的事物でも、理念的本質でもない、非正確で厳密な本質のことを指摘している。「漠然とした本質は、事物から事物性以上の規定性、おそらく物体精神さえも内包しているような身体性という規定性を取り出す、と言えるであろう」（四四頁）。参照されているフッサールの文献は、『イデーンI』および『幾何学の起源』であるが、本章の個体化論の流れとも接続可能なものだと思われる。

(50)この辺りの詳細は、稲垣諭『衝動の現象学』(知泉書館、二〇〇七)参照。

(51)閉じ込め症候群という身体制御がほとんどできないまま、それでも意識状態が維持される疾病がある。こうした患者の意識経験がどのようなものであるのかの詳細が分かれば、世界無化の想定をより具体的なものにできる可能性がある。M・マッスィミーニ、G・トノーニ『意識はいつ生まれるのか』(花本知子訳、亜紀書房、二〇一五)参照。

(52)デカルトの『省察』にも似たような世界無化の想定がある。とりわけ夢の懐疑では、物体性がなくても身体とその感覚は残る。そうしたものをさらに還元すると思念体のような境界のよく分からない存在になる。その場面でも、私の思考の範囲とそれ以外の世界の境界が区切られているのかが問われる。

(53)中島義明『情報処理心理学――情報と人間の関わりの認知心理学』(サイエンス社、二〇〇六年)、一六四―一六八頁参照。

(54)稲垣論『衝動の現象学』(知泉書院、二〇〇七)、とりわけ4章を参照。

(55)E. Husserl, *Husserliana XIV*, S. 41.

(56)H・ベルクソン「変化の知覚」、『思想と動くもの』(河野与一訳、岩波文庫、一九九八)、二三四頁。

(57)H・ベルクソン、前掲書、一九九八、二三〇頁。

(58)A. Bardin, *Epistemology and Political Philosophy in Gilbert Simondon*, Springer, 2015.

(59)中村大介「個体化論の行方――シモンドンを出発点として」、『関西学院哲学研究年報』(三八号、二〇〇五)、一七―三四頁。

(60)廣瀬浩司「個体化の多数性と存在の統一のかなたに(情報・エネルギー・システム)――ジルベール・シモンドン思想の射程(一)」、『東京大学教養学部 外国語科研究紀要』(第四二巻二号、一九九四)、八八頁。

(61)廣瀬浩司、前掲論文、一九九四、八八頁。

(62)廣瀬浩司、前掲論文、一九九四、八八頁。

(63)廣瀬浩司、前掲論文、一九九四、九〇頁。
(64)近藤和敬「ドゥルーズはシモンドンの議論をいかに理解し使用したか——ドゥルーズの忠実さと過剰さ」、『鹿児島大学法文学部紀要 人文学科論集』(八三号、二〇一六)、九頁。
(65)ゲーテ『自然と象徴——自然科学論集』(高橋義人編訳、前田富士男訳、冨山房百科文庫、一九八二)、一一一頁参照。
(66)久山雄甫「形態学と想像力——ゲーテのナマケモノ論における『詩的表現』の意味」、『モルフォロギア』(三八号、二〇一六)、六七頁以下参照。
(67)ゲーテ、前掲書、一九八二、一〇七頁参照。
(68)高橋義人「ゲーテとカント——根本現象について」、『藝文研究』(三〇号、慶應義塾大学藝文学会、一九七一)、五五—六九頁。
(69)ゲーテ、前掲書、一九八二、一一九頁参照。
(70)G・ドゥルーズ、F・ガタリ『千のプラトー(中)』(宇野邦一ほか訳、河出文庫、二〇一〇)、一九六頁。
(71)G・ドゥルーズ、F・ガタリ、前掲書、中巻、二〇一〇、一九一頁。
(72)G・ドゥルーズ、F・ガタリ、前掲書、中巻、二〇一〇、二四九頁以下参照。
(73)G・ドゥルーズ、F・ガタリ、前掲書、中巻、二〇一〇、二五三頁参照。
(74)G・ベイトソン『精神の生態学』(佐藤良明訳、新思索社、二〇〇〇)、四三一頁参照。
(75)H・R・マトゥラーナ、F・J・ヴァレラ、前掲書、一九九一。

第三章「体験」——体験の活用

(76)クオリアという語自体は、すでに二〇世紀初頭に提起されていた。C. I. Lewis, *Mind and the World Order Outline of a Theory of Knowledge*, Dover Publications, 1924.
(77)M. Jung, J. C. Heilinger (Hrsg.), *Funktionen des Erlebens*, De Gruyter, Berlin, New York, 2009. 社会学系における

体験の意味づけに関わる論集も二〇〇八年にドイツで出版されている。K. Junge, D. Šuber, G. Gerber (Hrsg.), *Erleben Erleiden Erfahren Die Konstitution sozialen Sinns jenseits instrumenteller Vernunft*, transcript Verlag, Bielefeld, 2008.

(78) M. Jung, J. C. Heilinger (Hrsg.), 2009, S. 10.

(79) M. Jung, J. C. Heilinger (Hrsg.), 2009, S. 11ff. この論集には「体験の機能と機能障害」についての論文も所収されているが、そこでの病理的事例は、感情、気分障害の症例であり、運動障害については扱われていない。Felix Bermpohl, "Funktion und Dysfunktion phänomenalen Erlebens", M. Jung, J. C. Heilinger (Hrsg.), 2009, S. 365-383.

(80) 加藤尚武『ヘーゲル哲学の形成と原理』（未来社、一九八〇）、第二章参照。

(81) L・クラーゲス『精神と生命』（平澤伸一、吉増克實訳、うぶすな書院、二〇一一）、九二頁以下参照。クラーゲスは体験と体験の意識を区別するにとどまらず、「体験は意識されないし、意識が何かを体験することはまったくありえない」（同書九四頁）とまで言い切っている。

(82) M・D・ビラン『人間学新論——内的人間の科学について』（増永洋三訳、晃洋書房、二〇〇一）参照。ビランのこの著書は、ベルリン科学アカデミーとコペンハーゲン王立科学アカデミーによって提示されたプログラム課題への応募論文である。その課題とは、「内的直接的覚知は存在するのであろうか。内的覚知はいかなる点で直観とは異なるのであろうか。直観と感覚と感情との間にはどのような差異があるのであろうか。魂のこれらの働きあるいは状態と、諸概念および諸観念との関係はどのようなものであろうか」である。

(83) より精確にビランが目論んでいるのは、有機的、動物的生と人間的生、そして精神的生の三つの人間科学の区分である。M・D・ビラン、前掲書、二〇〇一、二一頁以下参照。

(84) M・D・ビラン、前掲書、二〇〇一、二〇〇頁参照。

(85) M・D・ビラン、前掲書、二〇〇一、第一三章参照。

(86) マルブランシュは述べる。「貴方の腕が動くのは、（貴方の身体がそのように仕向けられていると仮定して）貴方が貴方自身そうしたいと思う度毎に、貴方の腕が動くことを神が欲したという理由のみによるのであるから、それ故貴方が腕を動かす時、その運動に協力する二つの意志が、即ち神の意志と貴方の意志とが存在するのである」。

M・D・ビラン、前掲書、二〇〇一、二〇四頁。またマルブランシュの概説に関しては、伊藤泰雄『神と魂の闇――マルブランシュにおける認識と存在』（高文堂出版社、一九九七）参照。

(87)これはスコラ学の格率「先立って認識されていないかぎり、意志されることはない（nihil volitum quin praecognitum）」にも示されている。

(88)M・D・ビラン、前掲書、二〇〇一、二〇二頁。

(89)「例えば、私が私の麻痺した肢体を動かしたいと思うとしても、この場合には私は甲斐のない努力をすることになるであろう。そして私がその無効性を感じるのは、まさしく、私の肢体が以前には有効な力をもっていたことを私は私の記憶によって確実に知るからである。以前の有効性のこの記憶そのものが、同一の努力の反復を、同一の原因は同一の結果を生み出すであろうという予感によって、決定するのである」。M・D・ビラン、前掲書、二〇〇一、二〇一頁から引用。

(90)それに対してビランは、この点だけは譲れなかったようである。「私は何よりも、私の意志、私の現実的努力と、それが生み出す結果たる変容との間には、事実上の共存と因果性との根源的関係が存在するということを確信している。そしてこの意識の第一の確実性なしには、全く理性に属する或いは推論に属するほかの確実性は生じさえしないであろう」。M・D・ビラン、前掲書、二〇〇一、二〇五頁から引用。

(91)L・クラーゲス、前掲書、二〇一一、九八頁。この「遭遇」という特性を「異他なるもの」から展開させたのがヴァルデンフェルスである。また、体験の遭遇的性格についての指摘は、ミュンヘンとゲッティンゲンの両現象学派に属していたコンラートも一九六八年の著作で行っている。B・ヴァルデンフェルス『経験の裂け目』（山口一郎監訳、知泉書館、二〇〇九）、T. Conrad, *Zur Wesenslehre des psychischen Lebens und Erlebens*, Martinus Nijhoff, Den Haag, 1968.

(92)R・デカルト『省察・情念論』（井上庄七、森啓、野田又夫訳、中公クラシックス、二〇〇二）参照。意志の働きは精神において能動であり、その意志の働きに気づく（知覚する）ことは、受動である。ただし、この意志と知覚はひとつの同一の事態として起こっているとデカルトは述べている（一八節　意志について）。

(93)M・D・ビラン、前掲書、二〇〇一、二〇一頁。

(94)たとえば伊藤宏司『身体知システム論』(共立出版、二〇〇五)、二一頁以下参照。
(95)J. I. de Vries, G.H. Visser, H. F. Prechtl, "Fetal motility in the first half of pregnancy", *Continuity of Neural Functions from Prenatal to Postnatal Life, Clinics in Developmental Medicine* 94, 1984, pp. 46-64.
(96)E. Husserl, *Husserliana IV*, S. 258, 邦訳一〇二頁。
(97)J・ヒューリングス・ジャクソン『神経系の進化と解体』(秋元波留夫訳編、創造出版、二〇〇〇)参照。
(98)J・ヒューリングス・ジャクソン、前掲書、二〇〇〇、四三頁参照。
(99)V・ベルタランフィ『一般システム理論』(長野敬、太田邦昌訳、みすず書房、一九七三)、四三頁参照。
(100)森山徹『ダンゴムシに心はあるのか』(PHPサイエンス・ワールド新書、二〇一一)参照。
(101)J・ダンカン『知性誕生』(田淵健太訳、早川書房、二〇一一)、八五頁以下。
(102)D・アクスト『なぜ意志の力はあてにならないのか』(吉田利子訳、NTT出版、二〇一一)、一九五頁以下。
(103)M・ニコレリス『越境する脳――ブレイン・マシン・インターフェースの最前線』(鍛原多恵子訳、早川書房、二〇一一)、一四七頁、「神経生理学の不確定性原理」参照。
(104)M・ニコレリス、前掲書、二〇一一、一五七頁以下。
(105)M・ニコレリス、前掲書、二〇一一、三三〇頁以下参照。実際、マウスの覚醒‐睡眠サイクルにおいて異なる脳波状態が見出されるが、そこではさらに活発な探索状態、静かな覚醒状態、ヒゲ運動の状態、徐波睡眠、レム睡眠の各状態において異なる周波数が重層化し、固有な波動状態として示される。ネズミのレム睡眠は人間のように高速眼球運動ではなく、ヒゲの振動とリンクする。

第四章「意識」――意識の行方

(106)D・デネット『スイート・ドリームズ』(土屋俊、土屋希和子訳、NTT出版、二〇〇九)、二二九頁以下参照。
(107)J・ヒース『啓蒙思想2.0』(栗原百代訳、NTT出版、二〇一四)、一二三頁以下参照。
(108)C・コッホ『意識をめぐる冒険』(土谷尚嗣、小畑史哉訳、岩波書店、二〇一四)。

(109)D・デネット、前掲書、二〇〇九、二二九頁以下参照。
(110)C・コッホ、前掲書、二〇一四。
(111)D・カーネマン『ファスト&スロー』(上下巻、村井章子訳、早川書房、二〇一二)。
(112)R・ダンバー『人類進化の謎を解き明かす』(鍛原多恵子訳、インターシフト、二〇一六)参照。
(113)C・コッホ、前掲書、二〇一四、六〇頁。
(114)L. Feuillet, H. Dufour, J. Pelletier, "Brain of a white-collar worker", *Lancet* 370(9583), p. 262, 2007.
(115)M・マッスィミーニ、G・トノーニ、前掲書、二〇一五、一二九頁以下。
(116)A. Cleeremans, "The Radical Plasticity Thesis: How the Brain Learns to be Conscious", *Frontiers in Psychology* 2, 2011.
(117)T・E・ファインバーグ、J・M・マラット『意識の進化的起源』(鈴木大地訳、勁草書房、二〇一七)参照。
(118)J・ジェインズ『神々の沈黙』(柴田裕之訳、紀伊國屋書店、二〇〇五)、九九頁参照。
(119)A・R・ダマシオ『無意識の脳 自己意識の脳』(田中三彦訳、講談社、二〇〇三)参照。
(120)中村和夫『ヴィゴーツキー心理学』(新読書社、二〇〇四)参照。
(121)小坂井敏晶『責任という虚構』(東京大学出版会、二〇〇八)、一六頁。
(122)F・ニーチェ『ニーチェ全集 一四――偶像の黄昏 反キリスト者』(原佑訳、ちくま学芸文庫、二〇〇八)、六二頁以下、訳文は原文に応じて適宜変更した。
(123)池上高志、石黒浩『人間と機械のあいだ――心はどこにあるのか』(講談社、二〇一六)、七二頁参照。

第五章「身体」――二一世紀身体論

(124)J・R・ウィルモス「人類の寿命伸長――過去・現在・未来」(『人口問題研究』第六六巻三号、二〇一〇)、三二―三九頁参照。
(125)大倉幸宏『「昔はよかった」と言うけれど』(新評論、二〇一三)参照。

(126)この点において、主意主義の系譜に連なるメーヌ・ド・ビラン（一七六六―一八二四）が内的生命としての身体に気づいてはいた。とはいえ、このビランが注目され始めたのもこの一世紀においてであり、その経緯として、正式な著作集の刊行が行われたことと、哲学上で「身体」が問題になり始めたことが挙げられるだろう。M・アンリが『身体の哲学と現象学』（中敬夫訳、法政大学出版局、二〇〇〇）においてビランの身体論について詳述したのは一九四八年のことであり、その後六五年に出版されている。また北明子による『メーヌ・ド・ビランの世界』（勁草書房、一九九七）は、ビランの生涯と思想の流れを非常に丁寧に跡づけた労作であるが、その著書中で「身体」という語が、節の表題等に用いられてはいない。そのことからも、ビランの思索において「身体」が中心テーマであったわけではないことが推測される。

(127)I・ハッキング『知の歴史学』（出口康夫、大西琢朗、渡辺一弘訳、岩波書店、二〇一二）参照。ハッキングは、「哲学の問題」という表現が、哲学者（ラッセル、ムーア、ジェイムズ）の著作のタイトルに現れてきたのが一九〇〇年初頭であると述べている。フッサールの「現象学の根本問題」という講義が行われたのも一九一〇／一一年の冬学期講義であり、この時代に「哲学は問題を扱うものだ」という共通了解が作られたというハッキングの指摘は興味深いものである。

(128)カントによる身体記述としてしばしば取り上げられるのが、前批判期の論考『空間における方位の区別の第一根拠について』である。I・カント『カント全集 三』（植村恒一郎訳、岩波書店、二〇〇一）、三一五頁以下参照。しかしその身体の原語は、ドイツ語のKörperであって物体とは異ならないし、カントがことさらそこで身体を主題にしたかったとも思えない。注(136)も参照。カントの身体についての論文が現れたのも一九六三年である。F. Kaulbach, "Leibbewußtsein und Welterfahrung beim frühen und späten Kant", *Kantstudien* Bd. 54, 1963, pp. 464-490. また、日本でカントの空間理解を身体とのかかわりで主題化した中島の試みが出版されたのは二〇〇〇年であり、その背後には哲学的な身体論ブームの熱の煽りが隠されている。中島義道『空間と身体』（晃洋書房、二〇〇〇）。

(129)M・メルロ＝ポンティ『シーニュ 二』（竹内芳郎監訳、みすず書房、一九七〇）所収の「哲学者とその影」参照。

(130)E. Husserl. *Ideen zu einer reinen Phänomenologie und Phänomenologischen Philosophie, Drittes Buch, Die*

Phänomenologie und die Fundamenteder Wissenschaften (HusserlianaV), Martinus Nijhoff, The Hague, The Netherlands, 1971, p. 1.

(131) E. Husserl, *Ideen zu einer reinen Phänomenologie und Phänomenologischen Philosophie, Drittes Buch, Die Phänomenologie und die Fundamenteder Wissenschaften (HusserlianaV)*, p. 8.

(132) J. Bierbrodt, *Naturwissenschaft und Ästhetik, 1750-1810*, Königshausen & Neumann, 2000, p. 61.

(133) G. M. Maclean, *Elements of Somatology: A Treatise on the General Properties of Matter*, New York, 1859.

(134) M・フーコー『言葉と物』（渡辺一民、佐々木明訳、新潮社、一九七四）、二八七頁参照。

(135) M・フーコー、前掲書、一九七四、二九四頁参照。

(136) ドイツ語には身体に対応する語として「Körper」と「Leib」がある。前者は、物体の「体」としての身体であり、車のボディ、楽器のボディと並列にある。それに対して後者は、「ありありとした」や「生身の」といった形容詞に対応する身体であり、現象学ではこの二つの身体の関係性が問題になる。

(137) E. Husserl, *Ding und Raum Vorlesungen 1907*, Felix Meiner Verlag, Hamburg, 1991.

(138) M・メルロ＝ポンティ『見えるものと見えないもの』（滝浦静雄、木田元訳、みすず書房、一九八九）、三六三頁。

(139) 稲垣諭「身体の現象学」、『リハビリテーションの哲学あるいは哲学のリハビリテーション』（春風社、二〇一二）、一三六頁以下参照。

(140) P・ブルデュー『実践感覚 一』（今村仁司、港道隆訳、みすず書房、一九八八）、第四章参照。

(141) A・ペントランド『正直シグナル』（安西祐一郎監訳、柴田裕之訳、みすず書房、二〇一三）、二二頁参照。

(142) N. Eagle, A. S. Pentland, "Reality mining: sensing complex social systems", *Personal and Ubiquitous Computing* 10(4), 2006, p. 264.

(143) T. L. Chartrand, W. W. Maddux, J. L. Lakin, "Beyond the Perception-Behavior Link The Ubiquitous Utility and Motivational Moderators of Nonconscious Mimicry", *The new unconscious*, ed. R. Hassin, J. Uleman, J. A. Bargh, New York, Oxford University Press, 2005, pp. 334-361.

(144) 鈴木健太郎、三嶋博之、佐々木正人「アフォーダンスと行為の多様性——マイクロスリップをめぐって」、『日本ファジィ学会誌』(第九巻六号、一九九七)、八二六―八三七頁。

(145)M. Pagel, W. Bodmer, "A naked ape would have fewer parasites", *The Royal Society biology letters*, 2003, pp.117-119.

(146)稲垣諭「健康のデザイン――建築と覚醒する身体」、『エコロジーをデザインする』(山田利明、河本英夫、稲垣諭編、春秋社、二〇一三)、二七二―二九九頁参照。

(147)荒川修作の制作と思考の歩みについては下記に詳しい。塚原史『荒川修作の軌跡と奇跡』(NTT出版、二〇〇九)。

(148)S. Arakawa, M. Gins, *Architectural Body*, University of Alabama Press, 2002.

(149)荒川修作、マドリン・ギンズ、前掲書、二〇〇七、三二三頁参照。

(150)荒川修作、マドリン・ギンズ、前掲書、二〇〇七、三三一頁以下参照。

(151)荒川修作『荒川修作の実験展――見る者がつくられる場』(カタログ、東京国立近代美術館発行、一九九一)、二五九頁。

(152)荒川修作、前掲書、一九九一、二一四頁。

(153)荒川修作の建築作品については下記の拙論も参照。稲垣諭「環境哲学のオルタナティブ――人間の可能性を拓く環境デザイン」、『エコ・フィロソフィ入門』(松尾友矩、竹村牧男、稲垣諭編、ノンブル社、二〇一〇)、一一七―一三九頁、同じく稲垣諭「健康のデザイン――建築と覚醒する身体」(二〇一三)。

(154)日野原圭「移動・移用についての小論――フレッシュな生命」、『エコ・ファンタジー』(山田利明、河本英夫編、春風社、二〇一五)、二五七―二七七頁参照。

第六章「操作」――臨床とその影

(155)E・フィンク「フッサールの現象学における操作的概念」、『現象学の根本問題』(新田義弘、小川侃編訳、晃洋書房、一九七八)、二三頁。

(156)日本現象学会編集の『現象学年報』のタイトルデータを用いて調べると、一七号(二〇〇一年)から二三号(二〇〇七年）までにフッサールの時間に関連する論文が一二件あるのに対して、それ以前には五件、それ以後には三件しかない。表題にとどまらず、論文内容で用いられる時間関連の用語の総数に分析をかけてみるのも興味深いと思われる。大学院生の増田隼人氏に協力いただいた。ここに記して感謝したい。

(157)Ｅ・フィンク、前掲書、一九七八、二七頁。

(158)フィンクは哲学者が用いるタームを「主題的概念」と「操作的概念」に区分し、前者をその哲学者が明らかにしたいもの、後者を哲学者があまりに自明で気づかず用いてしまっているものとし、後者にこそ哲学者の隠された経験が含まれるとした。

(159)Ｅ・フィンク、前掲書、一九七八、二七頁。

(160)Ｅ・フィンク、前掲書、一九七八、二七頁。

(161)なぜＤＭＳという診断基準が、ドイツやフランスといった精神病理学の伝統を作ったヨーロッパではなく、アメリカから生まれてきたのか、その歴史背景にメスを入れることで明らかになるのが、先に論じた「操作性」のレヴェルである。

(162)たとえば、磯野真穂『なぜふつうに食べられないのか――拒食と過食の文化人類学』（春秋社、二〇一五）では、医学モデルが見落としてきた摂食障害患者の体験レヴェルの記述が非常に興味深い形で行われている。優れてそれは、現象学的な記述として読むことができる。「医学モデル」と「社会モデル」の区別、ないし「社会モデル」それ自身の批判的吟味については、後藤吉彦「テーマ別研究動向（障害の社会学）」、『社会学評論』（第六一巻一号、二〇一〇）、七九―八九頁も参照。

(163)社会構築主義が、現在どのような仕方で展開しているのか、その困難はどのようなものかを論じたものとして、下記を参照。樫田美雄「社会と文脈を重視する理論」、『質的心理学ハンドブック』（やまだようこ、麻生武、サトウタツヤほか編、新曜社、二〇一三）、一七一―一八六頁。

(164)A. R. Green, et al., "Implicit bias among physicians and its prediction of thrombolysis decisions for black and white patients", *JGIM* 22(9), 2007, pp. 1231-1238. 精神医学の価値負荷性については、Ｒ・クーパー『精神医学の科学哲学』（伊勢田哲治、村井俊哉監訳、名古屋大学出版会、二〇一五）、一九七頁以下参照。

(165)後藤吉彦、前掲論文、二〇一〇参照。
(166)第七章「ナラティブ」も参照。
(167)R・クーパー、前掲書、二〇一五、二四頁。
(168)これに似た論点は、もちろん社会構築主義側からも提出されている。とりわけ有名なのが、「オントロジカル・ゲリマンデリング（存在論における恣意的な境界設定）」をめぐる構成主義論争である。その詳細は、批判的検討が豊富な優れた論集である下記を参照。平英美、中河伸俊編『新版 構築主義の社会学――実在論争を超えて』（世界思想社、二〇〇六）。
(169)M・フーコー『主体の解釈学』（廣瀬浩司、原和之訳、筑摩書房、二〇〇四）、一九頁参照。
(170)M・フーコー、前掲書、二〇〇四、一九頁参照。
(171)M・フーコー、前掲書、二〇〇四、一九頁参照。
(172)廣瀬浩司『後期フーコー』（青土社、二〇一一）、一六四頁以下も参照。
(173)M・フーコー、前掲書、二〇〇四、二三頁参照。
(174)M・フーコー『ミシェル・フーコー思考集成Ⅳ』（蓮實重彦、渡辺守章監修、筑摩書房、一九九九）、一八三頁。
(175)M・フーコー、前掲書、一九九九、一六九頁。
(176)廣瀬浩司、前掲書、二〇一一、一六九頁参照。
(177)M・フーコー、前掲書、二〇〇四、三六頁以下参照。
(178)ここには同時に「テクネー（Thchnik）」の問題系が横たわっている。
(179)M・フーコー、前掲書、二〇〇四、一三五頁参照。
(180)社会構築主義に数え入れられるハッキングは、哲学的問題の「説明」に「治療効果」を期待してはいけないと断言し、それをフロイトの精神分析的説明と治療効果の関係に重ね合わせている。I・ハッキング、前掲書、九一頁以下参照。
(181)N. Depraz, F. J. Varela, P. Vermersch, *On Becoming Aware*, John Benjamins Publishing Company, Amsterdam/Philadelphia, 2002.

(182)C・G・ユング『元型論』(林道義訳、紀伊國屋書店、一九九九)七九頁参照。
(183)B・B・グレイザー、A・L・ストラウス『データ対話型理論の発見』(後藤隆、大出春江、水野節夫訳、新曜社、一九九六)参照。
(184)松葉祥一、西村ユミ『現象学的看護研究――理論と分析の実際』(医学書院、二〇一四)、四六頁。
(185)松葉祥一、西村ユミ、前掲書、二〇一四、二頁。
(186)松葉祥一、西村ユミ、前掲書、二〇一四、四頁。
(187)佐久川肇編『質的研究のための現象学入門』(医学書院、二〇〇九)、v頁。
(188)渡辺恒夫「質的研究の認識論」、『質的心理学ハンドブック』(やまだようこ、麻生武、サトウタツヤほか編、新曜社、二〇一三)、五四―七〇頁参照。
(189)渡辺恒夫、前掲書、二〇一三、六二頁より引用。
(190)小林隆児、西研編『人間科学におけるエヴィデンスとは何か』(新曜社、二〇一五)、一八二頁。
(191)第七章「ナラティブ」も参照。
(192)現象学の探究プログラム化については、稲垣諭『リハビリテーションの哲学あるいは哲学のリハビリテーション』(春風社、二〇一二)、一七四頁以下参照。
(193)稲垣諭『大丈夫、死ぬには及ばない――今、大学生に何が起きているのか』(学芸みらい社、二〇一五)。

第七章「ナラティブ」――物語は経験をどう変容させるか?

(194)EBMの医学的意味合いの哲学的検討は、下記を参照。J. Howick, *The Philosophy of Evidence Based Medicine*, Wiley Blackwell, BMJ Books, 2011.
(195)ただし、すでに一定の役割を終えたとの理由でこの雑誌は二〇〇八年をもって休刊になっている。
(196)とはいえ、疫学に裏打ちされた医学における「多数のリスク要因の特定という発想」自体が、統計的な相関性を超えて、「それら要因を除去すれば発病を抑えられる」という因果性を暗に前提していることも確かである。現在においても因果による説明は抜群の説得力をもつため、医学の権威化にとっても不可欠なのである。佐藤純一、池田光穂、野村一夫、寺岡伸悟、佐藤哲彦『健康論の誘惑』(文化書房博文社、二〇〇〇)所収、佐藤純一「『生活習慣病』の作られ方——健康言説の構築過程」参照。

(197)津田敏秀『医学と仮説——原因と結果の科学を考える』(岩波書店、二〇一一)。

(198)ただし、西洋医学でも体液説のように身体内の全体的調和を目指す医学理論や、宗教的背景が濃厚であった一七世紀以前は多因子病因論がむしろ主流であり、質の異なる多様な因果のネットワークを勘案したうえで治療が組み立てられていた。佐藤純一ほか、前掲書、二〇〇〇、もしくはL. S. King, *Medical Thinking: A Historical Preface*, Princeton University Press, 1982, 第九章、第一〇章参照。

(199)近藤誠『抗がん剤は効かない』(文藝春秋、二〇一一)、同『がん放置療法のすすめ——患者一五〇人の証言』(文春新書、二〇一二)。慶応大学医学部の放射線科の医師である近藤は、がんは検査もせず、見つかっても放置するのがよいとして放置療法を薦めている。そのような見解は、国際的なガン治療の研究論文のEBMの精査と、彼が臨床でかかわってきた患者の生きたデータとを照合し、納得のいく場所を押さえた上で結論づけられている。医学不要論は、いつの時代にも跋扈し、世間を賑わすが、近藤の立論の仕方はそのなかでも群を抜いている。

(200)アリストテレス『形而上学(上)』(出隆訳、岩波文庫、一九五九)、二二頁以下、あるいは『ニコマコス倫理学』(林一功訳、京都大学学術出版会、二〇〇二)、二四頁参照。

(201)統計学に基づくエビデンスや証拠、根拠をどのように扱うのかに関しては、下記を参照。ベイズ主義と頻度主義という証拠の意味づけについての正反対の立場の論争がまとめられている。E・ソーバー『科学と証拠——統計の哲学入門』(松王政浩訳、名古屋大学出版会、二〇一二)。

(202)K. G. Shojania, M. Sampson, M. T. Ansari, et al., "How quickly do systematic reviews go out of date? A survival analysis", *Annals of Internal Medicine* 147, 2007, pp.224-233.

(203)R・シャロンは、物語(ナラティブ)を「語り手、聴き手、時間経過、筋書き、そして目的を備えたストーリー」として定義づけており、その特徴として⑴時間性、⑵個別性、⑶因果性、⑷間主観性、⑸倫理性を挙げている。R・シャロン『ナラティブ・メディスン——物語能力が医療を変える』(斎藤清二、岸本寛史、宮田靖志、山本和利訳、医学書院、二〇一一)。

(204)R・シャロン、前掲書、二〇一一、J・P・メザ、D・S・パサーマン『ナラティブとエビデンスの間』(岩田健太郎訳、メディカル・サイエンス・インターナショナル、二〇一三)参照。精神科臨床におけるナラティブの役割に関しては、加藤敏『統合失調症の語りと傾聴――EBMからNBMへ』(金剛出版、二〇〇五)に詳しい。

(205)美馬達哉『リスク化される身体』(青土社、二〇一二)、K・J・ガーゲン『あなたへの社会構成主義』(東村知子訳、ナカニシヤ出版、二〇〇四)参照。

(206)村上靖彦『摘便とお花見』(医学書院、二〇一三)、西村ユミ『語りかける身体』(ゆみる出版、二〇〇一)参照。また、福島真人『学習の生態学――リスク・実験・高信頼性』(東京大学出版会、二〇一〇)における第一章「野生の知識工学――暗黙知の民族誌についての試論」では、文化人類学や民俗学におけるインタヴュー研究の限界と陥穽について、また、語られない知識に含まれる社会科学的、心理学的、現象学的問題の検討が行われている。

(207)村上靖彦、前掲書、二〇一三では、全ての解釈が看護師の語りに基づいて行われている。語りのなかから、語られないことや矛盾、意味や定義の動揺、感情の動き、自己評価の変動が推測され、そこから看護行為の主体の形成や行為連関の再組織化が起こった場所を見定めるように論じられている。

そもそも語られたことと実際に行っていることが「ズレる」のはごく当たり前のことである。問題は、この経験のズレをどのように取り扱うかで、その後の探究の展開に分岐が生じることである。たとえば、語りの中で形成されたと推測される主体と、現実の看護行為のさなかで行われたであろう新たな行為の組織化にはどのような関係があるのか。仮に語りの主体形成が行われたとする場面を、観察者が、語りからの推測ではなく、実際に観察していた場合、語りの主体は自らにどのような変化が起きているのかには気づかず、行為の連関だけがおのずと組織化されるといったことが観察されうる。それは語りや、語る主体の「無意識」とは異なる現実の行為の組織化の局面である。

現実の行為の組織化は、語りから推測される主体化や組織化に先立つ、もしくはそれとは独立である可能性が高い。その場合、語られた事柄とは何の有意味な連関もない組織化のきっかけが観察を通して見出されうる。それは現象学的には、当人さえ気づいていない体験世界の特徴の取り出しになる。こうした探究手法は、当人や解釈者の意味理解では届かない経験の動きに、語りやインタヴューから接近する以外の可能性を示唆している。現実の行為として実行される組織化と、語りの中で推測される組織化は、同じものになるとは思えない。その場合、この推測的記述と観察的記述のズレは何を意味するのかが、現象学的にも考慮されるべき課題となる。

かりに当事者の言表だけに基づいて主体の形成を見届けるのだとすれば、それはやはり精神分析の臨床にかなり近いところにある。そうはいっても、たとえばフロイトは、患者の言表を信じることはせず、その背景で作動している経験を、臨床場面で実際に観察しながら、つまり語りと観察という両軸を用いて個人の特異的世界に迫る解釈を組み立てていたはずである。またラカン派では、この点がさらにラディカルになる。つまり「語り主の語りをそもそも理解してはいけない」というのが、臨床原則のひとつであり、それは被分析者が仕掛ける有意味性の罠を避けるための戦略である。B・フィンク『精神分析技法の基礎――ラカン派臨床の実際』（椿田貴史、中西之信、信友建志、上尾真道訳、誠信書房、二〇一二）参照。

(208) 精神療法とプラセボ効果にかかわる現代的意義に関する検討は下記に詳しい。加藤敏「プラセボ効果の吟味と精神療法の再評価――うつ病に力点をおいて」、『精神神経学雑誌』（第一一五巻八号、二〇一三）、八八七―九〇〇頁。

(209) H・ブローディ『プラシーボの治癒力』（伊藤はるみ訳、日本教文社、二〇〇四）参照。またプラセボの歴史的経緯および現代的意味の検討については、A・シャピロ、E・シャピロ『パワフル・プラセボ――古代の祈祷師から現代の医師まで』（赤居正美、滝川一興、藤谷順子訳、協同医書出版社、二〇〇三）、S・シン、E・エルンスト『代替医療のトリック』（青木薫訳、新潮社、二〇一〇）、P・ルモワンヌ『偽薬のミステリー』（小野克彦、山田浩之訳、紀伊國屋書店、二〇〇五）、広瀬弘忠『心の潜在力 プラシーボ効果』（朝日新聞社、二〇〇一）、B・ゴールドエイカー『デタラメ健康科学』（梶山あゆみ訳、河出書房新社、二〇一一）が参考になる。

(210) 最近のプラセボ効果の実証に関しては、以下を参照。機序には不明な点が多いが、痛み、パーキンソン病、鬱病に関する効果が実証されたとしている。D. Murray, A. J. Stoessl, "Mechanisms and the therapeutic implications of the placebo effect in neurological and psychiatric conditions", *Pharmacology & Therapeutics* 140(3), 2013, pp. 306-318.

(211) L. D. Egbert, G. E. Battit, C. E. Welch, M. K. Bartlett, "Reduction of Post-Operative Pain by Encouragement and

Instruction of Patients", *New England Journal of Medicine* 270, pp. 825-827, 1964.

(212) 遂行的物語という語が意味するのは、行為としての「語ること」に限定されてはいない。むしろ語り（物語行為）と語られたこと（物語）の双方が、産出プロセスと産出物の循環を起こすように、経験の固有なまとまりを形成していくことを基本としている。語る行為は、傾聴者と語られた内実に制約されながら、語りそのもののモードを変える。こうした規定は、語られた物事における「語ることの不在」や「その回収不能性」といった哲学研究者には周知の思考の枠組みを回避する戦略でもある。

(213) この問題は、精神医学における「暗示」の経験の近傍にある。P・ジャネは暗示について「ひとりの人間が今ひとり別な人間に影響をおよぼし、その人が意思的な合意という媒介なしに行動する、そのような影響力」であると述べており、明確な対人的同意なしに働いてしまう経験と行為の組織化力を意味している。P・ジャネ『心理学的自動症』（松本雅彦訳、みすず書房、二〇一三）、一三五頁以下参照。ジャネの暗示についての詳細な検討および臨床経験からの固有な洞察については、岡一太郎「暗示とその周辺問題」、『精神神経学雑誌』（第一一五巻九号、二〇一三）、九三三―九五二頁が詳しい。

(214) プラセボ効果を最大限に活用する工夫のひとつは、患者と医者が「共に」臨床にかかわっているという経験を積み重ねることである。それはたとえば、血圧の値を機材を介して共に覗き込んだり、問題のある身体部位に一緒に触れたり、胃カメラの様子を実況を踏まえて共に見るような共同行為である。神田橋條治『神田橋條治 医学部講義』（黒木俊秀、かしまえりこ編、創元社、二〇一三）、一五一頁以下参照。

(215) 以下、システムの設定に関しては、ルーマンのオートポイエティックなシステム論を下敷きにしている。心的システムについては、N. Luhmann, "Die Autopoiesis des Bewußtseins", *Soziale Welt* 36, 1985, S. 402-446 を参照。ルーマンによるシステムの一般的理解に関しては、N・ルーマン『社会システム理論（上）』（佐藤勉監訳、恒星社厚生閣、一九九三）および、G・クニール、A・ナセヒ『ルーマン 社会システム理論』（舘野受男、野崎和義、池田貞夫訳、新泉社、一九九五）が参考になる。

(216) さらに本来は、行為や動作の系列としての「身体システム」も設定する必要がある。しかしここでは、身体行為の変化はコミュニケーションとして社会システム内に産出されるものとして把握しておく。後に詳細を論じるが、リハビリテーションや精神療法の臨床において問題になっているのは、コミュニケーションにおける身体だけではないし、物語られる身体だけでもない。身体そのものや、その運動、動作、行為にかかわる現実は、意味的、物語的現実と重複しつつも、それに限定される経験ではない。

(217)体験世界については、稲垣諭『リハビリテーションの哲学あるいは哲学のリハビリテーション』(春風社、二〇一二)参照。

(218)映画や小説といった日常の経験とは異なる物語が、有意味性の経験として、多くの機能性をもっていることは明らかである。なぜ私たちがそうしたものを好むのかには、おそらく多様な理由と、効用がある。一見するだけでも、(1)経験の切り替え、区切りをつけること、(2)感情の疑似体験、(3)共感モードの発見、(4)安心感の再確認、(5)心的緊張の緩和、(6)共に観賞するものとの信頼関係の形成、といった様々なことが意味的物語の経験には含まれている。そしてそれらの背後では、恐怖や不安、辛さの疑似体験のさなかであっても、独特の「快」の情動が作動している。すでにデカルトは、『情念論』の中で不快感や悲しみのさなかで同時に作動する「快」の経験について指摘しており、その快を、人間に固有な情念である「内的情動」、「知的喜び」と定義づけている。R・デカルト、前掲書、二〇〇二、九一節、一四七節参照。

(219)M・ホワイト、D・エプストン『物語としての家族』(小森康永訳、金剛出版、一九九二)参照。

(220)F・ニーチェ『悦ばしき知識』(信太正三訳、ちくま学芸文庫、一九九三)、三二九頁。

(221)ケアにまつわる問題点とナラティブ・アプローチの格子を、システマティックに理解する入門書として下記のものが参考になる。野口裕二『物語としてのケア――ナラティヴ・アプローチの世界へ』(医学書院、二〇〇二)。

(222)ビンスワンガーはうつ病に典型的なこの無限遡及的な構造を、「主題の交代可能性」と呼んでいる。L・ビンスワンガー『うつ病と躁病』(山本巖夫ほか訳、みすず書房、一九七二)、二七頁。

(223)この語りの二重作動は、言語行為論の「発話行為」や「発話内行為」、「発話媒介行為」とは異なる水準の経験として設定してある。語りの間には、発話内行為も、発話媒介行為も行われており、他者や社会とのかかわりの中で「有意味な行為」を要求し、依頼し、宣誓することはごく普通のことである。そしてここでは、それらすべてが行われている最中であっても、それらとは独立に起こる当人の経験の再組織化のレヴェルへと届かせようとしている。

言語行為論に関してはJ・L・オースティン『言語と行為』（坂本百大訳、大修館書店、一九七八）参照。

(224) J. M. Borkan, M. Quirk, M. Sullivan, "Finding meaning after the fall: Injury from elderly hip fracture patients", *Social Science and Medicine* 33, 1991, pp. 947-957.

(225) デカルトの道徳論に「自己の能力の及ばぬものへの無関心」というものがある。これは、後悔や未練の感情を作動させないためのデカルト道徳規則のひとつである。それ以外に「理性の有効使用」と「理性が勧告した事柄を実行するという堅固たる決意」が道徳規則を構成しており、それらを通じて魂の平安が獲得されるという。こうした古典的な規定の有効性が、ナラティブという経験上で再び吟味されることになる。R・デカルト「エリザベト宛書簡」、『デカルト著作集 三』（三宅徳嘉ほか訳、白水社、二〇〇一）、三一九頁。

(226) A・ゾッリ、A・M・ヒーリー『レジリエンス 復活力――あらゆるシステムの破綻と回復を分けるものは何か』（須川綾子訳、ダイヤモンド社、二〇一三）、第四章参照。

(227) A・W・フランク『傷ついた物語の語り手――身体・病い・倫理』（鈴木智之訳、ゆみる出版、二〇〇二）、およびH・ブローディ、前掲書、二〇〇四も参照。

(228) A・W・フランクは、前掲書、二〇〇二、一八〇頁で、「探求」の語りの事例として、O・サックス『左足をとりもどすまで』（金沢泰子訳、晶文社、一九九四）等を取り上げているが、それら事例に共通する特性は、「こんな目にあうなんてことを決して好きで選んだわけじゃないわ。でも、私の中で変わっていくものがあるというのはいいわね。そこにいたるには、ぎりぎり限界までいかなければならなかったのでしょうけれど」という言い回しに含まれている。芥川龍之介の『一塊の土』のお民の生き方も「探究」の物語の参考になる。

(229) F・ニーチェ、前掲書、一九九三、四五六頁参照。

(230) A・ゾッリ、A・M・ヒーリー、前掲書、二〇一三、一六六頁参照。ただし自然災害では、人災よりもPTSD発症率が低かったり、男性のほうが女性よりも発症率が低いといった、発症要因に関する多様な差異があることも確かである。R. C. Kessler, E. J. Sonnega, M. Bromet, et al., "Post traumatic stress disorder in the national comorbidity survey", *Archives of General Psychiatry* 52, 1995, 1048-1060.

(231) 物語に縛られること自体が、経験の自由度を狭め、レジリエンスを低下させる脆弱性につながることを指摘するものはそれほど多くないが、下記はそのひとつである。「意味のダンス」や収束点のない「無限のゲーム」といったアナロジーに訴えざるをえない経験に届かせようとしている。K・J・ガーゲン、J・ケイ「ナラティブモデルを越えて」、『ナラティヴ・セラピー』（S・マクナミー、K・J・ガーゲン編、野口裕二、野村直樹訳、金剛出版、一九九七）、一八三―二一八頁参照。

(232) P・ルモワンヌ、前掲書、二〇〇五、一〇二頁以下参照。

(233) M・フーコー『知の考古学』（慎改康之訳、河出文庫、二〇一二）。

(234) 日野原は、統合失調者の発話を詳細に記録することで、そこに含まれる固有な強度的経験の周期を見出し、それを言語使用の時制モードの変化と対応づける試みを行っている。日野原圭「言語化された自然」、『新世紀の精神科治療 八――病の自然経過と精神療法』（中山書店、二〇〇九）所収、一九二―二一九頁参照。また、浦野の発達障害児へのアプローチは、児童に対して補助者が背後からささやくことで、児童そのものの注意を背後の人物へと焦点化させることなく、児童の自発的な発話や行為の「予期」を児童の中に変数化する試みである。この行為の共同産出の履歴が、当人の制御変数となり、そしてそこから使うことも、使わないこともできるといった「自己制御変数」に展開できるかが焦点となる。浦野茂、水川喜文、中村和生「社会生活技能訓練における発話の共同産出――広汎性発達障害児への療育場面でのエスノメソドロジー」、『三重県立看護大学紀要』（第一六巻、二〇一二）、一一〇頁参照。

(235) 社会構築主義が、言語還元主義ではないことは強調されており、構築の意味と役割の反復的吟味が重要であることも指摘されている。しかしそれでもなお、言語的、社会的親和性の高い身体の特性へと分析が制限される傾向にあるように思える。加藤秀一「構築主義と身体の臨界」、『構築主義とは何か』（上野千鶴子編、勁草書房、二〇〇一）、一五九―一八八頁参照。

(236) この局面での現象学と超越論性の内実に関しては、稲垣諭『リハビリテーションの哲学あるいは哲学のリハビリテーション』（春風社、二〇一二）、一〇〇頁以下参照。

(237)ルーマンも述べるように、システムの条件や境界が変動し、新しいシステムとして分化することは、システムの自然である。したがって当初確定されたシステムは、探究の進展とともにくりかえし吟味され、修正されうるものとして考えておいた方がよい。精神分析の臨床におけるシステム的アプローチは、十川が先鞭をつけて行っている。十川幸司『来るべき精神分析のプログラム』(講談社、二〇〇八)参照。

(238)河本英夫、L・チオンピ、花村誠一、W・ブランケンブルク『精神医学』(青土社、一九九八)所収の花村論文を参照。

(239)十川幸司、前掲書、二〇〇八、一三四頁以下。

(240)こうした試みの一つとして、河本英夫「言語は身体に何を語るか(一)」、『白山哲学』(四五号、二〇一一)、一二五―一四五頁参照。ダンサーにおける指導、あるいはスポーツトレーナーやコーチ、監督といったアスリートに語る言葉に含まれる経験の分析が主題となる。身体と言語との距離を詰めたり、疎遠にさせたりするメタファーやイメージが活用されていると予想される。

(241)河本英夫『メタモルフォーゼ――オートポイエーシスの核心』(青土社、二〇〇二)、八二頁参照。

(242)村上春樹『1Q84 Book1』(新潮社、二〇〇九)。

(243)K・コンラート『分裂病のはじまり』(山口直彦、安克昌、中井久夫訳、岩崎学術出版社、一九九四)、六五頁以下参照。

(244)ここで留意すべきは、気づいていないことを理由に、そこに対して注意を向けさせ、気づかせる必要が常にあるわけではないことである。気づかずに変化していくことはごく普通のことであり、その場面を記憶にしっかり残しておくことが次の変化にとって必要かどうかに応じて、気づきの必要性が判定される。むしろ安易に気づかせることが、病的安定化を強化することがしばしば起こる。

(245)K. Jaspers, *Allgemeine Psychologie Neunte unveränderte Auflage Mit 3 Abbildungen*. Springer Verlag. 1973. S. 581.

(246)ヤスパースは、『精神病理学原論』(一九一三) 以前に書かれた論文では、病的プロセスを「一度に孤立して起こるか、繰り返し全般的に起こるかして、精神生活に干渉するあらゆる移行のある、今までの人格に異質な不治の精神生活の変化である」と述べている。K・ヤスパース『精神病理学研究 二』(藤森英之訳、みすず書房、一九六九)、一九三頁。

(247)ヤスパースは人格に関連する変化を、(1)人格の成長、(2)人格の発展、(3)人格の現出形式の動揺、(4)プロセスを通じた永続的 (für immer) 変化の四つに区分しているが、病的プロセスは(4)の変化にかかわる。K. Jaspers, *Allgemeine Psychologie Neunte unveränderte Auflage Mit 3 Abbildungen*, Springer Verlag, 1973, S. 536.

(248)K. Jaspers, *Allgemeine Psychologie Neunte unveränderte Auflage Mit 3 Abbildungen*, Springer Verlag, 1973, S. 591ff. ただしヤスパースは、この病的プロセスの中にさらに異なるモードを見出し、「器質的病的プロセス」を「精神的病的プロセス」から区分する。

(249)精神病理学における「プロセス」概念の批判的検討と、そのモードの拡張にかかわる分析は、H・ヘーフナーによる以下の論考に詳しい。H・ヘーフナー「精神病理学の基本概念としての過程と発展 (Prozeß und Entwicklung als Grundbegriffe der Psychopathologie 1963)」、『分裂病の人間学――ドイツ精神病理学アンソロジー』(木村敏監訳、医学書院、一九八一)、一―八一頁参照。

(250)ただひたすら耐えるセッションについては、十川幸司、前掲書、二〇〇八、一七一頁以下参照。こうした場面で試されるのが臨床家の分析能力であり、吟味能力を維持し続けることである。

(251)H・ミュラー・ズーア「分裂病性症状と分裂病性の印象」、『分裂病の人間学――ドイツ精神病理学アンソロジー』(木村敏監訳、医学書院、一九八一)、八三―一〇一頁参照。ミュラー・ズーアの現象学の捉え方は、以下の文章に端的に示されており、それは後述する「臨床内病理」の問題とも関係する。特定の不可解さの印象をもつ「分裂病性の現象は、その他のもろもろの分裂病症状とならぶもう一つの症状にすぎないようなものではなくて、分裂病症状を通して現れ出る、固有かつ独特の現実性を帯びた人間存在の様態変化なのである。そしてこの様態変化は、その差異づけされた現象的構造のために、臨床的・症状論的次元では把握不可能である。したがって、この分裂病性なるものは、そこから場合によっては後にいろいろな分裂病症状が際立ってくることはあっても、程度の差はあれ不特定で複合質的－全体的な『最初の』印象といったものにはとどまらない。真の分裂病性なるものに示される独特の現実性は一つの現象であり、全く特定の『態度のとり方』を前提としたある種の現象学的『本質直観』にとってのみ接近可能なものである」。

(252) H. Müller-Suur, "Das Schizophrene als Ereignis", H. Kranz (Hrsg.), *Psychopathologie heute*, Stuttgart, 1962, S. 82-93. 出来事としての統合失調性は、患者によって、ただ間接的に、過去のものとして語られる。それは「述定に先立つ何ものか、物事とは関係のない何ものかとして、にもかかわらず、個体的で、本質的なリアルな何ものかとして把握されねばならない。それは、それを体験する人間に襲いかかるが、それ自体は把握されえない何ものかとして、無関係にとどまるものとしてだけ生起し、したがって比較不可能なものにとどまらざるをえない」。

(253) シェーラーとフッサールの「還元」理解の違いについては、稲垣諭「行為と現実の現象学――フッサール、シェーラーの現象学的探求を手がかりに」、『実存思想論集 二四――実存と教育』(実存思想協会編、理想社、二〇〇九)、九九―一一五頁参照。

(254) J・グループマン『医者は現場でどう考えるか』(美沢惠子訳、石風社、二〇一一)、四三頁参照。グループマンは、臨床経験において医師が内的感情の調整を身に着けることの重要性を説いている。ほとんどの誤診や医療ミスは、認識にかかわる様々なバイアスに帰因し、その一因に自身の内面感情があるからである。

(255) 精神科臨床においてこれは特に起きやすい。後述の「プレコックス感」で有名な精神科医のリュムケが「大抵の医師は躁病者に対して躁的に反応し、精神病質者には精神病質的に、神経症者には神経症的に反応してしまう」と述べている。そうした反応が患者の治癒的変化につながるかどうかの吟味を経た後になされた選択であるのかどうかが焦点となる。H・C・リュムケ「分裂病の核症状と『プレコックス感』」(一九四一)、『中井久夫著作集 一――分裂病』(岩崎学術出版社、一九八四)所収論文、三三六頁参照。

(256) リハビリテーションのプログラム化については、稲垣諭『リハビリテーションの哲学あるいは哲学のリハビリテーション』(春風社、二〇一二)参照。

(257)「プロセス」と「経過類型」とのかかわりおよび区別については、H・ヘーフナー、前掲論文、一九八一、四頁以下参照。ヘーフナーは、当初の身体的、器質的な医学上の「経過」概念が、精神的、心的経験に対しても適用されるさいに、身体的疾患の経過との対応関係が見出される精神疾患のように、うまく説明可能なものと、そうした対応関係が見られないものとが分岐し、概念上の混乱にまで発展したと考えている。ヘーフナーは同論文で、その混乱の源であるヤスパースを乗り越えるために、ヤスパースが導入した「精神的プロセス（psyshischer Prozess）」を、身体因による仮説に基づくことのない人間学的な規定として以下のように再定義する「精神的過程（プロセス）とは、生命的事態や人格発展の基礎にある諸秩序から逸脱してはいないが、それの正常な経過からは逸脱している、ある程度不可避的な進行をとる経過連関なのであって、この経過連関は見せかけの自己実現と世界の代用物を通じて自己および世界をある程度不可逆的な部分的隠蔽へと導くものである。精神的過程は、能作欠損の増大として、あるいは自己実現の可能性および現実的な世界との関連の縮減として現れる」（二四頁以下）。最終的にヘーフナーは、精神疾患にかかわるプロセスを、「解体プロセス」と「精神的プロセス」に区分し、後者をさらに「変転プロセス」と「制限プロセス」に区分している。

(258) リハビリテーション臨床における固有病理の指摘については、三好春樹『身体障害学』（雲母書房、一九九八）を参照。また、人見眞理は重度脳性麻痺児の臨床像から、右麻痺傾向と左麻痺傾向という「見かけの半球優位性」があることを剔抉し、類型化している。こうした類型化にはいまだ科学的エビデンスはないが、臨床上外せない統制的指針となる。人見眞理『発達とは何か』（青土社、二〇一二）、第八章以下参照。

(259) H・C・リュムケ、前掲書、一九八四、および中井久夫によるその解説（三二九頁以下）も参照。

(260) 神田橋條治、前掲書、二〇一三参照。

(261) 河本英夫、L・チオンピ、花村誠一、W・ブランケンブルク、前掲書、一九九八、二〇二頁。

(262) R・アンダーソン、K・N・シスナ編『ブーバー ロジャーズ 対話』（山田邦男監訳、春秋社、二〇〇七）、六一頁以下参照。本書は、一九五四年に行われた公開討論のテープ起こしに基づいている。その討論でロジャーズは臨床経験を、ブーバーの我‐汝関係と重ね合わせようとしており、そのさいの感覚的確信として「受容」という経験を持ち出している。それに対してブーバーは、臨床経験には権威関係や、能力関係の差が入り込み、純粋な人間との出会いは見いだせないとロジャーズの主張に反論している。しかし最終的には、ロジャーズの「受容」とブーバーの「確認」という概念の違いがあるだけで、両者は歩み寄れる対人経験の場所を指定しているように思える。

(263)E・T・ジェンドリン『フォーカシング』(村山正治、都留春夫、村瀬孝雄訳、福村出版、一九八二)参照。

(264)精神科医の加藤は、EBMが提示するエビデンスは「外的エビデンス」にとどまるため、実際の臨床においては、この外的エビデンスを個々の患者に位置づけ、そこからどのような治療行為を組織するのかを決定するための「内的エビデンス」が重要になると述べている。その内実の規定に関しては議論が必要であるにしても、この段階で現象学的な「直観的・内的明証性(エビデンス)」(フッサール)との親近性も出てくる。加藤敏、前掲書、二〇〇五、二〇頁以下参照。

(265)J・グループマン、前掲書、二〇一一参照。「現場の医師は、膨大な量のデータを集めてから、ありうる診断について悠長に仮説を立てるようなことはしない。医師は逆に、患者にあった瞬間から診断のことを考え始める。『こんにちは』と言いながら相手を観察し、顔が青白いか赤いか、首の傾き、目や口の動き、座り方や立ち方、声の響き、呼吸の深さなどを頭に入れていく。次に、患者の目の中を覗き込み、心音を聞き、肝臓を押し、最初のX線写真を調べるうちに、患者のどこが悪いという最初の印象をさらに発展させる。研究によると、ほとんどの医師は、患者と会った時点で、即座に二、三の診断の可能性を思いつき、中には四つや五つの診断を頭の中で巧みに操る器用な者もいる。それらすべての極めて不完全な情報に基づいて仮説を展開させるのだ。そのためには近道をせざるを得ない。ヒューリスティックス(発見法的問題解決法)と呼ばれる手法だ」(四二頁)。

(266)H・ヘーフナー、前掲論文、一九八一、二五頁以下参照。および注(253)におけるヘーフナーによるプロセス概念の刷新についても参照。彼の定義では、プロセスの必然的不可逆性は放棄され、「ある程度の不可避性」、「ある程度の不可逆性」という譲歩が行われることで、患者の変化可能性、展開可能性を積極的に取り入れようとしている。

(267)K・ゴールドシュタイン『生体の機能』(村上仁、黒丸正四郎訳、みすず書房、一九七〇)、四八頁以下、一二四頁以下参照。

(268)K・ゴールドシュタイン、前掲書、一九七〇、九頁以下参照。またゴルトシュタインによる臨床における症状の確定原則は以下のようなものである。(1)あらゆる現象を観察し、それら現象に優劣をつけないこと、(2)現れている結果そのものが重要ではなく、結果に至るプロセスの種類を見極めること、課題の解決そのものが重要ではなく、どのように解決に至ったのかを見極めることが重要である、(3)観察される現象がどのような状況において行われていたのかを配慮すること（環境状況、対人状況）。

(269) ゴルトシュタインは、「機能（Funktion）」と「作能（Leistung）」とを区別して用いている。なぜなら「機能という語は行動の形式的構造を示すものであり、作能という語は、生体が自己を具現していく具体的行為そのものを意味しているからである。ゲーテはこのようなとき、『行為しつつある存在（Dasein in Tätigkeit）』という語を用いた」。K・ゴールドシュタイン、前掲書、一九七〇、一九八頁参照。

(270) K・ゴールドシュタイン、前掲書、一九七〇、三頁。

(271) K・ゴールドシュタイン、前掲書、一九七〇、二四頁以下。

(272) K・ゴールドシュタイン、前掲書、一九七〇、一九五頁。「身体の一部において最適なる動作は生体全体にとっても最適なる動作であり、身体の他の部分が最適の状態にあって初めて可能になる」という発言も参照。

(273) K・ゴールドシュタイン、前掲書、一九七〇、一八頁。

(274) K・ゴールドシュタイン、前掲書、一九七〇、二三頁。

(275) K・ゴールドシュタイン、前掲書、一九七〇、一八頁。または、小脳損傷の患者についての以下の記述も参照。「患者は身体、ことに頭部の患部の患側への傾斜を示す。病者はこの異常な姿勢を保っているかぎり、比較的気分がよく、眩暈等の主観的症状もより軽度である。また歩行、指示等の客観的作能も正常に近い。しかし病者が以前の正常な姿勢に返るや否や、種々の症状は再び著明になる。すなわち姿勢異常はより正常に近い作能の前提条件であり、病者にとって『最も適当な状況』である」（二二頁）。

(276) K・ゴールドシュタイン、前掲書、一九七〇、一一九頁。

(277) H・ヘーフナー、前掲論文、一九八一、五八頁以下参照。注(253)でも述べたが、ヘーフナーは最終的にプロセス概念を、「解体プロセス」と、「精神的プロセス」に区分し、後者をさらに「変転プロセス」と「制限プロセス」に分ける。引用箇所は、変転プロセスにおける妄想・幻覚の役割についてである。

(278) A. Adler. *Studie über Minderwertigkeit von Organen*. Urban & Schwarzenberg. Berlin/Wien. 1907. あるいはA・アドラー『人間知の心理学』（岸見一郎訳、アルテ、二〇〇八）、七九頁以下参照。ただし日本語訳では、代償ではなく、補償となっている。

(279)ハイパーサイクルに関しては、稲垣諭「健康のデザイン――建築と覚醒する身体」(二〇一三)、二七八頁以下参照。
(280)ヴィゴツキー『「発達の最近接領域」の理論』(土井捷三、神谷栄司訳、三学出版、二〇〇三)参照。

第九章「技」――ある理学療法士の臨床から

(281)生田久美子、北村勝朗編『わざ言語――感覚の共有を通しての「学び」へ』(慶應義塾大学出版会、二〇一一)参照。
(282)生田久美子、北村勝朗編、前掲書、二〇一一、二五二頁。
(283)生田久美子、北村勝朗編、前掲書、二〇一一、二六二頁。
(284)稲垣諭『リハビリテーションの哲学あるいは哲学のリハビリテーション』(春風社、二〇一二)参照。
(285)稲垣諭『大丈夫、死ぬには及ばない――今、大学生に何が起きているのか』(学芸みらい社、二〇一五)、とりわけ終章参照。
(286)症例の具体的な病態は、下記の大越友博の臨床データを参照。http//www.neuropheno.com/_userdata/pdfdata2501.pdf
(287)稲垣諭「レジリエンス再考――心的システムの安定モデルを構想する」、『「エコ・フィロソフィ」研究』(九号、二〇一五)、二一九―二三三頁参照。
(288)認知神経リハビリテーションの訓練の三段階については下記を参照。C・ペルフェッティ、宮本省三、沖田一彦『認知運動療法――運動機能再教育の新しいパラダイム』(小池美納訳、協同医書出版社、一九九八)、八八頁以下。

第一〇章「臨床空間」――臨床空間再考

(289)『脳卒中治療ガイドライン二〇一五［追補二〇一七］』(日本脳卒中学会脳卒中ガイドライン委員会編、二〇一七)。
(290)たとえば、P. Langhorne, F. Coupar, A. Pollock, "Motor recovery after stroke: a systematic review", *Lancet Neurol* 8(8), 2009, pp. 741-754.

(291)リハビリテーションの探究プログラムについての詳細は、稲垣諭『リハビリテーションの哲学あるいは哲学のリハビリテーション』（春風社、二〇一二）参照。

(292)G・フロイト『フロイト全集 二』（芝伸太郎訳、岩波書店、二〇〇八）参照。

(293)本田慎一郎『豚足に憑依された腕』（協同医書出版社、二〇一七）、一二頁参照。

(294)唐沢彰太『臨床は、とまらない』（協同医書出版社、二〇一六）参照。唐沢氏の臨床は、CT等による脳損傷エリアに基づく脳科学的知見の総合と、患者の行動、一人称的記述による障害との間に橋をかけるための治療訓練を見出し、その齟齬を擦り合わせていくものである。このブリッジ自体にはエビデンスがないため、病態仮説、治療訓練そのものが検証を含んだ実験の連続となり、訓練における問いの選択肢は三つから五つのオーダーを常に常備している。麻痺と無視の違い、ラテラリティの重視、半球間抑制という健側脳の問題にも敏感であり、本人の言葉では、「右麻痺と左麻痺では、話しかけ方も変えるようにしている」という。両者には情動や注意の動き方の差異が含まれているからである。また、唐沢氏の臨床では第八章で明示した下記のような多くの「臨床的病理」の発見が伴う。「疼痛の訴えが多いのは、圧倒的に右半球損傷である」、「指感覚の制御能力は、左半球損傷では両手の成績低下、右半球損傷では左手のみに成績低下が見られる」、「右半球損傷では言語野の過活性から［…］非常に多くのネガティブ言語を発する」、「肩関節に疼痛を訴えるケースにおいては失認や半側空間無視などの高次脳機能障害を呈していないことが多く、それとは逆に感覚障害を呈しているケースが多い」等々。

(295)この相互抑制性の問題は、第三章「体験」を参照。

(296)多賀厳太郎「ヒトの運動・認知の発達のダイナミクス」、『BME』（第一二巻七号、一九九八）、四九―五六頁参照。

(297)Á. M. Kovács, E. Téglás, A. D. Endress, "The social sense: susceptibility to others' beliefs in human infants and adults", *Science* 330(6012), 2010, 1830-1834. または L. Surian, S. Caldi, D. Sperber, "Attribution of beliefs by 13-month-old infants", Psychol Science 18(7), 2007, 580-586.

(298)R. Fox, C. McDaniel, "The perception of biological motion by infants", *Science* 218(4571), 1982, 486-487.

あとがき

本を手にしたさい、まずここから読む人は意外に多い。そして本書の冒頭では前書きも内容の説明もなく、本編が始まっている。だからこれが「はじめに」なのかもしれない。この本は何なのだ、という本を作りたい思いは常にある。

「壊れながら立ち上がり続ける」というタイトルは、これまで考えてきて、今も悩み続けている「個体」というものの本性をストレートに表したものである。四〇年も生きていると色々な事が起こる。日常にやがて吸収されてしまう驚きや失意もあれば、生き方そのものが維持できないほどの破壊力をもった出来事に見舞われることもある。

そんなときは個としての自分の在り方が、か細い糸のように今にも切れそうになる。それでも、とにかく自分の足元を見定めて一歩一歩進んでみるしかなく、それが幸福か絶望か、どちらに向かおうとも、見えるのはその確かな足元だけだと信じて進んでみるしかない、そんな局面がある。いずれその歩みの帰結と責任は全て自分に返ってくるが、それを引き受けられる自己になる必要もある。本書は、そのような生の渦中で作られた四冊目の自著である。

新しい本ができるプロセスには、いくつかの素敵な偶然と巡り合わせから、どんな本になるのか予想のつかない面白みがいつも内在する。考えたことも、書いた文章も全て自分に由来するのに、出来上がった本はタイトルも含め、すでに自分から遠のいた存在となる。「こんな本になっちゃったか」といささか他人事めいた嘆息が漏れる。

これまで書いてきたもの全てにおいて研究テーマは一貫しているし、繰り返し同じ問いに立ち返って、ああでもない、こうでもないともがいているだけである。にもかかわらず、それらが著書になるとき、それぞれの作品は固有さを帯びる、「纏う」といってもいい。つまり、著書としてそれぞれが「個体化」する。今回も例に漏れず、そんな本になった。そして、そのことは本書の内容と軌を一にする。「個体に成っていくこと、成り続けること」、それだけがテーマである。

現代はとかく個体について語りづらい時代である。個は一方では、ある行為の原因や責任を押し付けるための枠や基点として粗暴な思惑の犠牲となり、他方でそれは、文化や社会のネットワークの中でいわば強制的に作られた幻想だと暴きたて繋がりたい強迫的欲望により雲散霧消してしまう。個はこの板挟み状態の中にある。

また、そのことに拍車をかけるように脳科学や社会学、人類学といった新しく魅力的な知の試みが、長い伝統をもつ哲学的な個体の議論をなかったものにしようとしているとも思える。

人間は社会的動物で、環境と歴史の中で形成され、生きて行かざるをえない。そんなことは分かっている。その全てを認めた上で、なおも人間は個として、個体として生きていかざるをえないことを貫ければと考えている。生きるも死ぬも最期はやはり個である。そしてそのことが、哲学にとどまらず、臨床やアートにおいても欠くことのできない条件となると信じている。このことは、とりわけ哲学が共同研究に向かないことの最大の理由でもある。

現に、自然科学を筆頭とする学術論文からはどんどん個が失われている。誰が書いているのか、執筆者が何を思ったのか、それら痕跡を消すことが学問の本性であるかのような幻想に覆われている。テーマもスタイルも語り口も、客観性という名のもとに個が駆逐されている。プラトンを、ゲーテを、ニーチェを見てみろといいたい。彼らは間違いなく、かけがえのない個としての生と作品を残していった。

また臨床のフィールドに目を向けると、そこには次の展望が描けず、暗闇の中で苦しむ多彩な個が溢れている。たとえ社会の、制度の、医療の、家族の問題があったとしても、苦しむ個はどこまでいっても個であり、それとして立ち上がり続けなければならない。これは療育でも、教育でも同じである。

ただしそうはいっても、哲学という人間の営みが、このままでいいとも思ってはいない。哲学の終わりが宣誓されて久しい。哲学はもはや、緻密な理論構想によって人びとの想いをがしっと捉えることができた幸福な時代から、知的好奇心をくすぐる遊び心に溢れたガジェットや、物事の見方に新味を加えるスパイスとして間接的に活用されるステージに進みつつある。いや、すでにそうなっている。

それは哲学の危機というよりも、知的経験の新たなステージなのかもしれない。人々はますます本を読まなくなり、というか速度を重視した別の知の経験を立ち上げようとしているのかもしれない。

これに関連して本書には、本編とは別の短編ストーリーが挿入されている。本編とこのストーリーに直接的な繋がりはない。それでもヨスイとサキは個であることを引き受けながら、はるか遠くから本編に固有な色合いを与える。と、カッコよくいってみたはいいが、実は書いた本人もその効果が何なのかよく分かっていない、というのが正直なところである。

このストーリーだけを読んで、それがそのまま本編で語られていることだと納得してくれてもいいとも思う。それくらい余白と含みの多い話にはなっている。それに対して本編は、いまだ理論的、説明的に論じられすぎている。

もしそれでも本編に進みたい人がいれば（いてほしいと切に願う）、三つの読み方ができる。もちろん最初から順を追って読んでいただくのが著者の望みではあるが、各章に振り分けられた「働き」や「体験」、「意識」、「ナラティブ」等々といった関心のあるタームに応じて読んでいただいても構わない。それぞれ独立であるが、同時に相互に反照し、響き合っており、タームを介して行きつ戻りつできる。

また、Ⅰは「哲学を臨床解剖する」、Ⅱは「臨床の経験を哲学する」というように区切られており、リハビリテーション医療や精神医学に関する臨床系の問題に興味がある人は、Ⅱから読んでいただくのがいいと思う。Ⅱから読んでⅠに向かうと、哲学の議論の固有さが見えてくるはずである。

以下は、個体をめぐる問いを取り囲んでいる問題群について発表してきたものの初出一覧である。それらはこれまで支援いただいた科学研究費補助金、助成金に基づく研究成果の一端でもある。

星がひとつ壊れるたびに宇宙は何を聴くのだろう：書き下ろし、二〇一八年

第一章「働き」:『エコ・フィロソフィ』六号、二〇一二年
第二章「個体」:『国際哲学研究』別冊九号、二〇一七年
第三章「体験」:『神経現象学リハビリテーション研究』一号、二〇一二年
第四章「意識」:河本英夫、稲垣諭編『哲学のメタモルフォーゼ』晃洋書房、二〇一八年
第五章「身体」:山田利明、河本英夫編『エコ・ファンタジー——環境への感度を拡張するために』春風社、二〇一五年
第六章「操作」:河本英夫、稲垣諭編『現象学のパースペクティヴ』晃洋書房、二〇一七年
第七章「ナラティブ」:『エコ・フィロソフィ』八号、二〇一四年
第八章「プロセス」:『エコ・フィロソフィ』八号、二〇一四年
第九章「技」:『白山哲学』五一号、二〇一七年
第一〇章「臨床空間」:『神経現象学リハビリテーション研究』三号、二〇一八年

本編が出来上がるのには、多くの人とのかけがえのない関わりがあった。恩師である山口一郎先生、東洋大学の国際哲学研究センターと神経現象学リハビリテーション開発機構(NPO)のセンター長である河本英夫先生には、公私にわたり多くの知的影響を与えていただき、リハビリの臨床では芳賀赤十字病院の大越友博先生、首都大学東京の池田由美先生と研究会メンバーに、精神医学の臨床では加藤敏先生と自治医科大学の斎藤慎之介先生、西依康先生に多大な協力をいただいた。荒川修作+マドリン・ギンズの作品の使用許可において東京荒川事務所(ABRF)の本間桃世さんにもいつもお世話になっている。その他名前を挙げることのできない方々も含め

て、ここに感謝したい。ありがとうございます。
最後に、青土社の編集者である足立朋也さんから一緒にダンスしたいと突然いわれたことで、本書はここまで来れた。ショートストーリーの最初の読者も足立さんだった。果たしてうまく踊ることができたのか、まだ踊りつづけなきゃいけないのか、足立さんに聞くのが怖くもあり、楽しみでもある。

二〇一八年六月

稲垣　諭

［p.125　図２］
Title: Perceptual Array
Artist: Arakawa and Madeline Gins
Date of Creation: 1981-84
Medium: CG print
Dimensions: 61 × 45.5 cm

［p.127　図３上］
Title: Ubiquitous Site X Chart 1
Artist: Arakawa and Madeline Gins
Date of Creation: 1987
Medium: CG print
Dimensions: 45.5 × 30.5 cm

［p.127　図３下］
Title: Ubiquitous Site X
Artist: Arakawa and Madeline Gins
Date of Creation: 1987-91
Medium: mixed media
Dimensions: 621 × 750 × 400 cm

ま　行

や　行

ら　行

わ　行

た　行

な　行

は　行

索　引

あ　行

か　行

さ　行

稲垣 諭（いながき・さとし）

1974年北海道生まれ。哲学者。青山学院大学法学部卒業。東洋大学大学院文学研究科博士課程修了。専門は現象学・リハビリテーションの科学哲学。自治医科大学教授を経て、現在、東洋大学文学部哲学科教授。偶発的な「心身の事故」に寄り添い、痛みや苦しみからの回復のために哲学ができることを問い続ける。主な著書に『衝動の現象学』（知泉書館、2007年）、『リハビリテーションの哲学あるいは哲学のリハビリテーション』（春風社、2012年）、『大丈夫、死ぬには及ばない』（学芸みらい社、2015年）がある。

壊《こわ》れながら立《た》ち上《あ》がり続《つづ》ける　個《こ》の変容《へんよう》の哲学《てつがく》

2018年7月20日　第1刷印刷
2018年8月 1 日　第1刷発行

著　者　稲垣《いながき》 諭《さとし》

発行者　清水一人
発行所　青土社
〒101-0051　東京都千代田区神田神保町1-29　市瀬ビル
電話　03-3291-9831（編集部）　03-3294-7829（営業部）
振替　00190-7-192955

印　刷　ディグ
製　本　ディグ

装　幀　ミルキィ・イソベ

ISBN978-4-7917-7088-5
Printed in Japan